몸과 인지

전남대 철학연구교육센터 서양철학총서 1

몸과 인지

전남대학교 철학과 BK21플러스
횡단형철학전문인력양성사업단 편

전남대학교출판부

몸 · 인지 · 사유

지난 세기 후반에 급속히 성장한 경험적 지식은 우리의 지적 지형도를 바꾸어 놓았다. 특히 '마음'의 본성에 대한 학제적 탐구인 '인지과학'(cognitive science)은 우리 자신에 관해 미지의 영역이었던 인지의 본성과 구조에 대한 새로운 탐구의 막을 열었으며, 그것은 우리 자신은 물론 타자와 세계에 관한 이해의 틀을 바꾸어 놓았다. 우리에게 전승되어 온 지식의 많은 부분이 인지적으로 그릇된 가정에 근거하고 있었다는 사실이 점차 분명해졌으며, 그것은 우리 지식의 많은 부분이 근원적으로 수정되거나 대체되어야 한다는 것을 의미한다. 나는 우리 시대가 맞게 된 이러한 지적 동요를 '인지적 전환'(Cognitive Turn)이라고 부른다.[1]

한국에서의 인지적 전환의 흐름에 부응하는 논의는 여전히 제한되고 분산된 형태로 이루어져 왔다. 지성사를 통해 항상 그렇듯이 새로운 논의가 담고 있는 가능성은 여전히 미래에 속하는 부분이며, 그것은 상당

---

1) 노양진, 『몸이 철학을 말하다: 인지적 전환과 체험주의의 물음』 (파주: 서광사, 2013), 1장 참조.

기간 동안 '낯선 것'의 자리에 있다. 더욱이 과학적 지식의 성장에서 비롯된 지적 동요에 대해 인문학자들은 대부분 그것을 하나의 전환으로 받아들이는 데 유보적이거나 회의적이기 쉽다. 이러한 태도의 배후에는 인문학이 과학적 지식에 의해 잠식될 수도 있다는 막연한 불안감/불만이 자리 잡고 있을 것이다.

이러한 상황 속에서도 우리의 인지와 관련된 경험적 지식은 다양한 분야에서 흡수되고 확장되어 새로운 논의의 가능성을 열고 있다. 몸과 인지에 관한 경험적 탐구가 지속되는 한 이러한 새로운 접근은 점차 확산될 것으로 보인다. 인지적 접근은 일시적인 선호나 선택의 문제가 아니라 우리 자신의 인지 조건에 대한 반성적 근거를 제공한다는 점에서 피할 수 없는 측면이 있다. 필자는 그 지속적 확장이 인문학을 점차 곤경으로 몰아넣는 것이 아니라 오히려 인문학적 탐구에 새로운 동력과 계기를 제공해 줄 것이라고 전망한다.

이러한 시각에서 전남대학교 철학과 BK21플러스 횡단형철학전문인력양성사업단은 그 동안 국내에서 몸과 인지에 관한 새로운 지식을 적극적으로 수용하고 논의하는 각 분야의 선도적 전문가들이 한 자리에 모여 그 동향과 전망을 함께 논의할 수 있는 계기가 필요하다고 보았으며, 그것을 「철학적 횡단세미나 2015: 몸과 인지」라는 이름으로 기획했다. 서양철학, 동양철학, 인지언어학, 법학, 의철학, 도덕교육, 음악, 영화이론 분야의 선도적 연구자들이 참여했다.

김동환 교수는 「인지언어학적 탐구의 가능성」이라는 제목으로 인지언어학의 최근 성과에 속하는 포코니에(G. Fauconnier)와 터너(M. Turner)의 개념적 혼성(Conceptual Blending) 이론의 개요를 소개했다.

이영의 교수는 「체화 개념의 지도 그리기」라는 제목으로 최근 인지적 탐구의 갈래를 체계적으로 정리하고 그 전망을 소개했다. 신체화된 인지를 중심으로 '체화주의'라고 명명된 이론적 흐름을 네 가지 갈래― 즉, 체화된 인지 이론, 확장된 인지 이론, 구현된 인지 이론, 행화적 인지 이론―로 구분했다.

이향준 교수는 「도를 아십니까?」라는 제목으로 개념적 은유라는 관점에서 동양철학의 핵심 개념인 도(道) 개념의 의미론적 확장 양상을 조망했다. 되도록 익숙한 사례들과 함께 「경로도식」「인생은 여행」「X는 인간」이라는 은유적 기초 위에서 형성된 도의 개념체계가 어떻게 '되돌아오는 여행' 이미지, '도의 의인화', '길 없는 길 가기'라는 특징적 양상들을 포함하는지를 설명했다.

강태경 교수는 「법과 인지」라는 발표를 통해 제2세대 인지과학에 기초한 인지이론을 법학 연구에 도입함으로써, 인간 사유의 은유적 특징이 법학의 이해에 끼칠 수 있는 이론적・실천적 가능성을 탐색하고 있다.

강신익 교수는 「체화된 인지와 몸의 분류」라는 발표를 통해 몸에 관한 다양한 이해를 소개하고 오늘날 성장하는 경험적 지식이 우리의 몸 이해를 어떻게 바꾸어 갈 것인지를 조망했다. 몸의 은유적 개념체계의 계보를 고찰한 후, 「몸은 기계/전장/시장」이라는 낡은 은유를 대신해서 「몸은 정원/창/이야기꾼」이라는 참신한 은유로의 이행을 제안하기도 했다.

박병기 교수는 「몸의 습관화와 도덕교육」이라는 발표를 통해 '신체화된 마음'(embodied mind)을 전제로 최근의 자연주의적 윤리학의 요점을 '몸의 습관화를 중심으로 하는 마음의 확장이 어떻게 가능한지를 설명하고 그것의 윤리학적 의미를 고민하는 것'이라고 주장했다.

이어서 정혜윤 교수는 「음악적 제스처의 체험적 토대에 관한 인지학적 해명」이라는 글을 통해 음악에서 드러나는 제스처라는 독특한 현상이 인지언어학의 '영상도식'을 통해 해명될 수 있다고 제안했다. 비언어적 텍스트에 대한 영상도식적 접근이라는 방법론적 특징이 명료하게 드러난 것이다. 「경로」 도식과 「수직」 도식, 「주기」 도식을 포함한 영상도식들이 쇼팽과 슈베르트의 작품 분석에 적용되었을 뿐만 아니라, 여기에서 한 걸음 더 나아가 "음악적 제스처가 우리의 신체적 경험을 통해 창발한 영상도식이 음악에 적용된 결과"라는 일반화된 결론으로 나아가고 있다.

이상욱 교수는 「왜 고양이와 개는 우리와 함께 영화를 보지 않을까?」를 통해 기본적으로 신체화된 인지이론이 영화 언어를 해석하는 방법론적 통로임을 제안하고 있었다. 그는 '신체적 정서'와 '인지적 정서'의 차이, 서사의 중요성 등이 영화를 인간 지향적인 매체로 만들고 있다고 간주했다. 그리고 바로 이런 방향으로의 기술적 형식적 발전이 고양이와 개가 감상하기에 적합하지 않지만, 인간에게는 최적화된 영화적 발전을 가져온 것이라고 설명했다. 그에 따르면 개와 고양이를 위한 영화를 원한다면 "인지적 정서보다 신체적 정서를 유발하는, 이야기보다는 더 원초적인 정보처리에 집중하도록 새로운 영상문법"을 만들어야 한다는 것이다. 나아가 그는 영화서사가 개념혼성과 모방의 이중 기제를 통해 강력한 영향력을 발휘하는 현상이 영화의 보편적 향유 가능성을 담보하는 인지적 기제일 수 있다고 제안했다.

이 책은 「철학적 횡단세미나 2015: 몸과 인지」라는 이름으로 다양한 분야의 연구자들이 선도적인 연구 성과를 점검하고 조망하려는 협력적 노력의 산물이다. 여기에 실린 8편의 글은 인지에 관한 새로운 시각과 지식이 다양한 학문 분야에 어떤 방식으로 변화를 불러오는지를 구체적으로 보여 주고 있으며, 그것들은 한데 묶여 앞으로서의 탐구가 가야 할 방향성을 제안해 줄 것으로 기대한다. 나아가 이 책은 이러한 시도가 학제적 탐구의 전망과 방향을 이끌어 가는 의미 있는 출발점으로 기록될 것이라는 희망을 담고 있다.

작고 낯선 출발점을 마련하는 데 많은 분들의 적극적인 도움과 지원이 있었다. 무엇보다도 횡단세미나에 흔쾌히 참여해 발표하고 토론해 주신 여덟 분의 학자에게 깊은 감사를 드린다. 이 세미나의 준비를 위해 세심한 노력을 기울여 준 이향준 교수와 김경훈 간사에게도 특별한 감사를 표하고 싶다. 세미나 개최를 적극적으로 지원해 준 전남대학교와 세미나를 공동으로 주최해 준 전남대학교 철학연구교육센터에도 감사드린다.

2015년 7월

전남대학교 철학과 BK21플러스
횡단형철학전문인력양성사업단장
노양진

차례

제1장

인지언어학적 탐구의 가능성

개념적 혼성 이론을 중심으로

김동환

1. 서론

최근 들어 세계적으로는 학문간 통합(integration), 융합(fusion), 통섭(consilience)에 대한 논의가 중요한 화두이다. 이런 학문간 융합에서 중추적인 역할을 하고 있는 분야가 바로 인지과학이다. 이는 인지과학이 철학, 심리학, 인공지능, 신경과학, 언어학, 인류학, 문학 등을 아우르는 일종의 융합 학문이기 때문이다. 인문학이 인지과학으로부터 배울 것이 많듯이, 인문학도 인지과학에 기여할 점이 적지 않을 것이다. 인지과학의 연구결과들이 주목을 끌자 전통적인 학문적 경계가 느슨해졌으며, 이에 따라 관련 분야의 인지과학자들은 자신들의 연구가 인문학의 핵심 연구 주제와 직결된다는 것을 알게 되었다. 그러나 이 분야에 관한 제대로 된 교육이 없다면 어두운 길을 걸을 수밖에 없다. 이때 인문학은 인지과학의 연구에 결정적인 안내자 역할을 할 수 있을 것이다. 이와 관련해 이 논문에서는 인지과학의 각 세대와 언어학의 하위분야들이 어떻게 서로 관련성을 맺는지 파악하면서, 이 논문에서 말하는 인지언어학, 특히 개념적 혼성 이론이 인지과학에서 차지하는 위치를 보여 줄 것이다. 더 나아가 개념적 혼성 이론에서 이루어지는 연구를 보여 줌으로써 이 이론의 학제성을 암시하고자 한다. 이 논문에서는 인지과학을 크게 세 가지 세대로 구분하고, 현재까지의 인지언어학이 2세대 인지과학에 머물러 있고, 3세대 인지과학에 맞도록 인지언어학이 발전해야 한다는 전망도 조심스럽게 내놓는다.

2. 인지과학의 세대

이 장에서는 인지과학(cognitive science)의 세 가지 세대를 구분하고 각 세대를 특징지으면서, 인지과학 내에서 인지언어학의 위치를 파악할 것이다.

2.1. 1세대 인지과학

현재까지 인지과학은 크게 1세대와 2세대로 나뉘어 논의되었다. Sinha(2007: 1266)는 *The Oxford Handbook of Cognitive Linguistics*에 수록된 자신의 논문에서 1세대 인지과학(First Generation Cognitive Science)[1]에 대해 다음과 같이 말한다. "고전적 인지과학은 2차 세계대전 이후 기술적·지적 발달의 결과로 발생했다. 컴퓨터 과학의 발달, 동물 행동이 아닌 인간 행동에 대한 심리학자들의 새로운 초점, 초기 생성언어학의 형식적 엄격함이 결합하여 많은 과학자들에게 마음의 '블랙박스'의 내부 작용을 무시하라는 행동주의자의 권고가 더 이상 필요

1) 1세대 인지과학은 '고전적 인지과학'(classical cognitive science)이라고도 부른다.

하지 않거나 바람직하지 않다고 설득시켰다." 이러한 1세대 인지과학은 선천적인 영역 특정적 지식을 받아들이면서 다목적 학습 기제는 거부한다는 이론적 주장을 공유하고, 방법론적으로는 형식화와 알고리즘 표상이 중요하다는 입장을 취한다.

1세대 인지과학은 철학에서 객관주의(objectivism)로 표명된다. Lakoff & Johnson(1980/2003: 186-88)은 객관주의 철학을 다음과 같이 특징짓는다.

(1) 세계는 사물로 구성되어 있고, 사물에는 그것을 경험하는 사람과 독립적인 자질이 있다.
(2) 우리는 세계의 사물을 경험하고, 사물이 어떤 자질을 가지고 있으며 여러 사물들이 어떻게 서로 연결되는지를 앎으로써 세상의 지식을 얻는다.
(3) 우리는 세계의 사물을 범주와 개념을 바탕으로 이해한다.
(4) 객관적인 실재가 있고, 세계에 대한 객관적·절대적·무조건 참 또는 거짓에 대해 이야기할 수 있다.
(5) 단어에는 고정된 의미가 있다.
(6) 사람들은 객관적일 수 있고 객관적으로 말할 수 있지만, 명확하고 정확하게 정의될 수 있는 언어를 사용할 때만 그렇게 할 수 있다.
(7) 은유를 비롯한 다양한 시적·공상적·수사적·비유적 언어는 객관적으로 말할 때는 항상 피해야 한다. 그런 의미는 명확하지 않고 정확하지 않으며 실재와 명확하게 일치하지 않기 때문이다.
(8) 객관적인 것은 일반적으로 좋은 것이고 객관적인 지식만이 진정한 지식이다.
(9) 주관성은 실재와 접촉이 끊어지기 때문에 위험하다.

1세대 인지과학과 객관주의 철학에 뿌리는 둔 언어학은 촘스키(Chomsky)의 생성문법(generative grammar)이 대표적이다. Lakoff & Johnson(1980/2003: 198-209)에서는 객관주의 철학이 의미론에 미친 영향을 다음과 같이 요약한다.

(1) 의미는 객관적이다.
(2) 의미는 신체화되지 않는다.
(3) 의미론은 언어 표현이 인간의 이해가 개입하지 않고서도 세계와 직접적으로 일치할 수 있는 방식에 대한 연구이다.
(4) 의미론은 진리론에 기초를 둔다.
(5) 의미는 사용과 독립적이다.
(6) 의미는 합성적이다.
(7) 객관주의 철학은 인간의 이해 없이 존재론적 상대성을 허용한다.
(8) 언어 표현은 사물이다. 사물로서의 언어는 언어 사용자와 독립적인 자질을 가지고 있으며, 서로 어떤 관계를 맺는다.
(9) 문법은 의미 및 이해와 독립적이다.
(10) 의미와 언어 표현은 존재하는 사물과 독립적이다.
(11) 주어진 문맥에서 어떤 문장은 그것의 객관적 의미와 다른 무언가를 의미하는 것으로 이해된다.

1세대 인지과학, 객관주의 철학, 생성문법은 의미를 인간에서가 아니라 진리조건에서 찾는다는 점을 공유한다. 언어학에서는 언어가 연구대상이고, 언어는 사람의 고유한 특징이다. 이런 인간성을 그대로 반영하는 언어 연구에 인간이 고려되지 않는다는 것은 불합리한 연구 방법이다.

2.2. 2세대 인지과학

Nerlich & Clarke(2007: 591)는 *The Oxford Handbook of Cognitive Linguistics*에 수록된 자신의 논문에서 2세대 인지과학(Second Generation Cognitive Science)에 대해 다음과 같이 말한다. "2세대 인지과학이라고 불렸던 인지과학의 새로운 유형이 미치는 영향 때문에, 마음을 형식적 상징에 대한 비신체화된 조작으로 간주하고, 언어를 형식적 상징의 통사적 배열로 간주하는 것에서부터 마음, 의미, 언어를 신체화된 것으로 간주하는 것으로 전이가 일어났다."

이런 2세대 인지과학은 철학에서 객관주의 철학과 의미는 사적이고 의미에는 자연적 구조가 없다고 보는 주관주의(subjectivism) 철학의 문제점을 해결하는 체험주의(experientialism) 철학으로 표명된다. 체험주의 철학의 핵심은 인간의 몸(body)이다. 그러면 체험주의 철학은 어떤 식으로 객관주의 철학과 주관주의 철학을 통합하는지를 살펴보자. 객관주의 철학은 의미의 주관적 양상을 설명하지 않는다는 문제가 있다. 즉, 객관주의 철학에서 의미란 상징과 세계 사이의 단순한 관계의 문제이다. 반면에 체험주의 철학에서 의미란 항상 특정 사람에게만 의미이며, 의미는 신체적 체험과 밀접한 관계가 있다. 다시 말해, 체험주의 철학에 따르면, 의미는 신체화되어 있다. 신체화된 의미, 즉 주체의 물리적 체험과 밀접하게 관련된 의미는 객관주의 철학에서 제시하는 의미와는 완전히 다르다. 객관주의 철학과 주관주의 철학의 통합이기 위해서 체험주의 철학은 주관주의 철학의 절대적 상대주의를 피해야 한다. 즉, 체험주의 철학은 의미에 대한 탄탄하고 비사적인 토대를 가져야 한다. 이런 토대는 사적이지 않지만, 특정 문화권 내에 있는 사람들에게 공통된 체험에서 발견될 수 있다.

2세대 인지과학과 체험주의 철학을 바탕으로 하는 언어학은 인지언어학(cognitive linguistics)이다. 인지언어학은 미국에서 70년대 후반, 80년대 초 조지 레이코프(George Lakoff), 론 래내커(Ron Langacker), 렌 탈미(Len Talmy)의 연구에서 시작되었고, 최우선 과제는 언어의 체험적 기초를 분석하는 것이다. 즉, 인지언어학은 체험에 기반을 둔 언어 이론이다. 몸과 체험에 기반을 둔 인지언어학 연구를 가장 잘 대변하는 Johnson(1987: xix)은 *The Body in the Mind*에서 다음과 같이 말한다.

> 우리 인간에게는 몸이 있다. 우리는 '**이성적** 동물'이지만, 우리는 또한 '이성적 **동물**'이기도 하다. 이것은 우리의 합리성이 신체화된다는 것을 뜻한다.

우리 인간은 공통적으로 몸을 가지고 있다. 인간을 '이성적 동물'이라는 문구로 정의한다고 할 때, 인지언어학에서는 '이성'이 아닌 '동물'을 강조한다. 여기에서 '이성'은 수학과 논리를 암시하는 반면, '동물'은 인간의 본능을 강조한다. 언어를 연구할 때 객관주의 철학이나 형식주의 철학에서 수학과 논리를 이용하는 것과는 달리, 인지언어학에서는 인간의 본능, 인간의 몸, 인간의 지각과 인지 능력을 활용한다. 따라서 인지언어학에서는 언어 연구 이전에 인간의 몸의 양상을 잘 들여다보고, 그것을 잘 파악한다면 언어 분석의 기초가 마련되는 것으로 간주한다.[2)]

---

2) 2세대 인지과학과 체험주의 철학에 근거를 두는 인지언어학의 대표적인 이론은 Lakoff & Johnson(1980)에서 시작된 개념적 은유 이론(conceptual metaphor

2.3. 3세대 인지과학

Brandt(2013: 2)는 *The Communicative Mind: A Linguistic Exploration of Conceptual Integration and Meaning Construction*에서 3세대 인지과학을 다음과 같이 특징짓는다. "1세대와 2세대 인지과학이 의미를 각각 진리조건과 몸을 비롯한 무의식적 개념적 체계에서 찾아낸다면, 3세대 인지과학은 **의미를 의사소통하는 마음과 몸**(communicating minds and bodies)에서 찾아낼 것이다. 따라서 '의사소통적' 마음이라는 개념은 발화 상황의 고양된 인식을 언어에서 의미심장하고 사실상 구성적인 요인으로 나타낸다."

3세대 인지과학은 인간의 인지를 근본적으로 사회적인 것으로 본다. 인간 마음의 어떤 특성에 의해, 별도의 물리적 뇌를 가진 서로 다른 인간 마음들이 서로 의사소통하고, 이런 능력을 통해 우리의 마음들을 정렬시켜 개인들이 서로의 사고의 내용을 알고 심지어 인과적으로 그것에 영향을 미치는 것이 가능한 것이다. 언어는 모든 구조적인 층위에서 면대면 상호작용의 근본적인 전제에 의해 형성된다. 언어와 인지는 본질적으로 공존재 또는 공거주뿐만 아니라, 화자 또는 언술자(enunciator)가 상호 의식과 주의에서 다른 누군가에게 말을 거는 기본적인 사회적 상황에서 발생하는 상호교환을 다루도록 구조화되어 있다. 말걸기(address)의 이런 기본적인 상황은 언어학에서 언술행위(enunciation)로 알려져 있다. 이런 3세대 인지과학에서는 나의 인지가 중요한 것이 아니라 타인의 인지가 중요하다. 나의 인지는 자체적으로

---

theory)과 Fauconnier & Turner(2002)의 개념적 혼성 이론(conceptual blending theory)이다. 이 논문에서는 후자 이론의 적용성을 검토하는 데 집중할 것이다.

의미를 갖는 것이 아니라 타인의 인지에 의해 의미를 갖게 된다.

인지과학의 각 세대와 인간의 관련성에 비추어 각 세대의 특징을 정리해 볼 수 있다. 1세대 인지과학은 기호와 실재의 대응 또는 진리조건에 비추어 의미를 연구한다는 점에서 그 접근법에서 인간을 배제한다. 2세대 인지과학은 나 자신의 몸과 인지, 상상력 등에 비추어 의미를 연구한다는 점에서 인간으로서의 한 개인에 집중한다. 마지막으로 3세대 인지과학은 나뿐만 아니라 상대방인 타인의 인지에 집중한다. 3세대 인지과학을 표명하는 인지언어학은 아직 알려진 바 없지만, Brandt(2013)는 기호학과 개념적 혼성 이론을 융합하여 이 방향으로 나아가고 있다.

3. 인지언어학의 신념

인지언어학은 세밀한 하나의 이론이라기보다는 핵심적인 신념과 지침 원리를 가진 하나의 접근법으로서, 이런 신념과 원리를 통해 서로 보충하고 중복되며 때로는 서로 경쟁하는 다양한 이론들이 등장했다. Lakoff(1990)에서는 인지언어학을 두 가지 기본적인 신념으로 특징짓는다. 인간 언어의 모든 양상을 통제하는 일반 원리를 특징짓고자 하는 일반화 신념(generalization commitment)과 다른 분야들에서 밝혀진 마음과 뇌에 대한 지식과 일치하는 언어의 일반 원리를 특징짓고자 하는 인지적 신념(cognitive commitment)이 그것이다. 이 절에서 이 두 가지 신념과 그것이 함축하는 바를 논의할 것이다.

3.1. 일반화 신념

인지언어학자들이 상정하는 한 가지 가정은 언어의 다양한 양상들 전반에 적용되는 공통된 구조화 원리가 있으며, 언어학의 임무가 이런 공통된 원리를 밝혀내는 것이라는 생각이다. 현대 언어학에서 언어 연구는 흔히 음운론(소리), 의미론(단어 의미와 문장 의미), 화용론(담화 문맥에서의 의미), 형태론(단어 구조), 통사론(문장 구조)처럼 다양한 분야들로 분류된다. 촘스키의 생성문법과 같은 형식주의 접근법 내에서는 흔히 음운론, 의미론, 통사론의 분야들마다 서로 다른 종류의 모듈에 따라 작용하고 서로 다른 종류의 구조화 원리와 관련이 있다고 주장한다. 이러한 마음의 모듈 견해에서는 언어 연구를 개별적인 하위분야로 분리해야 한다는 생각을 강조한다.

인지언어학에서도 통사론, 의미론, 음운론 같은 분야들을 개념상 별도의 것으로 다루는 것이 때로는 실용적임을 인정한다. 그러나 인지언어학에서는 일반화 신념에 근거하여 언어의 모듈이 전혀 다른 방식으로 조직된다는 생각에 반대하고, 실제로는 별도의 모듈이 존재한다는 생각에도 반대한다. 따라서 일반화 신념은 언어적 지식의 다양한 양상들이 마음의 모듈들에서 생산된다고 가정하는 것이 아니라, 이런 양상들이 어떻게 공통된 인간의 인지 능력으로부터 발생하는지를 탐구해야 한다는 신념을 말한다.

일반화 신념은 언어 연구에 지대한 영향을 미친다. 우선, 인지언어학 연구는 언어의 양상들 중에서 공통된 것에 초점을 두고, 성공적인 방법과 설명을 이런 양상들 전체에 다시 이용하고자 한다. 예컨대, 한 단어의 의미들은 그 단어가 가리키는 좋은 구성원과 나쁜 구성원이 있다는 원형 효과(prototype effect)[3]를 보여 주기 때문에, 다양한 연구에서는 동일한 원리를 형태론(Taylor 2003), 통사론(Goldberg 1995), 음운론(Jaeger & Ohala 1984)에도 적용했다.

3.2. 인지적 신념

인지적 신념은 언어 구조의 원리가 다른 인지과학 분야에서 밝혀진 인간 인지에 대한 지식을 반영해야 한다는 견해이다. 즉, 인지적 신념은 심리학, 인공지능, 인지신경과학, 철학 등의 다른 인지과학과 뇌과학에서 밝혀진 인간의 인지에 대해 알려진 것에 따라 언어의 일반 원리를 특징짓고자 하는 신념이다. 바로 이런 인지적 신념 때문에 Slingerland(2008)에서 말하는 인문학과 자연과학의 통합, 즉 통섭이 정당화된다.

언어가 주의(attention)라는 인지 능력을 어떻게 반영하는지 살펴보자. '주의'란 인지적 신념을 가장 잘 표명하는 현상으로서, 장면의 한 양상으로부터 또 다른 양상으로 주의를 돌릴 수 있는 능력을 말한다. 마찬가지로 언어는 언어적으로 부호화되고 있는 장면의 특정 양상에 주의를 돌리는 방법을 제공한다. 언어에서 표명되는 이런 능력은 윤곽부여(profiling)라고 부른다.

여러 개의 문법 구문이 임의적으로 사용되는 것은 언어가 윤곽부여를 보여 주는 방법에 따른 결과이다. 즉, 문법 구문들마다 장면에서 서로 다른 양상에 윤곽부여하는 역할을 한다. 예컨대, 한 소년이 꽃병을 걷어차서 깨뜨리는 장면에서 서로 다른 양상들이 언어적으로 윤곽부여

3) Lakoff(1987)와 Taylor(2003) 참조.

될 수 있다.

(1) a. The boy kicks over the vase. 소년이 꽃병을 걷어찬다.
b. The vase is kicked over. 꽃병이 걷어차인다.
c. The vase smashes into bits. 꽃병이 산산이 깨진다.
d. The vase is in bits. 꽃병이 조각조각 나 있다.

문장 (1)이 윤곽부여하는 장면의 양상은 〈그림 1〉에 제시되어 있다. 문장 (1a)에 대한 〈그림 1(a)〉에서 행위자와 수동자는 둘 다 원으로 표시된다. 행위자로부터 수동자로 이어지는 화살표는 에너지 전달을 나타내는데, 이것은 행위자가 수동자에게 영향을 미친다는 사실을 반영한다. 더욱이 행위자와 수동자 둘 다와 에너지 전달은 굵게 표시되어 있다. 이는 전체 행동 연쇄(action chain)가 윤곽부여되고 있다는 사실을 포착한다.

문장 (1b)에 대한 〈그림 1(b)〉에서 에너지 전달과 수동자는 윤곽부여되어 있지만, 행위자는 문장에서 언급되지 않기 때문에 윤곽부여되지 않고 있다. 그래도 행위자는 배경의 한 부분으로 이해되어야 한다. 이런 사실을 나타내기 위해 행위자는 굵게 표시되지 않고 있다.

문장 (1c)에 대한 〈그림 1(c)〉에서 꽃병의 내부 상태 변화가 윤곽부여된다. 꽃병을 나타내는 원 속의 화살표는 꽃병이 내부 상태 변화를 겪는다는 것을 암시한다. 꽃병의 '이동 중인' 상태는 'b'라는 글자가 적힌 상자로 나타낸다. 이것은 '산산이'라는 상태를 대표한다. 이 그림에서 실체, 상태 변화, 초래되는 상태는 모두 굵게 표시되어 있는데, 이것은 행동 연쇄의 모든 양상이 그에 상응하는 문장에 의해 윤곽부여되고 있다는 사실을 반영한다.

문장 (1d)는 '주어-계사-보충어' 구문이다. 계사는 be 동사로서, 이는 특별한 상태를 부호화하는 데 국한된다. 이런 경우에 상태는 '산산이'로서, 이는 〈그림 1(d)〉로 포착된다.

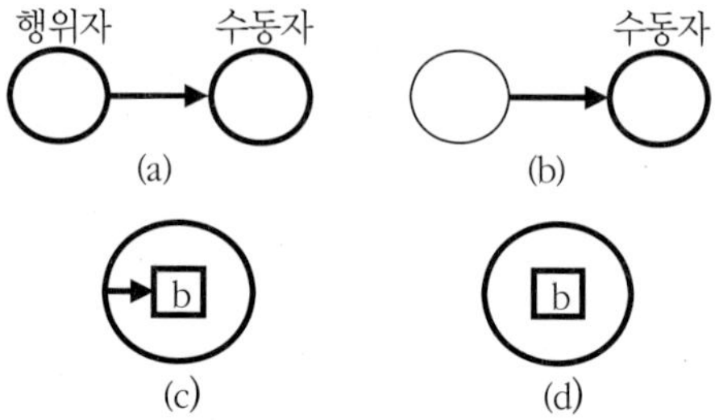

〈그림 1〉 윤곽부여의 차이

이처럼 언어 구조는 장면의 각기 다른 양상에 주의를 돌릴 수 있는 인지 능력을 반영한다.

4. 개념적 혼성 이론

이 절에서는 2세대 인지과학에 속하는 인지언어학 중에서 뒷무대 인지(backstage cognition)를 가장 잘 표명하는 개념적 혼성 이론의 기본 가정을 제시하고, 개념적 혼성의 구성 원리와 작용 방식을 살펴볼 것이다.

4.1. 개념적 혼성 이론의 기본 가정

Fauconnier & Turner(2002: 4-5)에서는 언어와 인지의 관계를 아킬레우스와 그가 입는 갑옷의 관계에 비추어 설명한다. 도시 국가로 이루어진 그리스는 여러 도시의 왕들이 모여 트로이와 전쟁을 벌이는데, 그리스의 총사령관 아가멤논과 전쟁의 영웅 아킬레우스는 사이가 좋지 않았고, 아킬레우스는 전쟁에 나가지 않겠다고 한다. 하지만 전쟁에서 아킬레우스의 이름만 들어도 모두 무서워하는 이유로 그의 친구 파트로클로스가 아킬레우스에게 갑옷을 빌려 입고 트로이인들과 싸우기 위해 전쟁에 나간다. 트로이인들은 눈부신 갑옷을 보고서는 그것이 아킬레우스라고 단정하고서는 간담이 서늘해져서 싸울 의지를 상실한다. 그러나 트로이인들은 그것은 아킬레우스의 갑옷일 뿐 진짜 아킬레우스는 아니라는 것을 곧 알아차리고는 반격을 가해 전쟁에서 승리를 하게 된다.

오늘날 언어학계에서도 종종 트로이인들이 아킬레우스의 갑옷을 보는 것처럼 언어라는 형태를 보곤 한다. 물론 전쟁에서 갑옷은 없어서는 안 되는 장비이지만, 분명 갑옷의 위력은 눈에 보이지 않는 내부의 강력한 전사에게 달려 있는 것이지 갑옷 자체에 달려 있는 것은 아니다. Fauconnier & Turner(2002: 5)의 말을 인용해 보자. "트로이인들처럼, 21세기의 우리도 형태의 기적은 의미를 구성할 수 있는 무의식적이고 보통 눈에는 보이지 않는 인간의 힘을 이용한다는 것을 인식하게 되었다. 형태는 갑옷이지만, 의미는 그 갑옷을 무시무시한 것으로 만드는 아킬레우스이다. 형태는 의미를 제공하는 것이라기보다 의미 전역에 퍼져 있는 규칙성을 식별해 낸다. 형태는 의미를 촉진한다. 아킬레우스의 갑옷이 그의 치수와 능력에 맞도록 제작되었듯이, 형태는 그 일에 적합해야 한다." 여기서 말하는 형태는 가시적이고 우리 주변에서 목격할 수 있는 언어, 수학, 음악, 예술을 말한다. 의미란 이런 것들을 가능케 하는 인지 또는 상상력, 즉 개념적 혼성을 말한다. 이런 개념적 혼성은 눈에 보이지 않고 개념적 층위에서 작동하는 인지과정으로서, 개념적 혼성의 작용을 통해 언어와 예술이라는 형태가 지금의 모습을 하고 지금처럼 행동하는 것이다.

아킬레우스는 최고의 전사였다. 때문에 헤파이스토스가 만든 최고의 갑옷을 얻었고, 그 갑옷이 유용하려면 전사의 몸에 맞아야 한다. 이렇듯, 개념적 혼성 이론의 기본 가정에 따르면, 우리 인간에겐 언어, 수학, 음악, 예술 등의 가장 정교한 형태가 있다. 왜냐하면 우리 인간에겐 의미구성을 위한 가장 효과적인 능력, 즉 개념적 혼성이나 통합의 능력이 있기 때문이다. 갑옷이라는 형태 속에는 잠재적인 힘이 있다. 즉, 형태 이면에는 사물이 아닌 의미를 구성할 수 있는 인간의 힘이 존재한다. 그 힘은 어느 상황을 막론하고 역동적이고 상상적으로 발산되어서 뜻을 통할 수 있게 만든다.

개념적 혼성 이론에서는 객관주의 언어학에서 의례 주어진 것이라고 가정하는 동일성, 통합, 상상력의 작용을 탐구하는 것이 핵심 주제이다. 기본적이면서도 신비롭고, 강하면서도 복잡하고 거의 무의식적인 특징을 지닌 이런 작용은 어쩌면 가장 간단한 의미의 중심에 놓여 있다. 개념적 혼성 이론에서는 이런 작용이 의미 창조의 열쇠이고, 가장 간단한 형태도 상상적 마음속에서 유발되는 복잡한 발현적 역학에 있다는 것을 보여 주고자 한다. 더 나아가 이런 기본적 작용은 일상의 의미와 예외적인 인간 활동 모두를 푸는 열쇠이기도 하다. 그리고 가시적인 언어라는 형태는 막강한 상상적 통합을 위한 촉진제 역할을 한다는 것이 개념적 혼성 이론의 기본 가정이다.

포코니에와 터너는 언어활동과 그것을 가능케 하는 개념적 혼성이라는 상상적 통합 간의 관계를 연극에 비유한다. 마치 연극을 공연할 때 무대 뒤에서 이루어지는 작업은 눈에 띄지 않아야 가장 잘 된 공연이라고 할 수 있듯이, 언어 활동이 가장 적절히 이루어졌다고 말하기 위해서는 개념적 층위에서 작동하는 개념적 혼성이라는 인지과정이 가시적이지 않아야 한다. 그래서 이들은 개념적 혼성을 뒷무대 인지(backstage cognition)라고 부른다.

4.2. 개념적 혼성의 구성 원리

Fauconnier & Turner(2002: 310)에서는 공간횡단 사상, 혼성공간으로의 선택적 투사, 혼성공간에서 발현구조의 발생 같은 개념적 혼성의 구조적・동적 원리를 개념적 혼성의 구성 원리(constitutive principle)라고 부른다. 이런 구성 원리는 개념적 혼성의 결과로 발생하는 개념적 통합 연결망의 기초가 된다.

Fauconnier(1997: 149-51)는 개념적 혼성이 발생할 때 충족되어야 하는 몇 가지 조건을 제시한다. 첫째는 공간횡단 사상(cross-space mapping)이다. 공간횡단 사상이란 입력공간들 사이의 체계적인 대응(correspondence)을 말한다. 둘째는 총칭공간(generic space)이다. 총칭공간은 입력공간들이 공유하는 추상적인 구조와 조직을 반영하는 포괄적인 구조이다. 더욱이 총칭공간은 입력공간들 사이의 공간횡단 사상을 한정해 준다. 셋째는 혼성공간(blended space)이다. 혼성공간은 입력공간들이 선택적으로 투사되어 형성되는 공간이다. 혼성공간에는 총칭공간에서 포착되는 총칭적인 구조뿐만 아니라 총칭공간보다 더 특이한 구조가 들어 있고, 입력공간에 없는 구조가 형성될 수도 있다. 넷째는 발현구조(emergent structure)이다. 즉 입력공간에 없는 구조가 혼성공간에서 형성되는 발현구조이다.

혼성공간은 입력공간의 요소들이 선택적으로 투사되어 만들어진다. 그리고 선택적 투사(selective projection)는 입력공간들 사이의 공간횡단 사상에 의해 가능하고, 공간횡단 사상은 다시 총칭공간 때문에 가능하다. 즉, 총칭공간은 공간횡단 사상의 전제조건이 되고, 공간횡단 사상은 선택적 투사의 전제조건이 된다. 이처럼 입력공간, 혼성공간, 총칭공간은 밀접하게 연결된 망을 형성하는데, 그것을 개념적 통합 연결망(conceptual integration network)이라고 한다. 이것은 다음과 같이 나타낼 수 있다(Fauconnier 1997: 151).

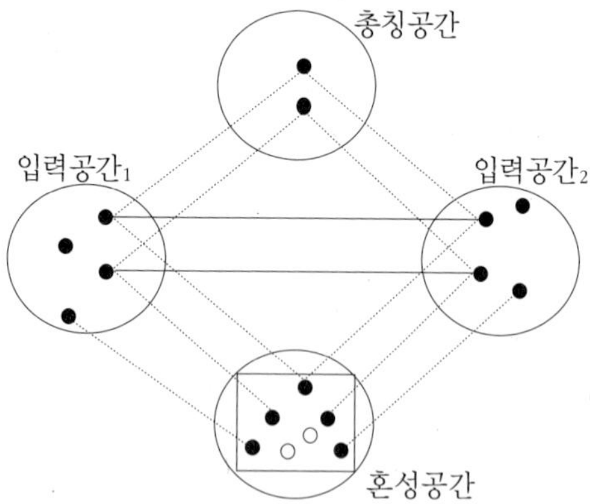

〈그림 2〉 개념적 통합 연결망

개념적 혼성은 결국 발현구조를 만들기 위한 인지과정이다. 발현구조에는 주어진 표현의 의미를 구성하는 실마리가 들어 있다. 개념적 혼성이 발현구조를 창조하는 방식은 다음과 같다.

(2) 입력공간 구축 → 입력공간의 연결 → 혼성공간 형성 → 발현구조 창조

그리고 개념적 혼성은 다음과 같은 세 가지 인지과정의 합이나 세 가지 인지과정이 차례로 작용하는 과정이라고 말할 수 있다.

(3) 개념적 혼성 = 입력공간 구축 + 공간횡단 사상 + 투사

4.3. 개념적 혼성 이론의 설명력

이 절에서는 개념적 혼성 이론으로 다양한 언어 현상을 설명하면서, 이 이론의 작동 방식을 보여 주고자 한다.

4.3.1. 개념적 혼성과 사역이동 구문

사역이동 구문(caused-motion construction)이란 행위자가 특정 행동을 해서 수동자가 특정 방향으로 이동하도록 하는 NP1 V NP2 PP의 통사적 구조를 가진 구문을 말한다. Jack threw the napkin off the table(잭이 냅킨을 던져 탁자에서 떨어졌다)이 전형적인 사역이동 구문이다. 여기서 사용되는 동사에는 수동자를 이동하게 하는 사역의 힘이 있다. 문제는 사역의 의미가 없는 동사가 사역이동 구문에 사용된다는 것이다. Frank sneezed the napkin off the table(프랭크가 재채기를 해서 냅킨이 탁자에서 떨어졌다)이 그 예이다. 동사 throw가 사용되는 전자의 예는 원형적 사역이동 구문이고, 동사 sneeze가 사용되는 후자의 예는

비원형적 사역이동 구문이다. 이 절에서는 개념적 혼성 이론으로 사역이동 구문의 의미가 구성되는 방식을 설명하고자 한다.

사역이동 구문의 통사적 구조는 입력공간$_1$이 되고 개념적 구조는 입력공간$_2$가 된다. 입력공간$_1$에는 [NP1] [V] [NP2] [PP]가 있고, 입력공간$_2$에는 사건의 참여자와 사역이동의 개념을 표현하는 [ACT] [CAUSE] [MOVE]가 요소로 들어 있다.

John throws the ball to Susan과 같은 원형적 사역이동 구문은 행위자의 행위, 사물의 이동, 둘 간의 사역적 연결을 모두 포함하고 있다는 점에서, [V]는 [ACT] [CAUSE] [MOVE] 모두와 사상된다. 이것은 다음과 같은 개념적 통합 연결망으로 나타낼 수 있다.

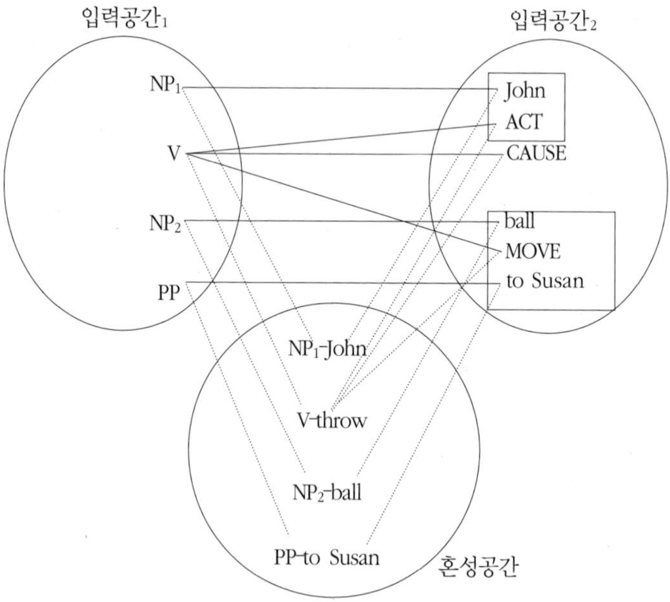

〈그림 3〉 John throws the ball to Susan의 개념적 통합 연결망

John throws the ball to Susan과 같은 원형적 사역이동 구문에 사용되는 동사 throw에는 사역이동의 의미를 표현하는 [ACT] [CAUSE] [MOVE]가 모두 융합되어 있다. 이것은 [ACT] [CAUSE] [MOVE]가 모두 [V]와 사상되고, 이 세 요소가 throw라는 하나의 동사로 실현된다.

다음은 Frank sneezed the tissue off the nightstand라는 비원형적인 사역이동 구문의 의미구성 방식을 살펴보자. 동사 sneeze는 사역이동의 의미 없이 단순한 '행동'을 나타내는 자동사이다. 그럼에도 불구하고 이 문장은 사역이동 구문으로 간주된다. 사역이동의 의미가 없는 동사가 사역이동의 의미를 획득하는 방식을 개념적 혼성으로 설명할 수 있다. 비원형적 사역이동 구문의 경우에는 입력공간$_1$에 있는 [V]가 입력공간$_2$의 [ACT] [CAUSE] [MOVE] 중 특정한 하나와 사상된다. 이것은 영어에 세 가지 유형의 비원형적 사역이동 구문이 있음을 암시한다. 먼저 원형적 사역이동 구문의 통사적 구조가 구조화되어 입력공간$_1$이 구축되고, 이 구문의 개념적 구조가 구조화되어 입력공간$_2$가 구축된다. 이렇게 구축된 입력공간들 사이에 공간횡단 사상이 작용한다. 동사 sneeze는 행위자의 행동을 나타낸다는 점에서 입력공간$_2$의 개념적 구조를 구성하는 요소 중 [ACT]가 어휘화된 것으로 간주된다. [ACT]를 표현하는 동사 sneeze는 통사적 구조 NP1 V NP2 PP 중에서 [V] 자리에 나타난다. 그 결과 입력공간$_1$의 [V]는 입력공간$_2$의 [sneeze]와 사상된다. 마지막으로, 입력공간에서 혼성공간으로 선택적 투사가 작용한다. 두 입력공간의 조직 프레임이 혼성공간으로 투사될 때, 입력공간$_1$로부터는 통사적 구조가 투사되고 입력공간$_2$로부터는 개념적 구조와 어휘가 투사된다. 이때 특이한 점은 입력공간$_2$의 [sneeze]로 어휘화되는 [ACT]만이 혼성공간으로 투사되고 [CAUSE]와 [MOVE]는 투사되지 않는다는 것이다. 개념적 혼성의 결과로 다음과 같은 개념적 통합 연결망이 구성된다.

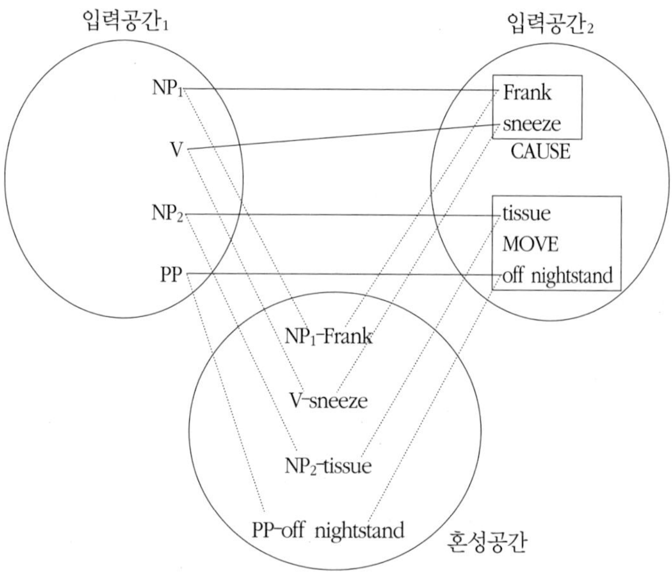

〈그림 4〉 Frank sneezed the tissue off the nightstand의 개념적 통합 연결망

위의 개념적 통합 연결망을 통해 알 수 있듯이, 입력공간$_1$의 사역이동 구문의 통사적 구조를 구성하는 모든 요소들과 입력공간$_2$의 개념적 구조를 구성하는 모든 요소들이 혼성공간으로 투사되어 각각 융합된다. 이렇게 되면, 입력공간$_2$의 [sneeze]는 사역의 힘이 없는 자동사인데, 그것이 사역이동 구문의 통사적 구조인 입력공간$_1$에서 사역의 힘이 있는 [V]와 사상되고 혼성공간으로 투사되어 사역이동의 의미를 가지게 된다.

4.3.2. 개념적 혼성과 은유

이 절에서는 일상 은유와 시적 은유의 의미가 개념적 혼성 이론으로 구성되는 방식을 설명할 것이다. 먼저 다음과 같은 일상 은유 두 개를 보자.

(4) a. This surgeon is a butcher. 이 외과의사는 도축자이다.
 b. He's not a butcher, he's a surgeon. 그는 도축자가 아니라, 외과의사이다.

(4a)는 외과의사가 환자를 수술하는 것이 너무 서툰 경우에 할 수 있는 발화로서, '외과의사가 무능하다'라는 것을 암시한다. 반면에 (4b)는 경험이 부족한 젊은 도축자가 고기 한 점 자르는 데 너무 조심스러워 시간을 많이 허비하는 경우에 할 수 있는 발화로서, '도축자가 능숙하지 못하다'는 것을 암시한다. 이 표현 둘 다의 경우에, 수술의 입력공간$_1$과 도축의 입력공간$_2$가 동일하게 구축된다.

먼저, (4a)의 '외과의사가 무능하다'라는 의미가 구성되는 방식은 다음과 같은 개념적 통합 연결망으로 나타낼 수 있다.

입력공간$_1$과 입력공간$_2$의 요소들 간에 사상이 이루어져서 입력공간의 요소들이 일대일로 대응된다. 다음으로 선택적 투사가 작용하여, 입력공간$_1$의 [수단: 수술] 외의 다른 모든 요소들이 혼성공간으로 투사되고, 입력공간$_2$에서는 [수단: 도축]만이 혼성공간으로 투사된다. 이 은유는 수술에 관한 내용이기 때문에 입력공간$_1$의 [외과의사] [환자] [수술칼] [수술실]이 혼성공간으로 투사된다. 여기서 중요한 것은 [목표]와 [수단]의 투사 방식이다. 이 은유의 경우에 목표는 치료하는 것인데 가축을

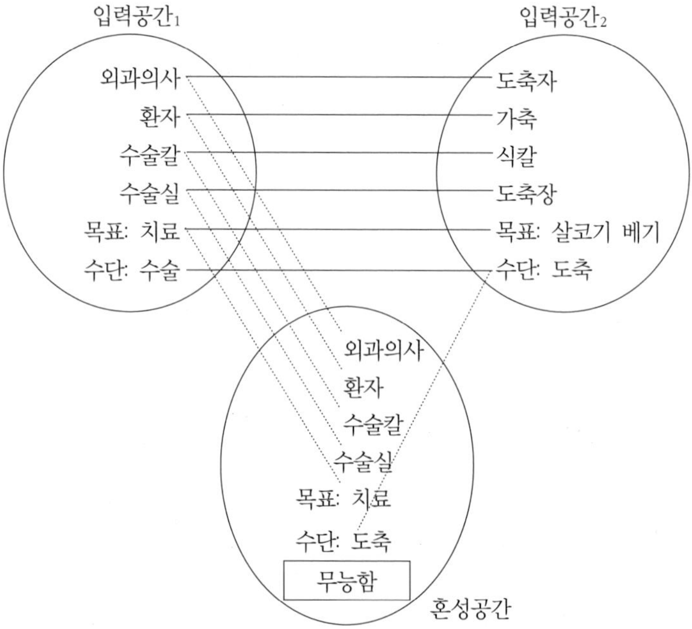

〈그림 5〉 This surgeon is a butcher의 개념적 통합 연결망

도축하듯이 그렇게 하고 있다. 따라서 입력공간$_1$의 [목표: 치료]와 입력공간$_2$의 [수단: 도축]이 혼성공간으로 각각 투사되어 발현구조가 만들어진다. 어떤 일을 수행하는 경우에 그 일에 대한 목표가 있고, 그 목표를 달성하기 위한 적절한 수단이 있기 마련이다. 그러나 이 은유의 경우에는 둘 사이에 불일치가 있다. 도축의 수단과 수술의 목표 사이의 불일치는 '의사가 무능하다'라는 추론을 이끌어내는 데 결정적인 역할을 한다.

반면에, (4b)는 젊은 도축자의 능력을 부정적으로 평가하는 것으로 의도된다. 도축자를 의사라고 간주하는 것은 젊은 도축자의 도축 수단과 노련한 도축자의 도축 수단 사이에 불일치가 있음을 환기시킨다.

(4b)에 대한 입력공간 구축과 공간횡단 사상은 (4a)의 경우와 동일하다. 단 입력공간들에서 혼성공간으로 투사가 서로 다를 뿐이다. 투사가 다르다는 것은 혼성공간에서 나타나는 발현구조 또한 다름을 뜻한다. (4b)의 의미가 구성되는 방식은 다음과 같은 개념적 통합 연결망으로 나타낼 수 있다.

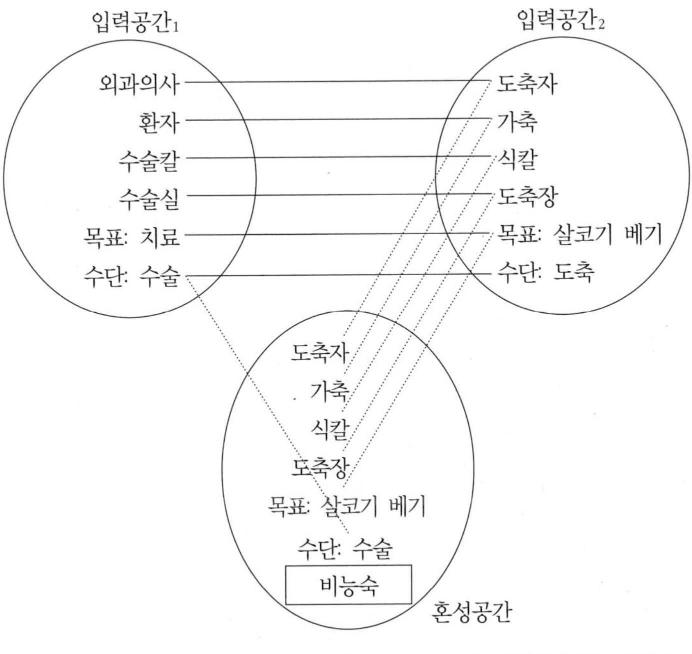

〈그림 6〉 He's not a butcher, he's a surgeon의 개념적 통합 연결망

이 은유의 경우에 고기를 베는 목표를 달성하기 위해 수술의 방식을 사용하고 있다. 입력공간$_1$의 [수단: 수술]과 입력공간$_2$의 [목표: 살코기 베기]가 혼성공간으로 각각 투사되어 발현구조가 만들어진다. (4a)와 마찬가지로, (4b)에서도 수단과 목표 사이에 불일치가 있다. 혼성공간

에서 도축의 목표와 수술의 수단 사이의 불일치는 젊은 도축자의 도축 능력에 대해 부정적인 평가를 하게 해 준다.

A is B 형식을 하고 있는 (4)의 두 은유에서 동일한 '외과의사'와 '도축자'가 사용되고, 그것이 주어와 보어의 위치에서만 차이가 난다. 객관주의 의미론의 관점에서는 이런 경우에 두 은유 모두 동일한 의미를 갖는 것으로 분석될 것이다. 하지만 확실히 실생활에서는 그 의미가 다르며, 서로 다른 의미가 구성되는 방식이 개념적 혼성 이론에서 명확히 설명되고 있다.

다음은 시적 은유의 의미가 구성되는 방식을 보자. 기형도의 『입 속의 검은 잎』(1994)에 실린 「늙은 사람」이라는 시에서 독창적인 근원영역을 사용하는 몇 가지 시적 은유의 의미구성 방식을 논의할 것이다. 먼저 '늙은 사람'의 4연을 보자.

(5) 내가 아직 한번도 가본 적 없다는 이유 하나로
나는 그의 세계에 침을 뱉고
그가 이미 추방되어버린 곳이라는 이유 하나로
나는 나의 세계를 보호하며
단 한걸음도
그의 틈입을 용서할 수 없다

4연에 늙은 사람의 세계란 젊은 사람의 세계에서 '이미 추방되어버린 곳'으로 간주하는 시적 은유가 있는데, 이 시적 은유는 늙음은 추방이다라는 개념적 은유에 근거를 둔다. 사람이 태어나 젊은 시절을 거쳐 늙는 것은 자연스러운 현상인데, 시인 기형도에게 늙음은 강제적인 추방의 결과이다. 늙는다는 것과 추방당하는 것은 완전히 다른 성질이다. 물론 늙는 대상과 추방당하는 대상은 사람이다. 그렇지만 늙게 하는 것은 자연이고, 추방시키는 것은 권위 있는 사람이나 기관이다. 즉, 늙음은 자연의 순리를 따른 결과이지만, 추방은 사회의 법을 준수하지 못한 결과이다. 추방당한 사람은 그 죄가 면해질 경우 원래 위치로 되돌아올 수 있지만, 한 번 늙으면 다시 젊어질 수는 없다. 이 시구를 통해 젊은 사람은 늙은 사람을 경멸하는데, 그 이유는 늙음이 자연의 순리를 위배한 결과로 간주되기 때문이다.

'이미 추방되어버린 곳'의 의미가 구성되는 방식은 다음과 같은 개념적 통합 연결망으로 나타낼 수 있다.

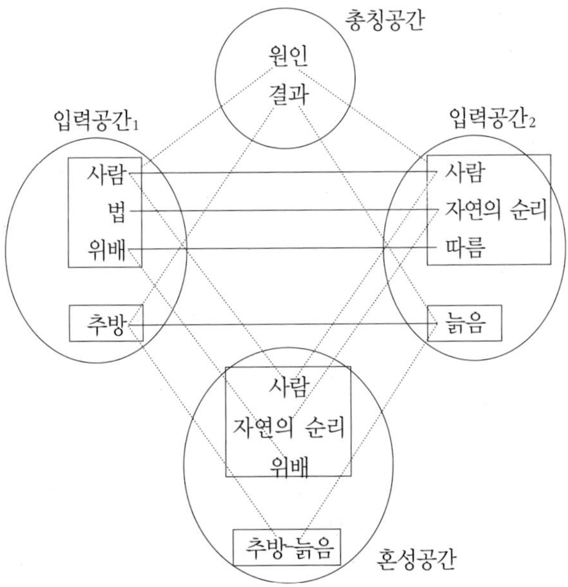

〈그림 7〉 '이미 추방되어버린 곳'의 개념적 통합 연결망

먼저 입력공간이 구축되는데, 입력공간$_1$은 사람이 법을 위배하는 원인이 추방이라는 결과를 가져온다는 사실에 입각해서 구축되고, 입력공간$_2$는 사람이 자연의 순리를 따른다는 원인이 늙음이라는 결과를 가져온다는 사실에 입각해서 구축된다. 즉, 이 두 개의 입력공간은 공통적으로 인과적 구조로 되어 있다. 따라서 총칭공간에는 [원인]과 [결과]가 요소로 들어 있다. 입력공간의 각 요소들은 공간횡단 사상에 의해 서로 연결된다. 공간횡단 사상에 의해 연결된 입력공간의 요소들은 혼성공간으로 투사된다. 먼저 입력공간$_1$의 [사람]과 입력공간$_2$의 [사람]이 투사되어 융합된다. 그리고 입력공간$_2$의 [자연의 순리]와 입력공간$_1$의 [위배]가 개별적으로 혼성공간으로 투사되며, 입력공간$_1$의 [추방]과 입력공간$_2$의 [늙음]이 혼성공간으로 투사되고 융합되어 늙음은 곧 추방이 된다. 즉, 개념적 혼성의 결과로, 늙음은 곧 추방인데, 여기서의 추방은 자연의 순리를 위배한 결과이다. 따라서 늙은 사람은 자연의 순리를 위배한 부도덕한 죄인으로 간주된다. 이처럼 시인 기형도는 인과적 구조의 불일치를 이용해서 늙음을 추방으로 묘사하고 있다.

4.3.3. 개념적 혼성과 합성어

이 절에서는 수식어와 머리어가 각각 명사인 합성어의 의미가 구성되는 방식을 개념적 혼성으로 분석할 것이다. 간단한 예로 '총상'을 뜻하는 gun wound가 이런 의미를 갖는 방식을 살펴보자. gun에 대한 입력공간$_1$은 사수가 과녁에 총을 쏘아서 과녁을 맞히는 프레임에 입각해서 구축된다. wound에 대한 입력공간$_2$는 수동자에게 위험한 일이 발생하여 그가 부상을 입는 결과가 초래된다는 프레임에 입각해서 구축된다. 입력공간에 공통된 총칭공간은 인과적 구조에 입각해서 형성된다.

다음으로, 입력공간에서 공간횡단 사상과 선택적 투사가 작용하여 gun wound의 의미구성을 위한 다음과 같은 개념적 통합 연결망이 구축된다.

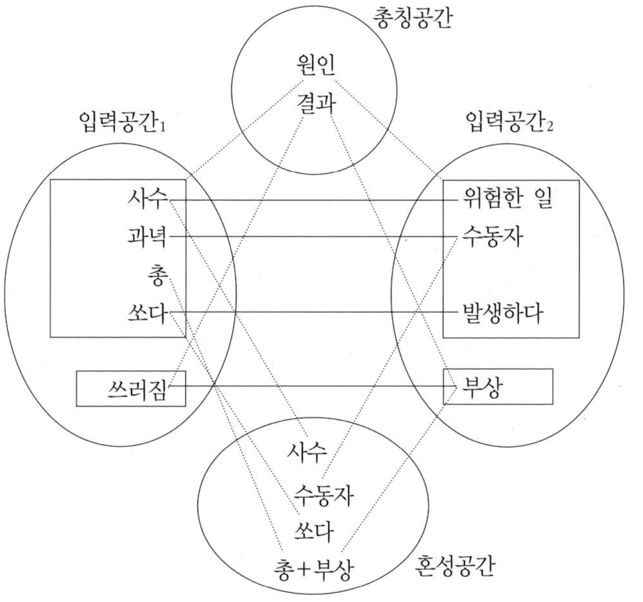

〈그림 8〉 gun wound의 개념적 통합 연결망

입력공간$_1$의 [사수] [과녁] [총] [쏘다]라는 원인은 과녁의 [쓰러짐]이라는 결과를 초래하고, 입력공간$_2$의 [위험한 일] [수동자] [발생하다]라는 원인은 수동자의 [부상]이라는 결과를 초래한다. 입력공간$_1$의 [사수]와 입력공간$_2$의 [수동자] 및 입력공간$_1$의 [쏘다]가 개별적으로 혼성공간으로 투사된다. 그리고 입력공간$_1$의 [총]과 입력공간$_2$의 [부상] 또한 개별적으로 혼성공간으로 투사되는데, 개념적 통합 연결망을 통해서 총상이라는 것은 총 자체에 어떤 상처가 생긴 것이 아니라 행위자가 수동자에게 총을 쏘는 행위의 결과로 수동자가 부상을 입는 것임을 알 수 있다. 즉, gun wound의 의미는 입력공간$_1$의 원인 요소 중 하나인 [총]과 입력공간$_2$의 결과 요소인 [부상]이 적절하게 결합해서 구성되는 것이다.

다음으로 의미구성이 다소 복잡한 caffeine headache(카페인 두통)라는 합성어를 살펴보자. gun wound의 경우에는 총이 부상을 초래한다는 의미가 있지만, caffeine headache은 카페인이 두통을 일으키는 것이 아니라 카페인이 없으면 두통이 생긴다는 것을 뜻한다. 이 합성어를 이해하기 위해서는 카페인 투여를 중지했을 경우에 나타나는 증상과 함께 카페인이 중독성 약품이라는 카페인에 대한 지식이 전제되어야 한다.

caffeine headache의 의미구성을 위한 입력공간은 어떤 사람이 두통에 시달리는 상황과 그 사람이 카페인을 섭취하지 않은 상황이 구조화되어 구축된다. 카페인을 섭취하지 않는 것과 두통 사이의 관계를 인과성이라는 하나의 통합적인 사건으로 이해하기 위해서는 어떤 사람이 카페인을 섭취해서 두통에 시달리지 않는 반사실적 시나리오를 환기시켜야 한다. 따라서 caffeine headache의 의미구성을 위한 입력공간은 세 가지가 된다. 입력공간$_1$은 행위자가 두통에 시달린다는 사실에 관한 것이고, 입력공간$_2$에는 행위자가 카페인을 섭취해서 두통에 시달리지 않는다는 인과적 관계가 구조화되고 있고, 입력공간$_3$은 행위자가 카페인을 섭취하지 않았다는 사실을 구조화하고 있다. 먼저, 입력공간$_1$과 입력공간$_2$에 입각해서 첫 번째 개념적 혼성이 작용하고, 다음으로 입력공간$_2$와 입력공간$_3$에 입각해서 두 번째 개념적 혼성이 작용한다. caffeine headache의 의미구성을 위한 개념적 통합 연결망을 다음과 같이 나타낼 수 있다.

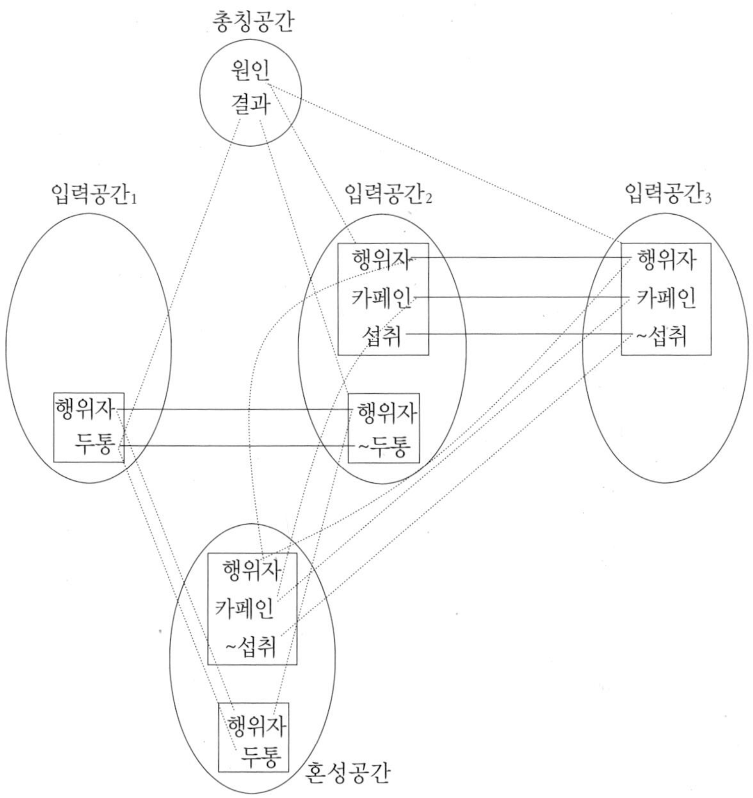

〈그림 9〉 caffeine headache의 개념적 통합 연결망

첫 번째 공간횡단 사상에 의해 입력공간$_1$의 [행위자] [두통]이 각각 입력공간$_2$의 [행위자] [~두통]과 사상되고, 투사에 의해 입력공간$_1$과 입력공간$_2$의 [행위자]가 혼성공간으로 투사되어 융합되고, 입력공간$_1$의 [두통]이 단독으로 혼성공간으로 투사된다. 두 번째 공간횡단 사상에 의해, 입력공간$_2$의 [행위자], [카페인], [섭취]가 각각 입력공간$_3$의 [행위자], [카페인], [~섭취]와 공간횡단 사상되어 일대일 대응관계가 성립되고, 투

사에 의해 입력공간$_2$와 입력공간$_3$의 [행위자], [카페인]이 혼성공간으로 투사되어 융합되고, 입력공간$_3$의 [~섭취]가 단독으로 혼성공간으로 투사된다. 두 번의 개념적 혼성의 결과로 발생한 혼성공간에는 입력공간$_2$에서 투사된 인과적 구조가 있는데, 입력공간$_3$에서는 원인에 해당하는 사건이 투사되고, 입력공간$_1$에서는 결과에 해당하는 사건이 투사된 것이다. 따라서 caffeine headache은 카페인을 섭취했기 때문이 아니라 카페인을 섭취하지 않았기 때문에 두통이 생긴다는 의미가 구성된다.

4.3.4. 개념적 혼성과 유머

인간의 웃음을 유발하는 유머는 중요하고 보편적인 인간의 능력이다. 언어는 대부분의 유머를 전달하고 표현한다. 이 절에서는 개념적 혼성을 통한 유머의 의미구성 방식을 예로 설명할 것이다. 만화와 함께 제시된 다음 유머를 보자.

"It's the latest innovation in office safety. When your computer crashes, an air bag is activated so you won't bang your head in frustration."

(6) It's the latest innovation in office safety. When your computer crashes, an air bag is activated so you won't bang your head in frustration. (그것은 사무실 안전의 최신 기술 혁신이다. 컴퓨터가 다운되면, 에어백이 터져 당신의 머리가 좌절감에 부딪치지 않을 것이다.)

이 그림만으로도 유머가 전달된다. 누군가가 컴퓨터로 작업을 하는 도중에 컴퓨터가 다운이 되자 컴퓨터에서 갑자기 에어백이 작동한다. 에어백은 자동차가 충동할 때에 순간적으로 탑승자 주위에서 공기 주머니가 부풀어 나와 충격을 완화하는 보호 장치이다. 이처럼 컴퓨터가 다운이 될 때 에어백이 작동해서 컴퓨터 사용자의 안전을 지켜준다는 상황이 유머를 만들어 낸다. 이 유머에서는 서로 조화를 이루지 못하는 두 사건이 하나의 사건을 구성하는 데 참여하고 있다.

서로 조화를 이루지 못하는 두 개의 대상 및 사건은 입력공간을 구축하는 데 참여한다. 입력공간$_1$은 컴퓨터 인지모형 중에서 컴퓨터가 간혹 작동을 멈춘다는 사실 및 그것으로 인해 컴퓨터 사용자가 좌절감을 느낀다는 상황을 구조화해서 구축된다. 입력공간$_2$는 자동차가 외부와 충돌할 때 운전자를 보호하기 위해 에어백이 작동하는 상황을 구조화해서 구축된다. 입력공간$_1$에서 컴퓨터가 다운이 되면 컴퓨터 사용자가 좌절감을 느낀다. 반면에 입력공간$_2$에서는 자동차가 충돌을 하면 에어백이 작동해서 운전자가 다치지 않는다. 즉, 입력공간$_1$은 컴퓨터의 다운이라는 원인이 사용자가 좌절감을 느끼는 결과를 초래하는 인과적 구조로 되어 있다. 그러나 입력공간$_2$에서는 자동차의 충돌이라는 원인은 운전자가 핸들이나 차 유리에 부딪치는 결과를 초래하지 않는데, 그 이유는 에어백이 작동하기 때문이다. 이처럼 두 개의 입력공간 사이의 인과적 구조가 일치하지 않고 있다.

비록 두 입력공간의 인과적 구조가 일치하지 않지만, 인과적 구조가 두 개의 입력공간에 공통으로 들어 있다는 것이 중요한 사실이다. 따라서 총칭공간에는 입력공간에 공통된 [원인]과 [결과] 및 [방지책]이 요소로 들어 있다. 입력공간이 구축되면 입력공간들 사이에 공간횡단 사상이 이루어지는데, 총칭공간은 사상을 한정하는 역할을 한다. 다음으로, 입력공간에서 혼성공간으로 선택적 투사가 작용한다. 개념적 혼성의 결과로 이 유머의 의미구성을 위한 개념적 통합 연결망이 다음과 같이 구축된다.

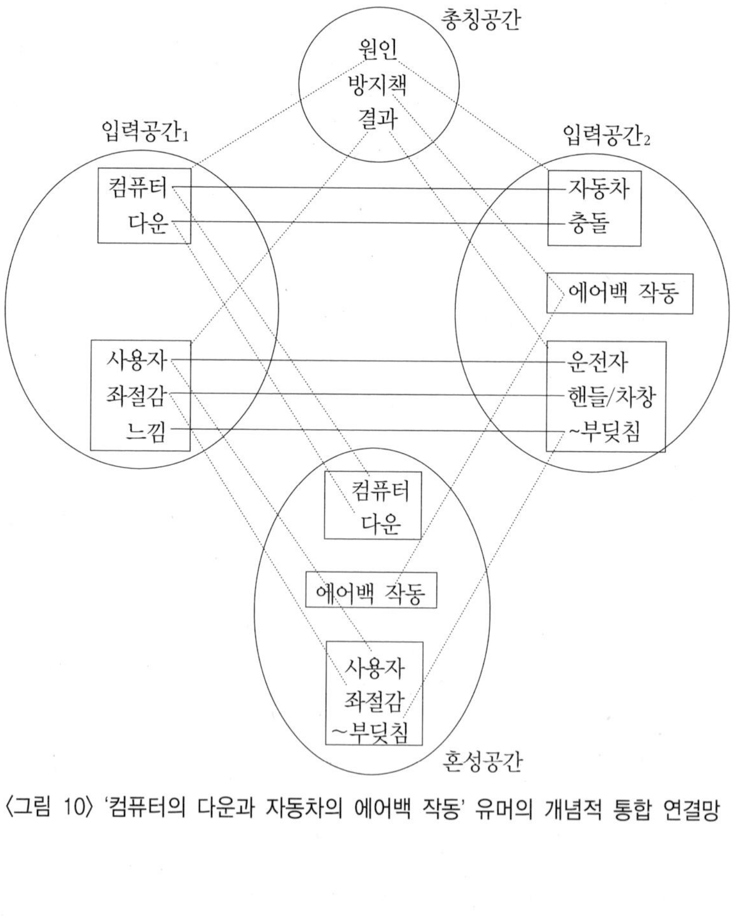

〈그림 10〉 '컴퓨터의 다운과 자동차의 에어백 작동' 유머의 개념적 통합 연결망

총칭공간에 있는 [원인]은 입력공간$_1$에서 [컴퓨터]의 [다운]에 해당하고, 입력공간$_2$에서는 [자동차]가 [충돌]하는 것에 해당한다. 총칭공간에 있는 [결과]는 입력공간$_1$의 경우 컴퓨터를 사용하는 [사용자]의 [좌절감] [느낌]에 해당되고, 입력공간$_2$의 경우 [운전자]가 [핸들/차창]에 [~부딪침]에 해당된다. 총칭공간의 [방지책]은 입력공간$_1$에서 대응요소가 없으며, 입력공간$_2$에서는 [에어백 작동]이 그 대응요소가 된다. 그리고 입력공간에 있는 요소들은 서로 일대일로 사상되지만 입력공간$_2$에 있는 [에어백 작동]은 그에 상응하는 대응요소가 입력공간$_1$에 없는데, 이것은 사상이 부분적임을 말해 준다.

마지막으로, 입력공간으로부터 혼성공간으로 투사가 발생한다. 입력공간$_1$에서는 원인에 해당하는 [컴퓨터], [다운]이 혼성공간으로 투사되고, 입력공간$_2$에서는 [에어백 작동]이 혼성공간으로 투사된다. 그리고 결과에 해당하는 요소들은 선택적으로 투사되는데, 입력공간$_1$의 [사용자], [좌절감]이 투사되고 입력공간$_2$에서는 [~부딪침]이 투사된다. 혼성공간의 요소들을 통해 컴퓨터가 다운이 되면 에어백이 작동해서 사용자가 좌절감에 부딪치지 않게 된다는 의미가 구성된다. 중요한 것은 입력공간$_1$에서는 컴퓨터가 작동을 중지하면 사용자가 좌절감을 느끼는 결과가 초래되지만, 혼성공간에서는 [에어백 작동]이라는 [방지책]이 있기 때문에 그러한 결과가 초래되지 않는다는 것이다. 이러한 반사실적 상황을 접하게 되면 독자가 입가에 웃음을 머금게 되는데, 웃을 수 있는 이유는 독자가 유머 표현을 들었을 때 마음속에서 이미 개념적 혼성이 작용을 했기 때문이다.

5. 결론

Slingerland(2008)는 현재의 대학에서 인문학과 자연과학 또는 인지과학이 별도로 활동한다는 점에서 진정한 대학(university)이 아니라 이중적 대학(biversity)의 모습을 보인다고 비판한다.[4] 하지만 인문학과 자연과학 간의 분리도 큰 문제이지만, 인문학 내에서도 아직 진정한 통섭이 이루어지지 않고 있다는 것도 우리 인문학자들은 인정해야 한다. 인문학과 자연과학 간의 통섭이든, 인문학 내에서의 통섭이든 간에, 학문간 통섭이 이루어지기 위해서는 각 학문들에서 어떤 연구가 진행되고 있고, 그 결과가 어떤 것인지를 해당 관련 학문분야에 알려주는 일이 가장 먼저 이루어져야 할 일 것이다. 이런 점에서 이 논문은 인문학의 한 분야인 인지언어학, 특히 개념적 혼성 이론이 어떤 연구를 하고 있는지를 보여 주고 그 결과물들을 공개하는 일에 집중했다. 각 분야의 연구결과를 공개하는 이 논문은 어디쯤에서 인문학 간의 연구와 인문학과 인지과학 간의 연구 사이에서 접점이 이루어질 수 있는지, 신체화된 관점이 어떻게 객관주의적 이원론에 의문을 제기하는지 보여 주기 위해 기획된 큰 프로젝트의 한 부분이다. 인간 문화에 대한 통합적 접근법의 필요성을 주장하고 있고, 과연 이런 접근법이 구체적으로 어떤 모습일 수 있는지를 제시하기 위해 기획된 이 프로젝트에서 이 논문이 어느 정도의 역할을 했으면 하는 바람이다.

---

4) 에드워드 슬링거랜드, 『과학과 인문학』, 김동환・최영호 역 (서울: 지호, 2015) 참조.

참고문헌

Brandt, L. 2013. *The Communicative Mind: A Linguistic Exploration of Conceptual Integration and Meaning Construction*. Newcastle: Cambridge Scholars Publishing.

Jaeger, J., and J. Ohala. 1984. *On the structure of phonetic categories. Proceedings of the 10th Annual Meeting of the Berkeley Linguistics*. Berkeley, CA: Berkeley Linguistics Society, pp.15-26.

Johnson, M. 1987. *The Body in the Mind: The bodily Basis of Meaning, Imagination, and Reason*. Chicago: University of Chicago Press.

Fauconnier, G. 1997. *Mappings in Thought and Language*. Cambridge: Cambridge University Press.

Fauconnier, G., and M. Turner. 2002. *The Way We Think: Conceptual Blending and the Mind's Hidden Complexities*. Basic Books.

Goldberg, A. 1995. *Constructions: A Construction Grammar Approach to Argument Structure*. Chicago: University of Chicago Press.

Lakoff, G. 1987. *Women, Fire, and Dangerous Things: What Categories Reveal about the Mind*. Chicago: University of Chicago Press.

______. 1990. The invariance hypothesis: Is abstract reason based on image schemas? *Cognitive Linguistics*, 1, 1, 39-74.

Lakoff, G., and M. Johnson. 1980/2003. *Metaphors We Live By*. Chicago: University of Chicago Press.

Nerlich, B & D. D. Clarke. 2007. Cognitive linguistics and the history of linguistics. In D. Geeraerts and H. Cuyckens, eds., *The Oxford Handbook of Cognitive Linguistics*. Oxford: Oxford University Press. 589-607.

Sinha, C. 2007. Cognitive linguistics, psychology, and cognitive science. In D.

Geeraerts and H. Cuyckens, eds., *The Oxford Handbook of Cognitive Linguistics*. Oxford: Oxford University Press. 1266-95.

Slingerland, E. 2008. *What Science Offers the Humanities: Integrating Body and Culture*. Cambridge: Cambridge University Press.

Taylor, J. R. 2003. Cognitive models of polysemy. In B. Nerlich, Z. Todd, V. Herman, and D. D. Clarke, eds., *Polysemy: Flexible Patterns of Meaning in Mind and Language*. Berlin: Mouton de Gruyter.

제2장

체화 개념의 지도 그리기

이영의

머리끝에서 발끝까지의 생리를 나는 노래한다.
용모나 뇌만으로는 감히 뮤즈에게 값하지 못하리니.
나는 말하노라, 완전한 형태가 한결 값지다고.
—휘트먼—

1. 들어가는 말

마음은 인류에게 있어 항상 중요한 탐구 대상이었다. 먼 옛날부터 현재에 이르기까지 인류는 마음이란 무엇인지, 그것이 어떻게 작동하는지, 그것을 어떻게 다스릴 수 있는지에 대해 궁금해 왔다. 마음을 잘 다스리는 사람은 현자로 인정받았고, 마음 다스리기는 삶의 중요한 기술이 되었다. 21세기에 들어서는 마음 알기는 단순히 학문적 대상을 넘어 마음의 구조와 기능을 이용한 심리조작, 홍보, 광고, 학습 프로그램 개발 등의 실제적 이유로 점점 더 중요한 연구 주제로 부상하고 있다. 그러나 마음 탐구의 오랜 역사에도 불구하고 인류가 마음을 체계적으로 연구하기 시작한 것은 그리 오래되지 않았다. 현대 심리학은 빌헬름 분트(Wilhelm Maximilian Wundt)가 1879년 라이프치히 대학에서 실험심리학 연구실을 개설하면서 태동했다. 20세기에 들어 인지를 학제적으로 연구하는 인지과학이 등장하면서 이제는 인지와 그것의 중요한 기반으로 추측되는 뇌에 대한 지식이 인류 문명의 발전 양상을 결정적으로 좌우할 것이라는 견해가 널리 수용되고 있다.

이런 상황에서 인지에 대한 우리의 직관을 반영하면서도 동시에 과학적 이해와 양립가능한 인지 이론을 구성할 필요가 있다. 인지과학은 태동 이후 기호주의(symbolism)와 연결주의(connectionism)라는 연구 프로그램에 의해 주도되어 왔다. 그 프로그램들은 인지를 과학적으로 이해하는 데 크게 기여했지만 그럼에도 불구하고 인지를 단순히 컴퓨터의 프로그램과 유사한 것으로 간주하거나 대규모 신경망의 활성화 패턴으로 파악하면서 결과적으로 살아있는 인지를 제대로 설명하지 못하고 그것을 세계와 분리하여 설명하는 한계를 드러내고 있다. 이 글은 인지과학의 기존 연구 프로그램들에 대한 한 가지 대안으로서 최근 인지과학의 철학에서 활발히 논의되고 있는 **체화주의**(embodimentism)를 구체적으로 검토한다. 체화주의는 기존의 인지 이론들의 한계를 극복하고 인지의 체화성을 강조하면서 인지과학과 양립가능한 이해의 틀을 제공한다.

이 글은 다음과 같은 순서로 진행된다. 2절은 체화주의가 기존 연구 프로그램들의 한계를 극복하고 인지과학의 새로운 연구 프로그램으로 등장하게 된 이론적 배경을 검토한다. 체화주의는 아직은 이론적으로 체계적 통일성을 갖추고 있지 못하며 서로 다른 초점을 갖는 이론들을 통해 제시되고 있다. 그런 초점들 중 대표적인 것으로는 체화된 인지(embodied cognition), 확장된 인지(extended cognition), 구현된 인지(embedded cognition), 행화적 인지(enactive cognition), 분산된 인지(distributed cognition), 상황적 인지(situated cognition) 등이 있다. 3절은 그 중에서 흔히 '네 가지 체화된 인지'(4E cognition) 이론이라고 불리고 있는 이론들을 차례로 검토하면서 그것들 간의 관계와 논쟁점을 분석한다. 4절에서는 이상의 논의를 바탕으로 이 글의 목표인 체화된 인지 개념의 지도를 제시하고 체화주의의 미래에 대한 전망을 제시할 것이다.

2. 체화주의

인지과학은 마음 그리고 그것과 관련된 인지, 기억, 학습, 언어, 지각, 정서 등을 연구하기 위해 철학, 언어학, 사회학, 교육학, 심리학, 인류학, 생물학, 인공지능, 신경과학과 같은 관련 분야들이 참여하는 매우 학제적 분야이다. 인지과학을 구성하는 여러 분야들 중에는 인공지능과 신경과학을 중심으로 하는 '딱딱한' 축과 심리학과 언어학을 중심으로 하는 '물렁한' 축이 있는데 철학은 그 두 축들과 연합하여 인지이론을 생산하는 동시에 그렇게 생산된 이론들의 토대를 비판적으로 검토하는 역할을 담당한다.

특정 학문의 기원은 일반적으로 그 분야에서의 학회 출범과 학술지 발행을 기준으로 하는데 그 기준에 따르면 인지과학의 태동은 1970년대 후반으로 볼 수 있다.[1)] 인지과학이 태동한 이래 두 가지 연구 프로그램이 경쟁해 왔다. 그 첫 번째 연구 프로그램은 **기호주의**(symbolism)인데, 그것에 따르면 인지는 세계에 대한 기호적 표상을 계산하는 과정이다. 기호주의를 뒷받침하는 다음과 같은 세 가지 핵심 가설이 있다.

1) 『인지과학』(*Cognitive Science*)은 1976년에 창간되었고, 인지과학회(The Cognitive Science Society)는 1979년에 창립되었다.

① 사고언어 가설(language of thought hypothesis): 사고는 심성 언어에서 표상되며, 그러한 표상은 생산성, 체계성, 조합성을 갖는다(Fodor 1975).
② 물리적 기호체계 가설(physical symbol system hypothesis): 물리적 기호체계는 일반적 지능 행위를 위한 필요충분조건이며, 지능은 구문론적 규칙들에 의한 기호 조작의 과정이다(Newell and Simon 1976).
③ 인지의 기호적 구성 가설(symbolic architecture of cognition): 컴퓨터의 구성은 인지 구성에 적용될 수 있다(Anderson; Newell, Rosenbloom, and Laird, 1989).

기호주의에 따르면, 심성 상태는 기호적 표상이고 심성 과정은 그런 표상들을 순차적으로 계산하는 과정이다. 또한 표상을 구성하는 기본 요소는 기호이며 기호적 표상들은 산출 규칙과 같은 명시적으로 규정된 규칙들에 의해 처리된다. 여기서 중요한 점은 인지에 대한 적절한 분석은 표상들이 처리되는 계산 수준에서 이루어져야 한다고 본다는 점이다. 이처럼 기호주의는 인지를 기호적 관점에서 분석하고 설명한다. 기호주의는 기억, 지식, 사고 과정을 기호라는 '원자'로 구성되어 있다고 보고, 의미가 부여될 수 있는 단위인 '분자' 수준을 기호들로 구성된 표상으로 간주함으로써 전통적인 명제 중심적인 입장을 계승했다.

기호주의는 그동안 여러 가지 문제들을 갖고 있는 것으로 비판을 받아왔는데 비판의 초점은 마음을 컴퓨터처럼 일정한 규칙에 따라 기호를 처리하는 체계라고 보는 핵심 가설들에 맞추어져 있다. 기호주의는 몇 가지 결정적 비판들에 의해 이론적 기반을 상실하기 시작했다. 예를 들어 존 설(John Searle 1980)이 제기한 '중국어방 논변'(Chinese room argument)에 따르면, 컴퓨터의 기호처리는 규칙에 따른 오직 구문론 차원에서의 처리에 불과하기 때문에 의미론적 차원에서의 처리를 할 수 없다. 또한 스테반 하나드(Stevan Harnard 1990)가 제기한 기호 접지 문제(symbol grounding problem)에 따르면, 기호적 표상들은 외부 세계에 존재하는 대상들이나 사건들을 제대로 표현할 수 없다는 문제가 발생한다.

연결주의는 1950년대에 와렌 멕쿨로치와 월터 피츠(Warren McCulloch and Walter Pitts 1943)가 인지 이론으로 제안하였고 그 후 프랭크 로젠블랏(Frank Rosenblatt 1958)에 의해 퍼셉트론(Perceptron)으로 발전하면서 기호주의에 대한 경쟁 이론으로 부상하는 듯 했다.[2] 그러나 마빈 민스키와 세이머 패퍼트(Marvin Minsky and Seymour Papert)가 입력층과 출력층이라는 두 개의 층으로만 이루어진 퍼셉트론은 특정 유형의 문제, 예를 들어 배타적 선언(exclusive or)과 같은 과제를 처리할 수 없다는 점을 증명함으로써 당시에 활발히 연구되기 시작한 연결주의에 치명타를 안겼고 그 결과 연결주의는 그 후 거의 20년 동안 연구자들의 관심 밖에 머물렀다. 그러나 연결주의는 1980년대에 들어 입력층과 출력층 외에 은닉층이 도입되어 배타적 선언의 문제가 이론적으로 해결되고, 델타규칙과 같은 학습 규칙과 역전파(back propagation) 학습 과정이 개발됨으로써 화려하게 부활하게 된다.[3]

---

2) 로젠블랏의 퍼셉트론은 멕쿨로치와 피츠가 제시한 형식적 신경세포(formal neuron) 개념에 (이후에 가중치로 발전된) 강도(strength) 개념을 결합한 것이다. 로젠블랏은 강도들의 변화에 의하여 퍼셉트론의 반응을 조절할 수 있음을 보였다.

3) 이러한 이유로 여기에서 논의되는 연결주의는 정확히 말하자면 네오연결주의(neo-connectionism)이다. 표현 상 간편성 때문에 이후에도 '네오연결주의'라는 명

연결주의는 기본적으로 두뇌의 구성과 작동 원리에 기반을 두고 있다는 점에서 기호주의와 차이가 난다. 연결주의는 정보 처리의 기본 단위로서 추상적 신경 세포에 해당하는 '기본 단위'(unit)를 설정하고 기본 단위들이 대규모로 병렬적이고 분산적으로 연결되어 신경망(neural network)을 구성한다. 연결주의는 구체적으로 다음과 같은 두뇌의 물리적 특징들을 이용하여 인지를 설명한다.[4]

- 병렬 처리(parallel processing)
- 분산 처리(distributed processing)
- 느린 퇴행(slow degradation)
- 유연한 규제(soft constraints)

연결주의는 인간 두뇌를 본 딴 이론이기 때문에 컴퓨터를 본 딴 기호주의에 비해 여러 가지 장점들을 갖고 있지만 그럼에도 불구하고 여전히 인지 이론으로서 한계를 갖고 있다는 평가를 받고 있다. 인지구성 이론으로서 연결주의의 근본 문제는 그것이 여전히 인지를 기호주의와 마찬가지로 입력 정보들에 대한 계산으로 간주한다는 것과 신경망의 활성화 패턴으로서의 인지가 환경으로부터 유래되는 정보를 수용하는 과정에서 환경과 직접적으로 연관되어 있지 않다는 데 있다. 인간은 몸을 통하여 환경과 접촉하면서 인지를 수행하는데, 연결주의는 두뇌의 구성과 작동만을 고려할 뿐 구체적 신체를 고려하지 않는다. 신경망에서 구현되는 인지는 엄격한 규칙에 따른 기호 조작은 아니지만 유연한

칭 대신에 '연결주의'라는 명칭을 사용하기로 한다.

4) W. Bechtel and A. Abrahamsen(2002), pp.56-64.

규칙에 따른 패턴 조작으로서 여전히 일종의 계산적 조작이다. 이런 점에서 연결주의는 기호주의와 다른 방식의 인지 구성을 제시하지만 여전히 인지를 계산적 차원에서 분석하는 입장에 머무르고 있다. 따라서 기호주의와 연결주의의 차이는 근본적인 것이 아니라 인지 구성이라는 차원에서 나타나는 것으로 볼 수 있으며 그 두 가지 이론은 계산주의(computationalism)로 분류된다.

1990년대 이후로 인지과학 분야에는 계산주의의 한계를 극복하고 인지에 대한 새로운 이해와 설명을 추구하는 연구 프로그램이 부상하고 있다. 기호주의와 연결주의를 계승할 것으로 기대되고 있는 이 세 번째 연구 프로그램은 바로 체화주의이다. 현재 체화주의라는 명칭 하에 포섭되는 여러 이론들은 이후에 논의되듯이 상호 간 이론적 긴장과 대립이 있기는 하지만 그것들은 최소한 기호주의와 연결주의가 공유하는 기본 전제, 즉 인지가 몸이나 환경과는 거의 무관하게 작용하거나 아니면 전적으로 두뇌 내부에서 작용한다는 입장에 강하게 반발한다는 공통점을 갖고 있다. 앞에서 지적했듯이 현재 체화된 인지 이론으로서 활발히 논의되고 있는 이론으로는 (좁은 의미로서의) 체화된 인지 이론, 구현된 인지 이론, 확장된 인지 이론, 행화적 인지 이론, 분산적 인지 이론, 상황적 인지 이론 등이 있다.[5)]

필자를 비롯하여 다수의 연구자들이 체화주의를 인지과학에서의 새로운 연구 프로그램으로 간주하고 있다. 여기서 **연구 프로그램**이라는

5) 체화된 인지 이론은 한편으로는 그 이론들을 포함하는 넓은 의미로 사용되기도 하고, 다른 한편으로는 다른 이론들, 특히 구현된 인지 이론과 대립하는 좁은 의미로 사용되기 때문에, 이 글에서는 용어와 관련된 혼동을 피하기 위해 넓은 의미로 사용되는 이론을 '체화주의'(embodimentism)라고 부르고 좁은 의미로 사용되는 체화된 인지 이론만을 '체화된 인지 이론'이라고 부르기로 한다.

용어는 임레 라카토슈(Imre Lakatos)의 용어법에 따라 사용되고 있다. 라카토슈에 따르면, 연구 프로그램은 **견고한 핵**(hard core), 보호대(protective belt), 소극적 적극적 발견법(heuristic)으로 구성된다.[6] 라카토슈는 모든 과학은 하나 이상의 주도적 법칙이나 원리를 갖고 있으며 그것들에 의해 특정 과학이 정의된다고 보았다. 라카토슈는 연구 프로그램의 그런 정의적 요소들을 견고한 핵이라고 불렀다. 예를 들어, 코페르니쿠스 천문학의 견고한 핵은 지구를 비롯한 여타의 행성들은 태양을 중심으로 회전하여 지구는 자전한다는 가정이었다. 한편 보호대는 프로그램의 기초를 다지고 아울러 예상되는 경험적 반증으로부터 견고한 핵을 보호하기 위한 보조가정들로 구성된다. 코페르니쿠스 연구 프로그램의 경우 초기 이론에서는 원형궤도가 사용되고 있었기 때문에 많은 주전원을 도입하여 그로 인한 문제점들을 해결할 필요가 있었다.

그렇다면 인지과학의 연구 프로그램으로서의 체화주의의 견고한 핵은 무엇인가? 이 질문에 대답하기 위해 우리는 체화주의를 대표하는 이론가들의 견해로부터 견고한 핵을 구성할 것으로 기대되는 후보들을 추출할 수 있다.

① 인지는 다음과 같은 의미에서 체화된 활동이다. 첫째, 인지는 여러 가지 감각운동 능력을 지닌 몸을 통하여 나타나는 경험에 의존한다. 둘째, 개별적 감각 운동 능력은 더 포괄적인 생물학적, 심리학적, 문화적 맥락에 포함된다. 셋째, 감각 운동 과정, 지각, 활동은 살아 있는 인지로부터 근본적으로 분리될 수 없다.[7]

---

6) I. Lakatos(1978), pp.47-52.

② 이성의 자율성을 당연시하는 서구의 전통 사상은 잘못이다. 이성은 지각, 운동, 정서, 기타 몸의 능력으로부터 독립적이지 않다는 점에서 근본적으로 체화되어 있다.[8)]

③ 체화 이론들을 규정하는 공통된 특징은 다음과 같다. 첫째, 우리는 몸과 세계의 역할에 주목함으로써 종종 생물학적 인지에 대한 문제와 그것의 해결에 대한 우리의 생각을 변경할 수 있다. 둘째, 몸, 뇌, 세계의 복잡하고도 시간적으로 풍부한 상호작용을 이해하기 위해서는 창발적이고 비(非)중앙처리적이고 자기조직적인 현상을 연구하는데 적합한 새로운 개념, 도구, 방법이 필요하다.[9)]

이상의 후보들은 공통적으로 인지는 존재론적으로 몸과 분리될 수 없다는 점에서 몸과 분리되어 이해되거나 설명될 수 없다는 점을 강조한다. 여기서 우리는 다음과 같이 체화주의의 견고한 핵을 존재론, 의미론, 인식론, 방법론의 차원에서 구성할 수 있다.

• 체화주의의 견고한 핵

① 존재론적 차원: 인지는 몸의 구조와 능력에 기반을 두고 세계에서 펼쳐지는 활동이다.

② 의미론적 차원: 인지는 몸을 통한 세계와의 접촉 과정에서 의미를 산출한다.

---

7) F. Varela, E. Thompson, and E, Rosch(1991), pp.172-73.

8) G. Lakoff and M. Johnson(1999), p.17.

9) A. Clark(1999). p.506.

③ 인식론적 차원: 인지는 몸의 구조와 기능과 독립적으로 이해되거나 설명될 수 없다.

④ 방법론적 차원: 인지를 적절히 이해하고 설명하기 위해서는 몸의 구조와 기능을 고려해야 한다.

위에서 제시된 견고한 핵을 갖춘 체화주의는 다양한 유형의 이론들로 구체화될 수 있으며, 실제로 앞에서도 언급된 여러 가지 체화 이론들이 존재한다. 다음 장에서 구체적으로 논의되겠지만 그 이론들 간에는 이론적 긴장들이 발견되고 그 중에는 심각한 경우도 있기 때문에 과연 그 이론들이 하나의 동일한 연구 프로그램 안에 포섭될 수 있는가라는 문제가 대두된다. 체화 개념의 지도 그리기가 필요한 이유가 여기에 있다.

3. 체화주의 이론들

3.1. 체화된 인지 이론

인지과학에서 '인지'와 '마음'은 상호 구별되어 사용되기도 하고 대체 가능한 것으로 사용되기도 한다.[10] 체화주의의 경우에도 그 두 가지 용어들이 혼용되고 있으며 '체화된 인지'라는 용어와 함께 '체화된 마음'이라는 표현도 사용되고 있고, 이런 사정은 '4E' 이론들의 경우에도 마찬

10) 마음과 인지를 구별하는 것이 이 글의 목표는 아니기 때문에 그 두 가지 용어를 구분하지 않고 또한 마음이라는 용어가 갖는 다양한 함의로부터 벗어나기 위해 이 글에서는 '마음'이라는 용어를 반드시 사용해야 할 경우를 제외하고는 '인지'라는 용어를 사용하기로 한다.

가지이다.[11)]

좁은 의미의 체화된 인지 이론은 이후에 논의될 다른 이론들에 대한 이론적 배경을 제공하는 동시에 그것들에 대한 경쟁 이론으로서 작용한다는 점에서 가장 먼저 논의될 필요가 있다. 체화된 인지 이론의 대표적 이론가로는 로렌스 사피로(Lawrence Shapiro)가 있다. 사피로는 먼저 자신이 반대하는 주장, 즉 마음의 성질로부터 몸의 성질을 예측할 수 없다고 주장하는 분리 논제(separability thesis)를 설정하고 분리 논제에 대한 대안으로서 다음과 같은 **체화된 마음 논제**(embodied mind thesis)를 주장한다.

> 심리적 과정들은 몸의 도움이 없이는 **불완전하다**. 인간의 경우 시각은 인간 몸의 특징들을 포함하는 과정이다. …… 지각 과정들은 몸의 구조들에 의존하고 그것을 포함한다. 이는 곧 다양한 지각 능력들에 대한 기술은 몸 중립성을 유지할 수 없다는 점을 의미하며 또한 그것은 비인간적인 몸을 가진 유기체는 비인간적 시각 및 청각 심리를 가질 것이라는 점을 의미한다. …… 인지에서의 몸의 역할은 지각 활동에 기여하는 데 그치지 않는다. 몸의 내장 체계 및 근골격 체계의 상태는 지각, 기억, 주의 능력에 영향을 미칠 뿐만 아니라 정교한 의사결정을 내리는 인간 능력에도 영향을 미친다는 증거가 있다. (Shapiro 2004, 190. 원저자 강조)

---

11) 이 글에서 체화주의에 속한 이론으로서 네 가지 이론들을 논의한 것은 관련된 선행 논의들에서 그것들이 체화주의를 대표하는 소위 '4E cognition' 이론으로서 확고한 위상을 차지했다는 점에 착안했다. 물론 여기에 포함되지 않은 다른 이론들(예를 들어, 분산된 인지 이론과 상황적 인지 이론)도 있지만 그것들은 그 네 가지 이론들의 조합을 통해 구성될 수 있다는 점에서 별도로 다루지 않았다. 이에 대한 논의는 J. Kiverstein and A. Clark(2009)와 R. Menary(2010)를 참조할 것.

체화된 마음 논제의 요지는 마음의 작동이 몸의 구조에 의해 결정된다는 것이다. 이에 대한 예를 들어 보자. 가시심도(visual-depth)를 감지하기 위해서는 두 눈이 제공하는 상호 일치하지 않은 정보들이 사용된다. 만약 인간의 눈이 두 개 이상이었거나 또는 두 눈 사이의 거리가 현재와 달랐더라면 그런 불일치로부터 시각적 깊이를 계산하는 처리과정은 지금과 달랐을 것이라고 예상된다. 이 점은 청각이나 후각과 같은 다른 지각들의 경우에도 마찬가지다.

여기에서 우리는 체화된 마음 논제가 **복수실현가능성 논제**(multiple realizability thesis)의 반대편에 있다는 점에 유의할 필요가 있다. 복수실현가능성 논제에 따르면 인간 마음은 인간 몸에서만 실현될 수 있는 것이 아니라 다른 몸, 예를 들어 외계인(ET)의 몸과 같은 전혀 다른 물리적 기반에서도 실현될 수 있다. 복수실현가능성 논제는 심리철학에서 그동안 심신 동일론(identity theory)을 반박하고 기능주의(functionalism)를 정당화하는 중요한 무기로 사용되어 왔다. 어떤 존재가 인간 마음을 가질 수 있는지를 결정하는 데 있어서 중요한 요소는 그것의 기능이지 물리적 기반은 아니라는 점에서 그 논제는 몸의 중립성을 함축한다. 그러나 체화된 마음 논제에 따르면 몸의 중립성과 복수실현가능성 논제는 성립될 수 없을 것이다. 여기서 복수실현 가능성이 체화된 인지 이론들을 구분하는 하나의 중요한 기준이 될 수 있다는 점이 드러난다.

체화된 인지 이론의 견고한 핵은 위에서 보았듯이 철학적 성격이 강하기 때문에 다른 여타의 철학적 주장들이 그렇듯이 다양한 차원을 갖고 있다. 우리는 다음과 같이 체화된 인지 이론의 견고한 핵을 세 가지 다른 방식으로 해석할 수 있다.

첫째, 견고한 핵은 인식적으로 해석될 수 있다. 인식적 해석에 따르면 인지과정은 인지적 유기체의 몸 구조를 이해하지 않고서는 제대로 이해될 수 없다. 청각의 경우를 다시 생각해 보자. 청각의 경우 두뇌에 귀들이 연결되어 있고, 그것들은 서로 얼마큼 떨어져 있으며, 소리가 각각의 귀에 도달하는 시간에는 미세한 차이가 있으며, 그런 시간 차이는 소리 진원지의 방향에 대한 정보를 전달한다는 점을 고려하지 않고서는 소리의 방향이 계산되는 방식을 이해하기 어렵다.

누구도 인지를 이해하기 위해서는 몸, 특히 두뇌 구조에 대한 지식이 필요하다는 점을 부인하지는 않을 것이다. 이렇게 보면 인식적 해석은 매우 '사소한' 주장으로 보인다. 또한 인식적 해석은 인지에 대한 전통적 견해와 많은 점에서 양립가능하다. 예를 들어 인식적 해석은 진정한 인지는 오직 두뇌 안에서만 발생한다고 보는 내재주의(internalism)와 양립가능하다. 인식적 해석이 이론적 사소함과 진부함을 벗어나 그 나름대로의 학문적 의의를 가질 수 있는 한 가지 방안은 내재주의와 반대되는 입장을 취하는 것이다. 이런 이유로 체화된 인지 이론은 인식적 해석과 외재주의(externalism)의 결합으로 나타날 수 있다. 그런 이론의 핵심은 인지과정을 이해하기 위해서는 몸 구조뿐만 아니라 그 과정과 적절한 방식으로 인지적으로 연관되어 있는 몸 외부의 환경적 요인도 고려해야 한다는 것이 될 것이다.

둘째, 견고한 핵은 존재론적으로 해석될 수 있다. 존재론적 해석에는 두 가지 버전이 있는데 첫 번째 버전은 인지과정이 몸의 구조에 의존한다는 점을 강조한다. 여기서 의존은 인지과정이 몸의 구조와 결합해서만 기능하도록 진화되었다는 의미에서 몸 구조에 대한 인지의 의존을 말한다. 특정한 인지 과제를 수행하기 위해 사용되는 인지과정들은 몸의 구조와 적절히 결합할 경우에만 제대로 작동한다. 의존을 강조하는 존재론적 해석은 인식적 해석과 마찬가지로 인지에 대한 내재주의와 양립가능하다. 왜냐하면 체화된 마음 이론의 견고한 핵이 존재론적으로 강하게 해석되더라도 진정한 인지는 오직 두뇌 안에서만 발생한다는 입장은 여전히 유지될 수 있기 때문이다.

체화된 인지 이론은 외재주의적으로 해석될 수 있기 때문에 그로부터 한 가지 중요한 논쟁점이 발생한다. 앞서의 의존을 강조하는 존재론적 해석이 주장하듯이 인지가 올바르게 기능하기 위해서는 그것이 몸의 구조에 의존한다는 점을 인정하는 것과 별도로 몸 구조를 실제로 인지의 부분으로 보아야 하는가라는 또 다른 문제가 발생한다. 이 문제를 **의존과 구성의 문제**(problem of dependence and constitution)라고 하자.[12] 다음 예를 통해 의존과 구성의 차이를 생각해 보자. 인간은 강한 햇빛에 장시간 노출된 경우 화상을 입는다. 장시간의 햇빛 노출에 의한 화상은 분명히 햇빛에 인과적으로 의존하지만 햇빛이 존재론적으로 화상의 부분이라고 말할 수는 없다. 이 경우 의존과 구성은 분명히 구분된다. 인지의 경우에도 그런 구분이 성립하는가? 존재론적 차원에서 의존과 구성을 구분해야 한다고 주장하는 사람들은 의존을 인정하지만 구성은 부정하고자 한다. 즉 그들은 인지과정이 환경적 요인들에 의존한 것은 분명하지만 환경적 요인들을 인지과정의 부분으로 볼 수는 없다고 주장한다. 이런 입장을 대변하는 프레드 애덤스와 켄 아이자와(Fred Adams and Ken Aizawa)는 의존과 구성을 구분하지 않은 추리를 **결합과 구성의 오류**(coupling-constitution fallacy)라고 부른다. 그들이

12) 이영의(2012), p.37.

제시한 예를 살펴보자.[13] 요가 전문가를 비롯한 일부 사람들은 생각만으로 인과적으로 그들의 심박동수를 조절할 수 있기 때문에 인지과정과 순환 과정 간에는 쌍방향 인과 결합이 있다고 보아야 하지만, 그럼에도 불구하고 인지는 순환이 아니며 인지가 순환계로 확장되었다고 말하는 것은 잘못이라는 것이다. 그러나 애덤스와 아이자와가 제시한 예는 의존과 구성의 차이에 대한 적절한 예로 보이지 않는다. 의존과 구성의 문제는 체화된 인지 이론뿐만 아니라 구현된 인지 이론과 확장된 인지 이론에서도 중요하기 때문에 체화된 인지에 대한 개념 지도를 작성할 때 복수실현 가능성과 함께 구분 기준으로 사용될 것이다.

셋째, 견고한 핵은 의존이 아니라 구성을 강조하는 방식으로 존재론적으로 해석될 수 있다. 구성을 강조하는 존재론적 해석에 따르면 적절한 방식으로 인지과정을 구성하는 인지 구조나 과정은 실제로 인지의 부분이 될 수 있다. 그러므로 인지과정은 변연계나 대뇌피질 등에서 발생하는 과정들뿐만 아니라 적절한 방식으로 인지과정을 구성하는 몸과 몸 외부의 환경적 요인들을 포함한다. 구성을 강조하는 존재론적 해석의 지지자인 앤디 클락(Andy Clark)은 애덤스와 아이자와가 제시한 예에서 등장한 결합은 제대로 된 결합이 아니라 '이상한 결합'(odd coupling)이라고 응수한다.[14] 클락이 의도하는 진정한 결합의 의미는 다음의 인용문에 잘 나타나 있다.

> 인간 유기체는 쌍방향 상호작용에서 외적 실재와 연결되어 있으며 그 자체로 하나의 인지체계로서 간주될 수 있는 하나의 **결합체계**를 창출한

13) F. Adams and K. Aizawa(2008), pp.10-11.
14) A. Clark(2010), p.82.

> 다. 그런 체계 내에 있는 모든 요소들은 능동적인 인과적 역할을 담당하고 또한 결합적으로 인지가 일반적으로 수행하는 것과 동일한 방식으로 행동을 규제한다. [...] 우리의 논제는 이런 종류의 결합된 과정은 그것이 두뇌 안에 있는가의 여부와 관계없이 매우 동일하게 하나의 인지과정으로서 간주되어야 한다는 것이다.(Clark and Chalmers 1998, 8-9, 원저자 강조)

구성을 강조하는 존재론적 해석의 초점은 결합 방식에 있다. 위의 인용문에서 나타나듯이 클락이 주장하는 인지적 결합체계는 외적 체계와 상호 규제적인 방식으로 연결되어 있어서 인지가 수행하는 방식과 동일하게 행동을 규제한다. 이런 기준에 따르면 애덤스와 아이자와가 제시한 결합체계, 즉 인지계와 순환계는 하나의 인과적 결합체계임이 분명하지만 그것이 제대로 된 인지체계와 동일한 방식으로 행위를 규제한다고 보기는 어렵다. 이와 관련하여 리차드 메나리(Richard Menary)는 애덤스와 아이자와가 주장하는 결합은 쌍방향 결합이라는 점을 인정하면서도 거기에는 외부체계가 인지체계에 인과적 영향을 미치지만 그 역은 성립하지 않은 비대칭적 영향 관계라고 주장한다. 이에 반하여 클락과 찰머스가 주장하는 결합은 대칭적 영향이 성립하는 인지적 통합(cognitive integration)이다.[15)]

이상의 논의에서 볼 수 있듯이 세 번째 해석은 앞의 두 가지 해석들에 비해 급진적 함축들을 갖는다. 그 두 가지 해석들은 체화된 인지 이론의 견고한 핵을 인정하지만 인지에 대한 전통적 입장들과 단절할 필요는 없다는 점에서 온건한 입장이다. 이와 반면에 세 번째 해석은 한

---

15) R. Menary(2010), pp.3-4.

편으로는 인지과정이 두뇌와 몸의 경계를 벗어나 환경적 요인들로 확장 가능하다고 주장하고, 다른 한편으로는 그런 확장이 단순히 인과적 의존을 바탕으로 하는 것이 아니라 존재론적 구성을 바탕으로 한다고 주장한다는 점에서 급진적 입장이다.

3.2. 확장된 인지 이론

외재주의적 체화주의의 대표적 유형은 확장된 인지 이론이다. 확장된 인지 이론은 앤디 클락과 데이비드 찰머스(Andy Clark and David Chalmers)에 의해 처음으로 제안되었다.[16] 그들이 제시했고 이제는 유명해진 예를 살펴보자.[17] 뉴욕에 살고 있는 잉가(Inga)와 오토(Otto)는 어느 날 뉴욕현대미술관에서 자신들이 평소 보고 싶었던 전시회가 열리고 있다는 사실을 알게 되었다. 잉가는 잠시 기억을 더듬어서 현대미술관이 맨해튼 53번가에 위치하고 있다는 점을 상기하고 그곳을 향해 출발했다. 한편 경증 알츠하이머병을 앓고 있는 오토는 그 병으로 인한 기억력 상실을 해결하기 위해 항상 노트를 휴대하고 다니면서 중요한 사항들을 기록하고 필요하면 그것을 꺼내 참조한다. 이제 같은 상황에서 오토는 자신의 노트를 꺼내 현대미술관의 위치를 확인하고 그곳을 향해 출발했다.

클락과 찰머스는 위의 예에서 오토의 노트는 잉가의 기억과 '동일한 기능'을 수행한다고 주장하는데 그 이유는 오토의 노트에 저장된 정보

---

16) 확장된 인지 개념은 다른 명칭으로 등장하기도 했다. 예를 들어, 도구 외재주의(vehicle externalism, S. Hurley 1998), 환경주의(environmentalism, M. Rowlands 1999)를 참조할 것.

17) A. Clark and D. Chalmers(1998), p.7.

는 잉가의 일상적 믿음을 구성하는 정보와 동일한 기능을 수행하기 때문이다. 통속심리학은 행위를 설명하기 위해서 믿음 체계를 이용하는데, 클락과 찰머스에 따르면 우리의 믿음 체계는 성향적이다. 즉 인간 마음은 어떤 조건들이 충족되면 특정 행동이나 믿음을 낳는 성향을 갖는다. 잉가의 경우 현대미술관이 53번가에 위치하고 있다는 믿음은 현대미술관에서 열리고 있는 전시회에 가고 싶다는 욕구와 결합하여 그곳으로 걸어가는 행동을 유발한다. 오토의 경우도 마찬가지라는 것이다.

클락과 찰머스는 오토의 노트는 문자 그대로 오토의 믿음 중 일부를 포함하고 있으며, 그렇기 때문에 오토의 인지는 문자 그대로 두뇌 밖으로 확장되었다고 주장한다. 그러나 인지 활동에 관련된 모든 요소들을 인지의 구성 요소로 볼 수는 없을 것이므로 인지 확장의 범위에 대한 기준이 필요하다. 클락과 찰머스는 그런 기준으로서 다음의 **동등성 원리**(parity principle)를 제시한다.

> 어떤 과제를 수행할 때, 만약 세계의 한 부분이 그것이 머릿속에서 행해졌었더라면 인지과정의 부분으로 주저 없이 인정되었을 과정처럼 작용한다면, 그 부분은 바로 인지과정의 부분이다.(Clark and Chalmers 1998, 8)

이제 동등성 원리에 따르면, 만약 오토의 노트가 오토의 두뇌 안에 있었더라면 우리는 분명히 그것의 기능을 인지과정의 한 부분으로 인정했었을 것이므로 그것은 오토의 인지의 한 부분이라고 보아야 한다.

우리는 인지 과제를 수행하기 위해 연필, 종이, 노트, 계산기, 컴퓨터 등 다양한 도구들을 활용하는데, 특정 유형의 인지 과제는 두뇌 외적인 요소들의 도움을 받을 경우에 더욱 효과적으로 수행될 수 있다. 간단한 예로서 "456×786"을 수행하는 경우를 생각해 보라.[18] 앞 장에서 우리는 체화주의의 견고한 핵에 대한 존재론적 해석으로부터 한편으로는 인지가 환경에 의존한다는 주장과 다른 한편으로는 환경이 인지의 구성 요소라는 주장이 성립함을 보았다. 확장된 인지 이론은 그 중에서 구성을 강조하는 존재론적 해석이다. 확장된 인지 이론에 대한 비판가들은 인지 과제는 두뇌에 기반을 둔 인지 자원들에 의해 수행되도록 진화했으며 두뇌 외적 자원들은 인지 과제를 수행함에 있어 우연적으로만 이용되는 수단에 불과하다고 지적한다.

클락과 찰머스는 이런 종류의 비판에 대해 그런 우연성 때문에 두뇌 외적 자원들이 갖고 있는 인지적 기능을 부정할 수는 없다고 주장한다. 이 주장은 앞에서 제시된 동등성 원리에 의해 뒷받침된다. 여기서 확장된 인지 이론은 (체화된 인지 이론이 부정하는) 복수실현가능성 논제를 수용하고 있음이 드러난다. 앞의 인용문에서 드러나듯이 유기체와 환경적 자원은 하나의 결합 체계를 구성하며 그 체계에서 두뇌 외적 자원들은 두뇌 내적 자원에 못지않게 능동적으로 인과적 역할을 수행할 수 있다.[19] 따라서 그런 인과적 결합체계에서 발생하는 인지과정이 두뇌 내부에 있는지 아니면 두뇌 외부에 있는지의 여부와 상관없이 그것은 인지적이라고 간주되어야 한다. 클락과 찰머스는 그들의 입장을 인지뿐만 아니라 마음에도 적용한다. 즉 마음도 인지처럼 두뇌 밖의 환경적 대상들로 확장될 수 있다는 것이다.

---

18) J. L. McClland, D. E. Rumelhart, and the PDP Research Group(1986), vol 2, pp.44-48.
19) A. Clark and D. Chalmers(1998), p.9.

확장된 인지 이론은 좀 더 온건한 버전으로 나타날 수 있는데 우리는 그것을 마크 로우랜즈(Mark Rowlands)를 통해 발견할 수 있다.

> 적어도 어떤 심성과정들은 …… 주변 환경에 처한 인지적 유기체에 의해 수행된, 넓은 의미로 해석된, 행위들로 **구성된다**는 의미에서 …… 그 유기체의 환경으로 확장될 수 있다. 그런 심성과정들은 일차적으로 인지적 과정들이다. …… 그 유기체가 주변 환경에서 수행하는 행위들은 외적 구조들을 조작하고, 개발하고, 변형하는 행위들이다. 이런 외적구조들은 주어진 인지과제를 달성하는데 적절한 정보를 전달한다는 특징을 지닌다. 또한 적절한 방식으로 그런 구조들에 기반을 두고 행위함으로써 그 인지적 유기체는 정보를 자신과 이후의 인지적 조작들에 이용 가능하도록 만들 수 있다. (Rowlands 2010, 58, 원저자 강조)

로우랜즈의 온건한 버전 역시 구성을 강조하는 존재론적 해석의 산물이다. 로우랜즈 버전에 따르면 세계는 지각, 기억, 추리, 경험과 같은 인지과정들에 적합한 정보들을 저장하는 외적 창고이다. 이런 의미에서 확장된 인지 이론은 심성과정을 이해하는 방식에 대한 인식적 주장이 아니라 심성과정의 본성에 관한 존재론적 해석이다. 물론 존재론적 해석은 체화에 관한 인식적 함축을 가질 수 있다. 즉 존재론적 해석이 옳다면, 우리는 유기체가 자신의 환경적 구조들을 조작, 개발, 변형할 수 있는 정도를 이해하지 않고서는 그것의 심성과정(또는 그 중 일부)의 본성을 이해하기는 어려울 것이다. 그러나 이런 인식적 함축은 존재론적 해석을 수용하지 않더라도 다른 경로를 통해 도출될 수 있기 때문에 그것을 확장된 인지 이론의 일부로 볼 필요는 없다.

로우랜즈의 버전은 클락과 찰머스의 버전과 마찬가지로 인지과정의 의존이 아니라 구성을 강조한다는 점에서 다음 장에서 논의될 구현된 인지 이론과 차이가 난다. 구현된 인지 이론에 따르면 일부 인지과정들은 환경적 구조들과 결합해서만 기능하도록 진화했으므로 그런 구조들의 도움이 없이는 어떤 인지 과제들도 적절히 수행될 수 없다는 의미에서 인지는 환경에 본질적으로 의존한다. 이와 반면에 확장된 인지 이론에 따르면 인지과정이 외부의 비계체계(scaffolding system)에 단순히 의존하는 것이 아니라 유기체의 행위가 바로 그런 인지적 비계체계를 구성한다.

확장된 인지 이론은 인지의 확장 정도와 범위를 기준으로 하여 급진적 버전과 온건한 버전으로 구별된다. 클락과 찰머스는 종종 오토의 노트에 저장된 진술, 예를 들어 "현대미술관이 맨해튼 53번가에 있다"는 진술이 "현대미술관이 맨해튼 53번가에 있다"는 오토의 믿음과 동일하다고 주장한 것으로 오해되어 왔다. 그러나 그들이 주장하는 바는 오토의 노트에 기록되어 있는 그 진술이 '오토에 의해 적절한 방식으로 사용될' 경우 오직 그 경우에만 그것은 오토의 믿음을 구성한다는 점이다. 이런 해석을 뒷받침하는 것은 동등성 원리이다. 그런데 동등성 원리는 적어도 두 가지 이해가 가능하도록 애매하게 표현되어 있다. 예를 들어, '세계의 한 부분'(a part of the world)이라는 표현은 오토의 노트에 기록된 진술을 지시할 텐데 이 경우 어떻게 그것이 하나의 인지과정처럼 기능할 수 있는가라는 문제가 제기될 수 있다. 이 질문과 관련하여 우리는 그 부분을 두 가지 다른 방식으로 이해할 수 있다.

첫째, 오토의 노트에 있는 그 진술이 오토에 의해 적절히 이용되고 올바른 인지상태와 인지과정으로 구성된 맥락에 놓여 있을 때, 전시회를 보고자 하는 오토의 욕구는 그의 믿음의 일부이다. 이런 해석은 토큰 인지상태(믿음)를 외적 구조(진술)와 동일시한다. 이것이 클락과 찰머스의 입장이다. 둘째, 오토의 노트에 있는 그 진술을 조작하고 개발하는 과정은 전체적인 인지과정의 적절한 부분이다. 여기서 말하는 전체적 인지과정은 기억 과정이나 믿음 과정을 의미하고 이와 관련된 조작은 노트를 꺼내 그 진술이 보는 행동이다. 그러므로 조작은 진술에 포함된 정보를 '현재 상태'로부터 '이용 가능한 상태'로 변형시키는 절차나 과정이다. 진술에 대한 조작은 그 역할을 통해 기억이나 믿음과 같은 전체적 인지과정의 적절한 부분이 될 수 있다. 둘째 해석은 외적 구조에 대한 조작이 전체적 인지과정의 부분이라는 점을 주장하지만 그럼에도 불구하고 조작된 구조를 인지상태와 동일시하지는 않는다는 점에서 온건하다. 이것이 바로 로우랜즈의 입장이다. 로우랜즈의 버전은 인지상태가 아니라 인지과정에 주목하기 때문에 "현대미술관이 맨해튼 53번가에 있다"는 진술을 오토의 믿음과 동일시하지는 않는다.

3.3. 구현된 인지 이론

앞에서 보았듯이 체화주의의 견고한 핵은 한편으로는 인지과정의 구성에 관한 이론으로 해석될 수 있고 다른 한편으로는 인지상태의 구성에 대한 이론으로 해석될 수도 있다. 후자에 따르면 인지과정은 부분적으로 몸의 구조와 과정으로 구성되어 있는 반면에 전자에 따르면 인지과정은 그것의 성공적인 작동을 위해 몸의 구조와 과정에 의존한다. 체화주의의 견고한 핵을 전자의 방식으로 해석하면 구현된 인지 이론이 나타난다.

구현된 인지 이론은 내재주의의 한 형태로서 인지의 환경 의존을 강조한다. 구현된 인지 이론에 따르면 유기체는 인지과제를 수행하는 데 있어서 그것이 수행해야 할 내적 과정의 양을 감소시키는 방식으로 환경적 구조들을 활용한다. 유기체가 자신의 환경을 적절히 활용할 수 있는 능력을 갖고 있는 경우에 그것은 인지과제의 복잡성을 환경에 분산시키는 방식으로 인지과제를 수행한다.

구현된 인지 이론은 앞에서 살펴본 체화된 인지 이론과 비슷하게 보일 수 있기 때문에 그 두 이론 간 차이를 분명히 할 필요가 있다. 이를 위해 구현된 인지 이론의 지지자인 로버트 루퍼트(Robert D. Rupert)의 입장을 살펴보자. 루퍼트는 구현된 인지 이론을 다음과 같이 확장된 인지 이론과의 차별화를 통해서 제시한다.[20)]

- **확장된 인지 가설**(hypothesis of extended cognition): 인지과정은 문자 그대로 유기체를 둘러싼 환경으로 확장되며 인지상태는 문자 그대로 환경에 속하는 요소들로 구성된다. 그러므로 피부와 두피가 인간을 둘러싸고 있지만 그것들은 사고 주체의 범위를 결정하지 못한다.

- **구현된 인지 가설**(hypothesis of embedded cognition): 인지과정은 지금까지 예상치 못한 방식으로 유기체의 외부 소품들이나 도구들, 인지가 발생하는 외적 환경의 구조에 매우 강하게 의존한다.

루퍼트에 따르면 위에서 제시된 확장된 인지 가설에 비해 구현된 인

20) R. Rupert(2004), pp.391-93.

지 가설을 선호해야 이유들이 있다. 루퍼트는 확장된 인지 가설이 설명력이 높은 가설로서 제안되고 있기 때문에,[21] 그것은 과학 이론을 평가하는 일반적 기준에 의해 평가되어야 한다고 지적한다. 그러나 확장된 인지 가설은 다음과 같은 이유로 성공적인 이론이 될 수 없다. 첫째, 확장된 기억 상태의 외적 부분은 내적 과정과 큰 차이가 난다. 이에 대한 예를 생각해 보자.[22] 결혼한 대학 동기생들의 부부 이름을 〈철수-영희, 영민-소영, 민구-지원 …〉의 방식으로 기억하는 경우를 가정해 보고 그리고 다시 그들이 모두 이혼을 해서 동기생 중 한 사람과 재혼한 경우를 가정해 보자. 이런 경우에 대한 심리학적 실험들에 따르면 새로운 부부들의 이름 목록, 예를 들어 〈철수-지원, 영민-소영, 민구-영희 …〉를 기억하는 데는 원래의 목록을 기억하는 것보다 더 오랜 시간이 소요된다. 왜냐하면 이전 목록에 대한 기억이 새로운 목록을 외우는 것을 방해하는 부정적 전이(negative transfer)가 작용하기 때문이다. 루퍼트는 부정적 전이는 인간 기억에서 분명히 나타나지만 확장된 기억에서는 나타나지 않는다고 지적한다. 오토의 경우 원래의 부부 목록을 노트에 기록하고 확인하는 것은 새로운 목록을 기록하고 확인하는 것보다 더 오랜 시간이 걸리지 않는다는 것이다.

루퍼트는 우리가 '오토+노트북 인지 체계'를 약간 조정하여 그것이 부정적 전이를 모의할 수 있도록 만들더라도 그 체계에 결여된 인간 기억의 또 다른 특징들이 발견될 것이라고 주장한다. 그는 이에 대한 예로서 생성효과(generation effect)를 제시한다.[23] 생성효과란 외적 정보

21) A. Clark and D. Chalmers(1998), p.14; M. Rowlands(2003), p.121.
22) R. Rupert(2004), pp.413-15.
23) 같은 논문, p.416.

가 단순히 읽혀졌을 경우에 비해 자기 생성될 경우에 더 잘 기억되는 현상을 말한다. 루퍼트는 생성효과와 같은 인지적 특징은 인간 기억의 특징이지만 노트에 저장된 정보의 특징은 될 수 없다고 주장한다. 또 다시 우리가 이런 특징을 모의하기 위해 '오토+노트북' 체계를 수정한다면 그 체계는 원래의 '오토+노트북' 맥락으로부터 너무 멀어져서 더 이상 인간적 요소를 갖지 못할 것이라고 예상한다. 우리는 여기서 루퍼트의 비판을 좀 더 자세히 논의하지 않을 것이지만 그의 비판들은 어떤 경험적 근거도 없이 제시되고 있다는 점에 유의할 필요가 있다. 또는 루퍼트는 확장된 인지 체계에서는 부정적 전이 현상이나 생성효과가 나타나지 않을 것이라고 예상하지만 그런 예상이 현재의 우리 주변에서 볼 수 있는 기계와 로봇과 같은 확장된 인지체계들에서 그러한 것인지 아니면 원리적으로 그런 것인지에 대해 분명히 언급하지 않고 있다.

구현된 인지 이론의 또 다른 지지자인 애덤스와 아이자와는 특정 대상이 인지의 적절한 구성 요소로 인정받기 위해서는 **인지 표지**(mark of the cognitive)를 구비해야 한다고 주장하면서 인지표지에 대한 한 가지 조건으로서 본래적 내용 조건(condition of original content)을 제시한다.[24] 본래성 조건에 따르면, 인지상태들은 본래적 내용을 포함해야 한다. 본래적 내용은 표상, 다른 내용, 지향적 행위자와 독립적으로 나타나는데, 그것을 갖는 좋은 예는 사고, 기억, 지각 등이다. 이와 반면에 파생적 내용은 교통신호와 깃발처럼 대상의 내용(의미)이 지향적 행위자에 의해 다루어지는 방식으로부터 파생된다. 이제 그들이 제시한 본

24) 또 다른 조건은 인과적 개별화 조건(condition of causal individuation)인데, 그 조건에 따르면 진정한 인지과정은 물리적 원인에 의해 상호간 또는 다른 과정들과 구별되어야 한다.

래적 내용 조건을 잉가와 오토의 예에 적용하면 잉가의 표상 상태는 본래적 내용을 갖지만 오토의 노트에 있는 정보들은 파생적 내용만을 갖기 때문에 오토의 노트는 인지를 구성하는 요소가 될 수 없다.[25)]

애덤스와 아이자와는 확장된 인지의 외부과정과 인간의 인지과정은 많은 차이가 나기 때문에 그것들을 하나의 동일한 종류로 분류하기는 어렵다고 주장한다. 왜 그 두 가지 인지과정들은 그런 차이를 보이는가? 그들에 따르면 그 차이는 우연적이다.[26)] 환언하면 본래적 내용을 갖는 인지과정은 우연적으로 두뇌 안에서만 발생한다. 이런 입장은 논거를 동반하지 않은 일종의 선언이다. 이런 비판에 대해 애덤스와 아이자와는 "확장된 인지 이론은 인과적으로 인지현상들을 개별화하지 못한다"라고 대답할 수 있다. 우리가 다시 그 대답에 대한 정당화를 요구하면 그들은 "확장된 인지 이론은 성공적인 과학 이론들처럼 인지과정을 인과적으로 기술하거나 설명하지 못하기 때문이다"라고 대답할 것이다. 여기서 우리가 유의할 점은 이런 답변들의 타당성은 선험적으로가 아니라 경험적으로 결정된다는 것이다. 루퍼트의 경우와 마찬가지로 애덤스와 아이자와도 인지의 체화성을 제한하기 위해 여러 가지 논변을 제시하고 있지만 그들의 주장을 뒷받침할 만한 경험적 자료가 없다는 점에서 체화주의 진영 내에서 그다지 큰 위세를 발휘하지 못하고 있다.

구현된 인지 이론은 인지의 환경 의존에 초점을 둠으로써 환경의 구성에 초점을 둔 확장된 인지 이론과 차이가 나며, 다른 한편으로는 체화된 인지 이론과 마찬가지로 온건한 입장으로 분류되지만 내재주의를

25) F. Adams and K. Aizawa(2001), pp.32-48.
26) 같은 논문, p.60.

고집한다는 점에서 그것과 차이가 난다. 구현된 인지 이론에 따르면 인지과정은 환경적 구조들과 결합했을 때 적절히 기능하도록 진화적으로 구조화되었다는 의미에서 구조 의존적이다. 구현된 인지 이론은 확장된 인지 이론만큼 급진적이지 않기 때문에 행화주의의 견고한 핵을 공유하면서도 확장된 인지이론이나 (이후에 논의될) 행화적 이론의 급진성을 제한하려는 사람들이 선호하는 입장이 되고 있다.

3.4. 행화적 인지 이론

이제 마지막으로 행화적 인지 이론을 살펴보기로 하자. 우선 행화적 인지 이론이 이전의 다른 이론들과 차이가 나는 것은 인지를 행위의 차원에서 파악하는 데 있다. 이런 의미에서 이 글에서는 'enactive'라는 개념을 '행화적'이라고 번역한다.[27] 행화적 인지 이론은 프란시스코 바렐라(Francisco Varela), 에반 톰슨(Evan Thompson), 엘리노 로쉬(Eleanor Rosch)에 의해 체계적인 인지 이론으로 제시되었으며 최근에는 알바 노에(Alva Noë)와 톰슨 등을 통해 집중적으로 연구되고 있다.

행화적 인지 이론의 출발점은 지각이다. 바렐라-톰슨-로쉬에 따르면 지각은 본질적으로 행위 지향적이다. 그들은 대상과 독립적인 시각이 아니라 살아있는 시각을 강조하면서도 살아있는 시각은 유기체와 환경과의 진화적 결합이라는 관점에서 이해되어야 한다고 주장한다. 예를 들어, 꿀벌들은 자외선을 '볼 수 있는' 시각 체계를 갖고 있고 꽃들은 자외선을 반사하여 꿀벌들을 꿀샘이 있는 암술과 수술로 유도한다. 이런

---

27) 'enaction'의 우리말 번역어로는 '발제'(發製)(석봉래 2013), '구성'(유권종 2011), '행위화'(이기흥 2012) 등이 있는데, 이 글에서는 '행위화'의 줄임말로서 '행화'를 사용한다. 그 용어의 우리말 번역에 대한 논의는 배문정(2014)을 참조할 것.

방식으로 꽃들은 꿀벌들과 상호 진화해 왔다.[28] 바렐라-톰슨-로쉬는 또한 제임스 깁슨(James J. Gibson)의 행위 지원성(affordance) 개념을 수용하여 세계는 유기체로 하여금 특정한 행동을 하도록 유도하거나 특정 행동을 쉽게 만드는 성질인 행위 지원성을 이용하여 기술되어야 한다고 주장한다.

바렐라-톰슨-로쉬는 인지를 표상에 대한 내적 조작으로 보는 계산주의를 비판하면서 다음과 같이 인지를 체화된 행위(embodied action)로 볼 것을 주장한다.

> **체화된**이라는 용어를 사용함으로써 우리는 두 가지를 강조한다. 첫째, 인지는 다양한 감각운동 능력들을 지닌 몸을 갖는 것으로부터 유래하는 경험의 종류에 의존한다. 둘째, 이러한 개별 감각운동 능력들은 그 자체로 보다 포괄적인 생물학적, 심리학적, 문화적 맥락에 내화되어 있다. 행위라는 용어를 사용하여 우리는 다시 감각적이고 운동적인 과정들, 지각과 행위가 근본적으로 살아있는 인지와 분리할 수 없다는 점을 강조한다.(Varela, Thompson, and Rosch 1991, 172-73. 원저자 강조.)

이처럼 행화적 인지 이론은 유기체와 환경의 완전한 호혜 관계를 강조하기 때문에 유기체와 환경의 역할을 자기 충족적으로 보는 기존의 지각 이론을 부정한다. 행화적 인지 이론의 중요한 배경은 현상학이다. 예를 들어 모리스 메를로-퐁티(Maurice Merleau-Ponty)는 『행동의 구조』(*The Structure of Behavior*)에서 생명체와 환경이 호혜와 선택에 의해 결합되어 있다는 점을 강조했다.[29] 그러나 바렐라-톰슨-로쉬는 현상학

28) F. Varela, E. Thompson, and E. Rosch(1991), p.201.

을 그대로 수용하는 것이 아니라 오히려 현상학에 대한 인지과학적 토대를 제공하기를 원했으며 그런 작업을 통해 현상학을 자연화하고자 했다. 바렐라-톰슨-로쉬는 **현상학의 자연화**가 메를로-퐁티 사상의 현대적 계승이 되기를 희망했는데, 여기서 계승은 인지과학의 맥락에서 메를로-퐁티 사상을 학문적으로 검토하는 것을 의미하는 것이 아니라 메를로-퐁티 사상이 그들의 연구 방향을 고무하고 지도해 왔다는 점을 의미하는 소극적 의미로 사용되고 있다(xv). 다시 말하면 메를로-퐁티 사상은 바렐라-톰슨-로쉬의 연구에 있어서 연구 프로그램의 견고한 핵을 구성하는 한 가지 요소이다.

지각은 인간이 세계를 이해하는 데 있어 현상학적 접근을 취해야 할 좋은 이유들을 제공한다. 지금 당신의 눈앞에 놓여있는 정육면체 하나를 본다고 가정해 보자. 그 경우 당신은 어느 순간에도 정육면체 전체를 볼 수 없고 단지 그 일부만을 볼 수 있음에도 불구하고 하나의 온전한 정육면체를 보고 있는 것처럼 느낀다. 이것이 바로 **지각의 현상학적 특징**인데, 노에는 그것을 아래와 같이 설명하고 있다.

> 당신이 어떤 특정한 시점에서 정육면체를 볼 때 당신은 그 시점에서 그것의 모습과 대면한다. 당신이 정육면체에 대해 움직이면 당신의 움직임에 따라 그 모습이 변한다는 것을 알게 된다. 즉, 당신은 그것의 시각적 잠재성과 대면한다. 따라서 시각적 잠재성과 대면하는 것은 그것의 실제 형태와 대면하는 것이다. 당신이 어떤 대상을 단순히 그것의 모습에 기초하여 정육면체로 경험할 때 그렇게 경험할 수 있는 것은 당신이 정육면체 모습에서의 변화와 당신의 움직임 사이의 관계에 대한 운동감각 지식을

29) M. Merleau-Ponty(1963), p.13.

> 활용하기 때문이다. 그 도형이 어떻게 보이는가에 기초하여 그것을 정육면체로 경험하는 것은 그것이 당신이 움직임에 따라 어떻게 변화하는지를 이해하는 것이다. (Noe 2004, 77.)

이처럼 정육면체는 우리의 시각적 한계에도 불구하고 현상학적으로는 우리에게 현존한다. 기존의 시각 이론들은 지각의 현상학적 특징을 시각표상의 구성(construction of visual representation)으로 설명해 왔다. 예를 들어 데이비드 마(David Marr 1982)의 시각 이론에 따르면 시각은 망막에서의 자극(감각)으로부터 시작하고 세계에 대한 시각 표상(인지)을 구성하는 것으로 끝난다. 그러나 마의 이론에서 당연시되고 있는 전제, 즉 지각자가 지각 대상에 대한 표상을 구성한다는 주장은 인지를 행위 차원에서 설명하는 행화적 인지 이론의 관점에서 보면 수용되기 어렵다. 바렐라-톰슨-로쉬가 강조했듯이 인지는 체화된 행위이며, "지각은 우리에게 발생하거나 우리 안에서 발생하는 어떤 것이 아니라 우리가 하는 어떤 것이다."[30] 이처럼 행화적 인지 이론에 따르면 시각은 외적 대상에 대한 두뇌내적 표상이 아니라 지각자가 세계를 탐사하는 행위로 보아야 한다.

지금까지 논의되었듯이 행화적 인지 이론의 주요 배경은 현상학이라는 점에서 그것은 당연히 기능주의를 주요 배경으로 하는 확장된 인지 이론이나 체화된 인지 이론과는 다른 철학적 함축들을 가질 것으로 예상된다. (구현된 인지 이론은 기능주의에 기반을 둘 수도 있고 그렇지 않을 수도 있다) 노에의 이론은 특히 지각에 초점을 둔 행화적 인지 이론인데, 그는 자신의 이론이 다음과 같은 두 가지 함축을 갖는다고 주

30) A. Noë(2004), p.1.

장한다.[31] 첫째, 일정한 몸 기술들을 지닌 유기체만이 지각할 수 있다. 왜냐하면 지각은 일종의 숙련된 몸 활동이고, 적어도 지각의 원초적 형태를 지닌 유기체만이 자기 운동을 할 수 있기 때문이다. 둘째, 지각은 결코 (지각체계가 세계에 대한 내적 표상을 구성하는) 두뇌 안의 과정이 아니다. 지각은 두뇌 안에서 발생하는 것에 의존하기는 하지만, 두뇌 안의 과정이 아니라 전체로서의 유기체의 숙련된 활동이다.

노에의 행화적 인지 이론은 이상의 함축들로 인하여 많은 논쟁을 야기하고 있다. 여기서는 그 중 몇 가지를 살펴보기로 한다. 첫째, 행화적 인지 이론을 행동주의(behaviorism)로 보는 입장이 있다. 잘 알려져 있듯이 행동주의는 인지 체계들이 동일한 입출력 관계를 갖는 경우 그것들의 심성 상태는 동일하다고 본다. 그러나 기능주의가 주장하듯이 하나의 심성상태가 물리적으로 복수 실현될 수 있다면 행동주의의 그 주장은 성립되지 않는다. 네드 블록(Ned Block)은 존 리건과 알바 노에(John K. O'Regan and Alva Noë)가 제시한 행화주의는 인지가 아니라 지각에 관한 이론이기 때문에 일반적 행동주의와는 차이가 나지만 그럼에도 불구하고 그것은 "경험한다는 것은 일종의 입력-출력 관계에 관련 된다"고 주장한다는 점에서 행동주의와 동일한 문제에 직면할 것이라고 주장한다.[32] 즉 동일한 입출력 관계는 진정한 경험에 의해 중개될 수도 있고 아니면 경험을 전혀 포함하지 않은 계산에 의해 중개될 수도 있기 때문에 여전히 입출력을 담당하는 신경차원에서 복수실현 가능성이 남아 있다는 것이다.

노에는 블록의 비판은 자신의 입장에 대한 오해라고 지적한다.[33] 그

31) 같은 책, p.2.
32) N. Block(2001), pp.977-78.

가 제시한 예를 살펴보자. 당신이 누군가 "Nein"이라고 말하는 것을 들었다고 가정해 보자. 만약 당신이 독일어를 이해할 수 있고, 그가 한 말이 적절한 맥락에서 사용되었을 경우에 당신은 그가 영어로 "No"를 말한 것으로 경험할 것이다. 그러나 만약 당신이 독일어를 전해 이해하지 못하고 오직 영어만을 할 수 있는 경우, 그리고 맥락이 적절한 경우, 당신은 그가 영어로 "9"를 말한 것으로 경험할 것이다. 당신의 경험 내용은 자극에 의존하는 것이 아니라 자극을 의미 있게 만들기 위해 사용된 지식과 맥락에 의존한다. 여기서 노에가 주장하고 있는 것은 클락과 찰머스가 주장한 능동적 외재주의(active externalism)의 구체적 예에 해당한다. 능동적 외재주의는 의미가 내적인 표상들에 의해 결정되지 않는다고 주장하는 점에서 의미론적 외재주의(semantic externalism)와 동일한 입장이지만 인지 활동과 관련된 외적 요인들이 인지과정에서 능동적 역할을 한다는 점에서 그것과 차이가 난다.[34]

행화적 인지 이론은 여러 지점에서 확장된 인지 이론과 충돌하는 데 그 중 가장 첨예한 대립은 **몸의 위상**에 대한 것이다. 확장된 인지 이론에 따르면, 인지는 몸의 경계를 넘어 환경적 요소로 확장될 수 있다. 그 이론은 복수실현을 인정하기 때문에 인지는 몸이라는 물리적 기반을 넘어서 환경적 요인들에서도 실현될 수 있다고 주장한다. 이와 반면에 행화적 인지 이론은 복수실현 가능성을 부정하는 것으로 보인다. 노에가 주장했듯이, 만약 일정한 종류의 몸 기술을 지닌 생명체만이 지각할 수 있다면 몸의 경계를 벗어난 인지는 성립할 수 없다고 보아야 한다. 이 점에 착안하여 클락과 조세파 토리비오(Andy Clark and Josefa

33) A. Noë(2004), p.32.
34) A. Clark and D. Chalmers(1998), p.9.

Toribio)는 행화적 인지 이론을 감각운동적 우월주의(sensorimotor chauvinism)라고 비판한다.[35] 이런 비판에 대해 노에는 촉각-시각 대체 체계(tactile-vision substitution system)로서 알려진 인공 시각체계를 반례로 제시한다.[36] 촉각-시각 대체 체계는 손에 정착된 카메라에 입력된 시각 자극을 맹시 피험자의 넓적다리에 진동을 활성화하도록 변환시킨다. 노에는 이런 체계를 장착한 피험자가 경험한 것은 진정한 시각은 아니지만 '촉각적 시각'으로 보아도 무방하기 때문에 클락과 토리비오의 비판과는 달리 그것은 복수실현의 좋은 예로 보아야 한다고 주장한다. 따라서 자신의 이론은 적어도 행동주의는 아니라는 것이다. 그러나 노에가 제시한 촉각-시각 대체 체계에서 구현된 경험을 복수실현의 사례로 볼 것인지는 논쟁 대상이다. 노에가 제시한 촉각적 시각은 통상적 기준에서의 복수실현과는 다르기 때문에 그것을 복수실현의 하나의 사례로 볼 것인지는 복수실현의 의미를 어떻게 규정한가에 따라 달라질 것이다.

행화적 인지 이론은 한편으로는 행위를 강조하기 때문에 행동주의로 오해되기도 하고, 다른 한편으로는 몸의 소유를 강조하기 때문에 **인간종 우월주의**로 비판받기도 한다. 행화적 인지 이론은 여러 가지 논쟁들을 야기하고 있다는 점에서 확장된 인지 이론과 더불어 체화주의에서 급진적 이론에 속한다. 그러나 그 두 가지 이론은 급진적 성격을 서로 다른 방향으로 전개한다. 확장된 인지 이론은 인간 몸의 역할을 간과하지는 않지만 환경적 요소들의 인지 구성 가능성을 인정한다는 점에서 상대적으로 몸의 위상을 낮게 평가한다. 반면에 행화적 인지 이론은 행

35) A. Clark and J. Toribio(2001), p.979.
36) A. Noë(2004), pp.26-27.

위를 강조하고 행위는 몸을 통하여 이루어지기 때문에 상대적으로 몸의 위상을 확장된 인지 이론에 비하여 높게 평가한다. 따라서 두 이론을 둘러싼 논쟁의 주제도 차이가 날 수 밖에 없다. 예를 들어, 확장된 인지 이론을 둘러 싼 논쟁 중에는 "인간은 사이보그인가" "로봇은 의식을 가질 수 있는가"와 같은 주제들이 포함되는 반면에, 행화적 인지 이론과 관련된 논쟁들은 "하향인과는 가능한가" "행화적 인지 이론이 의식의 어려운 문제를 해결할 수 있는가"와 같은 주제들을 포함한다. 확장된 인지 이론과 행화적 인지 이론은 현재로서는 체화주의를 구성하는 중심 이론이지만 그것들의 이론적 배경도 다르고 연구 주제도 차이가 나는 만큼 체화주의가 어떤 방식으로 그것을 포섭하여 인지과학의 연구 프로그램으로 부상할 수 있는가는 흥미로운 관심사이다.

4. 체화주의 개념 지도

지금까지의 논의를 통해 알 수 있듯이 체화주의의 이론들은 그것들의 강조점에 차이가 있지만 일반적 차원에서의 **가족유사성**을 갖고 있는데 그것은 바로 마음은 세계와 상호작용하는 몸에 대한 관계를 통하여 이해되고 설명되어야 한다는 것이다.

체화된 인지 이론에 대한 앞선 논의로부터 중요한 논점들이 발견되었는데 그것은 의존과 구성의 구분과 복수실현가능성이다. 일반적으로 환경적 요소들의 인지 구성 가능성을 인정하는 이론은 복수실현가능성을 인정하는 반면에 구성을 반대하고 의존만을 주장하는 이론은 복수실현가능성을 인정하지 않는다. 이런 이유로 복수실현 가능성 개념은 이 글에서 검토된 체화주의의 네 가지 이론들을 구분하는 좋은 기준이 될 수 있다. 확장된 인지 이론이 몸의 경계를 벗어난 인지의 가능성을 주장하기 위한 근거로서 복수실현을 활용할 수 있는 데 비하여 인지의 몸 의존을 강조하는 입장인 구현된 인지 이론이나 구성을 강조하는 존재적 해석에 기반을 둔 체화된 인지 이론은 복수실현을 인정하지 않는다. 이런 점에서 인지의 몸 의존을 인정하면서도 복수실현을 인정하지 않는 것은 **온건한 체화주의** 또는 체화주의에 대한 비판 이론을 구성하기 위한 무기로서 작용한다. 마지막으로 행화적 인지 이론은 인지의 구성을 강조하면서도 인지의 행위적 특성을 강조하기 때문에 몸을 벗어난 인지 가능성을 인정하기 어렵고 만약 그 이론이 그 점을 인정하려면 그 이론을 구성하는 핵심 개념들에서의 상당한 의미 변화가 필요할 것이다.

지금까지의 논의를 바탕으로 체화주의에 대한 개념 지도를 그려보기로 하자. 지도 그리기 작업을 수행하기 위해 구성의 구분과 복수실현 가능성이라는 두 가지 기준 외에 **이론들의 강약의 정도**라는 제3의 기준을 적용하면 다음과 같은 체화주의의 개념 지도가 나타난다.

여기에서 제시된 체화주의의 개념 지도는 단연코 완전한 것은 아니다. 첫째, 그 개념 지도에는 체화주의로 분류될 수 있는 몇 가지 중요한 이론들이 포함되어 있지 않다. 분산된 인지나 상황적 인지에 관한 이론들이 그 대표적 인 예들인데 차후에 그 이론들을 추가하여 개념 지도의 완성도를 높이는 작업이 수행될 것이다.

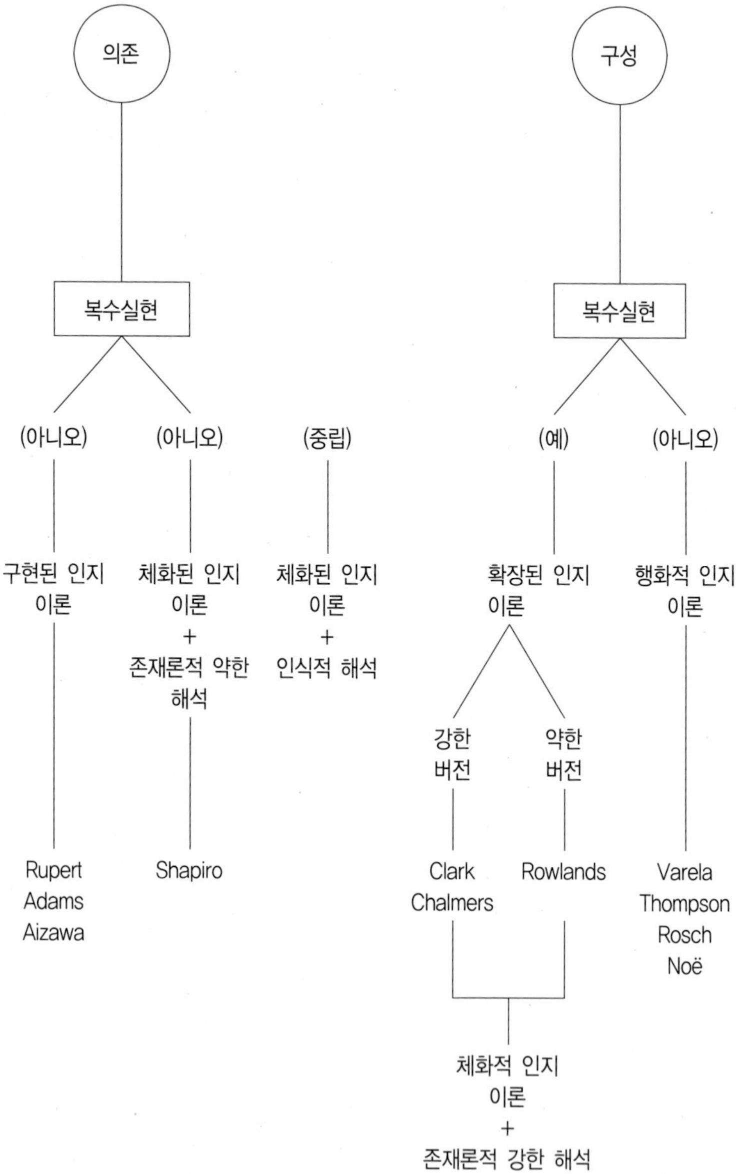
의존
복수실현
(아니오)
(아니오)
(중립)
구현된 인지 이론
체화된 인지 이론 + 존재론적 약한 해석
체화된 인지 이론 + 인식적 해석
Rupert
Adams
Aizawa
Shapiro
구성
복수실현
(예)
(아니오)
확장된 인지 이론
행화적 인지 이론
강한 버전
약한 버전
Clark
Chalmers
Rowlands
Varela
Thompson
Rosch
Noë
체화적 인지 이론 + 존재론적 강한 해석

둘째, 지금까지의 논의를 통해 드러났듯이 체화주의의 이론들은 견고한 핵을 공유하면서도 강한 입장과 약한 입장 또는 존재적론 입장과 인식론적 입장 간 대립 양상을 보이고 있다. 한 장의 개념 지도가 그런 차이점과 대립들을 모두 보여 줄 수는 없기 때문에 그 지도의 의의는 이론적 완전함 보다는 추후 연구를 위한 나침판으로서의 유용성에 달려 있다고 보아야 한다.

여기에서 제시된 개념 지도는 '체화주의'라는 이름 아래 포섭되고 있는 네 가지 이론들 간 상당한 긴장과 대립이 있다는 점을 보여 준다. 이런 의미에서 당연히 그 이론들이 과연 하나의 연구 프로그램에 속할 수 있는가라는 의문이 제기될 수 있다, 그러나 앞에서 보았듯이 그 이론들은 존재론적 · 의미론적 · 인식론적 · 방법론적 차원에서 견고한 핵을 공유하고 있기 때문에 분명히 하나의 연구 프로그램에 속한다. 이 글에서는 개념 지도 그리기를 위해 전략적으로 견고한 핵이라는 공통점이 아니라 그것을 공유하고 있는 이론들 간 차이점을 보이는 데 치중했을 뿐이다.

마지막으로 그런 차이점들을 갖는 이론들로 구성된 체화주의의 향후 모습에 대해 생각해 보자. 앞에서 논의된 네 가지 이론들은 그 중 하나 또는 그 이상의 이론으로 수렴되거나 그것(들)을 중심으로 수정될 것인가? 이 질문에 대답하는 것은 어렵다. 그것이 어려운 이유는 나의 무지 때문이 아니라 문제의 성격 때문이다. 이를 보기 위해 이론들 간 대립을 다음과 같이 표현해 보자.

	의존	구성
복수실현 가능성 인정		• 확장된 인지 이론 (존재론적 약한 해석)
복수실현 가능성 불인정	• 구현된 인지 이론 • 체화된 인지 이론 (존재론적 약한 해석)	• 행화적 인지 이론

이 도표에서 나타나듯이 확장된 이론의 대척점은 구현된 인지 이론이나 존재론적 약한 해석에 기반을 둔 체화된 인지 이론이다. 이 두 가지 이론들은 의존과 구성, 그리고 복수실현 가능성이라는 대립 요소들을 갖고 있다. 만약 복수실현 가능성의 인정 여부가 의존과 구성의 대립보다 더 심각한 경우 이론들 간 대립의 정도는 〈확장된 이론-구현된 인지 이론과 존재론적 약한 해석에 기반을 둔 체화된 인지 이론〉 〈확장된 인지 이론-행화적 인지 이론〉 〈구현된 인지 이론과 존재론적 약한 해석에 기반을 둔 체화된 인지 이론-행화적 인지 이론〉 순으로 낮아질 것이다.

이론 간 대립의 정도를 결정하는 또 다른 요소는 그런 대립을 야기하는 배경 이론, 즉 형이상학의 차이이다. 확장된 인지 이론이나 존재론적 약한 해석에 기반을 둔 체화된 인지 이론의 형이상학은 기본적으로 기능주의인데 비하여 행화적 인지 이론의 형이상학은 현상학이다. 이와 반면에 구현된 인지 이론은 다양한 형이상학과 양립할 수 있다. 즉 그것은 기능주의는 물론이고 설이 주장한 생물학적 자연주의(biological naturalism)와도 양립가능하다. 따라서 이론들 간의 대립의 정도는 그것들이 기반을 두고 있는 형이상학의 차이에 비례할 것이다.

상이한 형이상학을 연결하는 것은 어렵고 그것들을 통합하는 것은 거의 불가능하다는 점을 고려할 때 그 네 가지 이론들 간 이론적 통합 가능성은 거의 없다고 보아야 할 것이고 남은 가능성은 어떤 이론으로의 수렴뿐이다.

우리는 다음과 같이 체화주의의 미래에 대해 조심스럽게 전망할 수 있다. 체화주의에 속한 여러 이론들은 일차적으로 기능주의에 기반을 둔 확장된 인지 이론과 현상학에 기반을 둔 행화적 인지 이론을 중심으로 재편될 것이고, 그 다음으로 구현된 인지 이론과 존재론적 약한 해석에 기반을 둔 체화된 인지 이론은 체화주의 내에서 그 두 가지 주도적 입장에 대한 비판적 이론으로 남을 가능성이 높다. 따라서 체화주의가 인지과학의 연구 프로그램이 될 수 있는가는 현격히 다른 형이상학적 배경을 갖는 확장된 인지 이론과 행화적 인지 이론을 과연 어떤 방식으로 연결하여 이론적 체계성과 통일성을 갖추는가에 달려있다.

5. 맺음말

이 글은 지금까지 체화주의라는 이름 아래에 포함되는 네 가지 이론들, 즉 체화된 인지 이론, 확장된 인지 이론, 구현된 인지 이론, 행화적 인지 이론들을 비교적으로 분석했다. 인지과학의 연구 프로그램으로서의 체화주의가 갖고 있는 이론적 다양성은 현재로서는 인지 및 마음에 대한 체계적이고 일관된 설명을 제공하는 데 커다란 걸림돌로 작용하기 때문에 적신호로 간주되어야 한다.

그러나 그런 이론적 다양성은 긍정적으로 작용할 수 있을 것이다. 그런 이론적 다양성 안에 내재하는 차별과 대립을 통한 변증법적 과정을 거쳐 점진적으로 이론적 통일성과 체계성을 갖출 수 있을 것이다. 또한 체화주의와 관련된 이론들이 하나 또는 그 이상의 특정 이론을 중심으로 연결되어 체화주의가 인지과학의 진정한 연구 프로그램으로 부상할 수 있는 동력을 제공할 수 있다.

현재의 체화주의가 연구 프로그램이 충족시켜야 할 여러 가지 요건들을 갖추기 위해서는 상당한 시간이 필요할 것이다. 또한 체화주의가 인지과학의 환원론적 연구 흐름에 대한 유력한 대안이 될 수 있기 위해서는 무엇보다도 풍부한 설명력을 갖추어야 할 것이다. 이 글은 그런 목표의 달성을 위한 하나의 작은 예비적 작업에 해당한다.

참고문헌

건국대학교 몸문화연구소 편. 2008.『기억과 몸』. 서울: 건국대학교 출판부.

노양진. 2009.『몸・언어・철학』. 파주: 서광사.

______. 2013.『몸이 철학을 말하다: 인지적 전환과 체험주의의 물음』. 파주: 서광사.

______. 2014.「몸의 침묵」.『범한철학』73, pp.213-232.

______. 2015.『나쁜 것의 윤리학』. 파주: 서광사.

배문정. 2014.「Enactivism1)을 Enact하기: 번역의 문제를 중심으로」.『인지과학』25(4), pp.303-341.

신상규. 2011.「확장된 마음과 동등성 원리」.『철학적 분석』23, pp.83-108.

______. 2012.「확장된 마음과 자아의 경계」.『철학논집』31, pp.55-89.

심광현. 2014.「오토포이에시스, 어포던스, 미메시스: 환경과 인간의 인지적 상호작용의 복잡성 해명을 위한 밑그림」.『인지과학』25(4), pp.343-384.

영남대학교 인문과학연구소 편. 2005.『몸의 인문학적 조명』. 서울: 월인.

유권종. 2011.「바렐라의『윤리적 노하우』와 유교 연구」.『한국학논집』42, pp.39-66.

윤보석. 2011.「확장된 마음, 동등성 원리, 그리고 기능주의」.『철학적 분석』24, pp.143-68.

______. 2012.「확장된 마음과 심적 인과」.『철학논집』31, pp.7-28.

______. 2014.「지각과 몸: 노에의 이론을 중심으로」.『인지과학』25(4), pp.277-302.

이기흥. 2009.「구현주의 인지 vs. 계산주의 인지: 윤보석 교수의 계산주의와 구현주의 양립론 비판」.『철학연구』87, pp.227-257.

______. 2012.「마음의 경계: 부속 외재주의(HEMC) 비판 그리고 구현주의를

위한 변론」. 『동서철학연구』 64, pp.427-456.

이영의. 2008. 「체화된 마음과 마음의 병」. 『철학탐구』 23, pp.5-37.

______. 2011. 「확장된 마음 가설에 대한 변호」. 『범한철학』 60, pp.185-204.

______. 2012. 「확장된 마음 이론의 쟁점들」. 『철학논집』 31, pp.29-54.

이정모. 2010. 『인지과학: 과거-현재-미래』. 서울: 학지사.

______. 「'체화된 인지'(Embodied Cognition) 접근과 학문 간 융합: 인지과학 새 패러다임과 철학의 연결이 주는 시사」. 『철학사상』 38, pp.28-66.

Adams, F. and Aizawa, K. 2001. "The Bounds of Cognition." *Philosophical Psychology* 14, pp.43-64.

Adams, F. and Aizawa, K. 2008. *The Bounds of Cognition*. Malden, MA: Blackwell.

Anderson, John. R. 1995. *The Architecture of Cognition*. Hilsdale, N.J.: Lawrence Erlbaum.

Bechtel, W. and Graham, G. 1988. "The Life of Cognitive Science." In *A Companion to Cognitive Science*. Malden, MA: Blackwell, pp.1-104.

Bechtel, W. and Abrahamsen, A. 2002. *Connectionism and the Mind*. 2nd edition. Oxford: Blackwell.

Block, N. "Behaviorism revisited." *Behavioral and Brain Sciences* 24, pp.977-78.

Chenmero, A. 2009. *Radical Embodied Cognitive Science*. Cambridge, MA: MIT Press.

Clark, A. 2006. *Supersizing the Mind: Embodiment, Action, and Cognitive Extension*. Oxford; Oxford University Press.

______. 2010. "Coupling, Constitution, and the Cognitive Kind: A Reply to Adams and Aizawa." In R. Menary(2010), pp.81-99.

Clark, A. and Chalmers, D. 1998. "The extended mind." *Analysis* 58, pp.7-19.

Damasio, A. 2003. *Looking for Spinoza: Joy, Sorrow, and the Feeling Brain*.

New York: Harcourt. 임지원 옮김(2007), 『스피노자의 뇌』. 서울: 사이언스북스.

Fodor, J. 1975. *The Language of Thought*. Cambridge, MA: MIT Press.

Gibson, J. J. 1977. "The Theory of Affordances." In R. Shaw and J. Bransford., eds. *Perceiving, Acting, and Knowing*. Hillsdale, N.J.: Lawrence Erlbaum.

Harnad, S. 1990. "The Symbol Grounding Problem." *Physica* D42, pp.335-46.

Hutchins, E. 1995. *Cognition in the Wild*. Cambridge, MA: MIT Press.

Kiverstein, J. and Clark, A. 2009. "Introduction: Mind Embodied, Embedded, Enacted: One Church or Many?" *Topoi* 28, pp.1-7.

Lakatos, I. 1978. *The Methodology of Scientific Research Programmes: Philosophical Papers*. Vol. 1. Cambridge: Cambridge University Press.

Lakoff, G., and Johnson, M. 1999. *Philosophy in the Flesh: The Embodied Mind and Its Challenge to Western Thought*. New York: Basic Books.

Mackay, D. 1967. "Ways of looking at perception." In W. Watthen-Dunn, ed. *Models for the Perception of Speech and Visual Form*. Cambridge, MA: MIT Press.

Marr, D. 1982. *Vision*. San Francisco: W. H. Freeman & Co.

McClland, J. L., Rumelhart, D. E. and the PDP Research Group eds. 1986, *Parallel Distributed Processing*, 2 vols. Cambridge, MA: MIT Press.

McCulloch, W. and Pitts, W. 1943. "A Logical Calculus for the Idea as Immanent in Nervous Activity." *Bulletin of Mathematical Biophysics* 5, pp.115-33.

Menary, R. 2010. "Introduction to the Special Issue on 4E Cognition." *Phenomenology and the Cognitive Sciences* 9, pp.459-63.

______. ed. 2010. *The Extended Mind*. Cambridge, MA: MIT Press.

Merleau-Ponty, M. 1942/63. *The Structure of Behavior*. Trans. by A. Fisher. Boston, MA: Beacon Press.

Merleau-Ponty, M. 1945/62. *Phenomenology of Perception*. Trans. by C. Smith. London: Routledge & Keegan Paul.

Newell, A. and H. Simon. 1976. "Computer Science as Empirical Enquiry: Symbols and Search." *Communications of the ACM* 19(3), pp.113-26.

Newell, Allen, Paul Rosenbloom, and John Laird. 1989. "Symbolic Architecture for Cognition", in M. Posner ed., *Foundations of Cognitive Science*. MIT Press, pp.93-132.

Noë, A. 2004. *Action in Perception*. Cambridge, MA: MIT Press.

O'Regan, J. K. & Noë, A. 2001. "A Sensorimotor Account of Vision and Visual Consciousness." *Behavioral and Brain Sciences* 24(5), pp.883-917.

Petitot, J., Varela, F., Pachoud, B., and Roy, J.-M. eds. 1999. *Naturalizing Phenomenology*. Stanford, CA: Stanford University Press.

Putnam, H. 1985. "The Meaning of Meaning." In his *Philosophical Papers*, Vol. 2. Cambridge: Cambridge University Press.

Rosenblatt, F. 1958. "The Perceptron: A Probabilistic Model for Information Storage and Organization in the Brain." *Psychological Review* 65, pp.368-408.

Rumelhart, D. 1989. "The Architecture of Mind: A Connectionist Approach." In M. Posner(1989), *Foundations of Cognitive Science*. Cambridge, MA: MIT Press, pp.33-160.

Rowlands, M. 2003. *Externalism: Putting Mind and World Back Together Again*. Montreal: McGill-Queen's University Press.

Rowlands, M. 2010. *The New Science of the Mind*. Cambridge, MA: MIT Press.

Rupert, R. 2004. "Challenges to the Hypothesis of Extended Cognition." *Journal of Philosophy* 101, pp.389-428.

Searle, J. 1980. "Minds, Brains, and Programs." *Behavioral and Brain Sciences* 3(3), pp.417-24.

Shapiro, L. 2004. *The Mind Incarnate*. Cambridge, MA: MIT Press.

______. 2011. *Embodied Cognition*. London: Routledge.

Thompson, E. *Mind in Life: Biology, Phenomenology, and the Sciences of Mind*. Cambridge, MA: Harvard University Press, 2007.

Thompson, E. and Stapleton, M. 2009. "Making Sense of Sense-Making: Reflections on Enactive and Extended Mind Theories." *Topoi* 28, pp.23-30.

Varela, F., Thompson, E. and Rosch, E. 1991. *The Embodied Mind*. Cambridge, MA: MIT Press.

Varela, F. J. 1992. *Ethical Know-How*. Stanford, CA: Stanford University Press.

Wheeler, M. 2005. *Reconstructuing the Cognitive World: The Next Step*. Cambridge, MA: MIT Press.

제3장

도(道)를 아십니까?*

이향준

도마뱀의 경우에는 없어진 꼬리가 다시 자라나지만,
인간의 경우에는 그렇게 되지 않는다.
—프리드리히 니체—

1

도(道)란 무엇인가? 그것은 길이다. 그러나 이것이 충분한 대답일까? 뭔가 더 남아 있는 것 같다. 왜냐하면 도는 길이자 법칙으로, 본체이자 일(一)로, 무(無)이자 리(理)로, 태극(太極)이자 심(心)으로, 기(氣)이자 인도(人道)로도 간주되기 때문이다.[1] 인도와 천도를 비롯한 고전적인 어휘에서부터 태권도, 유도와 같은 단어들에 이르기까지 도의 용례는 여전히 그 범위가 넓어지고 있다. 이러한 의미론적 팽창의 비밀은 어디에 숨어 있는가? 도라는 낱말의 장구한 생명력은 인간 경험의 어떤 측면을 통해서 지지되고 있는가?

도가(道家)의 도, 유가(儒家)의 도, 불가(佛家)의 도라는 특정한 사유의 갈래들은 그 고유의 내용을 따라 분기되고 설명된다. 하지만 도라

---

* 이 발표문은 수정 보완을 거쳐『동양철학』, 제43집 (한국동양철학회, 2015): 113-41에「도(道) 개념의 인지적 주석, 그리고 그 너머」라는 제목으로 수록되었다.

1) 張立文 主編,『道』, 權瑚 역 (서울: 동문선, 1995), pp.15-19 참조.

는 낱말은 공통적이다. 이 때문에 이 글은 개별적인 도의 의미 체계들에 대해 묻지 않는다. 도가 철학적으로 무엇인지를 묘사하지 않는 대신에 도라는 낱말의 기저를 이루는 사유 양식이 동・서양의 문화에서 얼마나 보편적인지를 드러내려고 한다. 다시 말해 도의 개념체계가 어떻게 우리들에게 이해 가능한 방식으로 의미론적 확장을 이루고 있는지에 대한 인지적 기제를 묘사하려고 한다. 그 결과 드러나는 것은 동양 문화권의 가장 거대한 은유적 개념 체계를 대변하는 낱말의 배후에 하나의 영상도식(image schema)과 두 가지 일반수준 은유(generic-level metaphor)에 기초한 혼성적 사유가 끊임없이 작동하고 있다는 사실이다.

「경로」 도식 및 「인생은 여행」, 「X는 인간」 — 흔히 의인화라고 부른다 — 이 그것이다. 이것들의 종합은 「X는 경로를 따르는 의인화된 여행자」라는 개념적 은유(conceptual metaphor)로 표현할 수 있다. 도는 이러한 복합적 은유가 적용 가능한 개념체계 X에 대해 이름 붙여진 하나의 기호다. 다른 측면에서 보자면 어떤 개념체계 X에 대하여 도라는 낱말을 사용한다는 것 자체가 그것의 의미를 이들 인지적 도구의 사용을 통해 이해하겠다는 선언이다.

이 영상도식과 은유들은 걷기와 여행, 삶 그 자체에서 유래하는 많은 경험의 양상들로부터 자양분을 흡수한다. 도의 내용을 풍부하게 만드는 것은 이들을 복합적인 방식으로 이용하는 개념혼성(conceptual blending)의 반복이다. 도를 신비롭게 만드는 데 기여하는 광범위한 의미 체계의 강력한 근거는 바로 이러한 경로 따르기, 여행하기 및 이를 수행하는 주체로서 인간에 대한 관찰이 우리의 경험에서 근본적이라는 사실에 기인한다. 개별적 사유의 분기는 이러한 세 가지 원초적 요소들의 특징을 어떻게 부각하고 은폐, 혹은 추가적 요소의 도입을 통해 변형 재창조하는 지에 달려 있다. 이 글에서 주제화되는 '되돌아오는 여행' 이미지, '도의 의인화', '길 없는 길 가기' 등은 이렇게 해서 나타나는 도의 주요 특징들이다.

2

현대의 언어학적 통찰이 옳다면, 우리는 개념적 은유라는 낱말이 발명된 이후에야 은유적 사유를 할 수 있게 된 것이 아니다. 도의 경우에도 이것은 마찬가지다. 사람들이 의도적으로 주목하는 경우가 드물었을 뿐, 도라는 낱말의 의미가 은유적이라는 것은 오래 전부터 알려져 있었다. 『도덕경』은 "나는 그 이름을 알지 못하니 대략 자(字)를 붙여서 도라고 하고 억지로 이름을 지어 대(大)라고 한다"[2]고 말했다. "도를 담아내는 언어의 형식은 다른 이름을 빌려 오는 은유의 형식을 띤다. …… 『노자』 5천여 자가 시적 은유로 가득 차 있는 것도 이 때문이다"[3]라는 단정에는 충분한 근거가 있다. 이 때문에 도에 대한 진술이 '볼 수 없는 봄'이나 '들을 수 없는 들음'과 같은 모순적 표현으로 나타나는 현상이 발견된다. 직접적 인식이 불가능하다는 주장과 함께 도에 대한 인식론적 진술이 가능하다는 이중적인 주장은 '억지로 이름을 붙이는' 은유적 방식이 아니면 불가능하기 때문이다. 『여씨춘추』는 이런 경향성을 잘 보여 준다.

---

2) 왕필, 『왕필의 노자주』, 임채우 역 (파주: 한길사, 2009), p.129.
3) 박원재, 「도와 차연」, 『동서비교문학저널』 (한국동서비교문학학회, 2002), pp.102-103.

> 도(道)란 보려 해도 볼 수 없고, 들으려 해도 들을 수 없으며, 형상화 할 수도 없다. 보지 못하는 봄, 듣지 못하는 들음, 형상화 할 수 없는 형상에 대한 앎을 가지는 이는 (도를) 아는 것에 가깝다고 할 것이다. 도란 지극히 정미해서, 형체화할 수 없고, 이름 붙일 수도 없기에 억지로 이름붙여서 태을(太乙)이라고 한다.[4]

'대략 자를 붙이고' '억지로 이름을 붙인다'거나, '보려 해도 볼 수 없다'는 암시적인 표현을 넘어서 보다 직접적으로 도를 은유의 산물로 인식하는 사례도 존재한다. 『주역』「계사전」의 유명한 구절인 '일음일양지위도'(一陰一陽之謂道)를 설명하고 있는 4세기 중엽 한강백(韓康伯, 332~380)의 진술이 이를 대변한다.

> 도(道)란 무엇인가? 무의 호칭이다. 통하지 않는 곳이 없고, 말미암지 못하는 것이 없기 때문에 비유해서 도라고 하는 것이다.[5]

그러나 이 낱말은 도가의 전유물이 아니다. 이 때문에 도가 무(無)라는 도가적 주장의 다른 편에서는 유학적 사유 공간 속에서 정치의 도와 인도의 의미가 긍정되기도 한다.

> 옛 선왕의 도는 인(仁)이 성한 것이다. …… 도라는 것은 하늘의 도가 아니고 땅의 도도 아니며 사람이 행하여 할 바의 도이고 군자가 실제로 행하는 바의 도이다.[6]

---

4) 「大樂」, 『呂氏春秋』, "道也者, 視之不見, 聽之不聞, 不可為狀. 有知不見之見不聞之聞無狀之狀者, 則幾於知之矣. 道也者, 至精也, 不可為形, 不可為名, 彊為之謂之太乙."

5) 韓康伯, 『周易註』 권7 (景印 文淵閣四庫全書 vol. 7), p.258. "道者何? 无之稱也, 无不通也, 无不由也, 況之曰道."

도에 대한 서로 다른 진술은 이들을 공통적으로 묶는 도의 의미가 무엇인지를 묻게 만든다. 그러나 이 질문은 벽에 부딪친다. 비유로서 도의 의미는 한계를 정할 수 없을 정도로 확장되고 있기 때문이다. 이것을 간명하게 보여 주는 문화적 사례가 있다. 황점(黃霑)으로 알려진 홍콩의 유명 작곡가 황담삼(黃湛森: 1941~2004)은 1987년 영화 『천녀유혼』(倩女幽魂)을 위해 몇 곡의 노래를 만들었다. 영화에서 오마(午馬)가 연기한 연적하(燕赤霞)가 술을 마시면서 검무를 추는 동안 계속 흐르는 「도」(道)도 그 중 하나이다. 오마가 부르는 노래라고 착각하는 이가 많은데, 실제 황담삼 자신이 녹음한 이 노래의 가사 일부는 다음과 같다.

> 도라 할 수 있는 도는 상도가 아니다.
> 道可道 非常道
> 천도와 지도, 인도와 검도,
> 天道地道 人道劍道
> 흑도와 백도, 황도와 적도,
> 黑道白道 黃道赤道
> 좌도와 우도, 유도와 무도,
> 左道右道 有道無道
> 사람들은 모두 도를 말하지만, 그것들은 상도가 아니다.
> 人人說道 他非常道

철학에서 대중가요의 가사에 이르기까지 도의 은유적 확장은 광범위

---

6) 「유효」, 『순자』 1, 이운구 역 (파주: 한길사, 2006), p.176.

한 영역을 감싸고 있다. 이것은 도라는 낱말을 다루기 위해 은유적 사유 그 자체의 특징에 대한 통찰이 선행되어야 할 필요가 있다는 것을 시사한다. 개념적 은유에 대한 현대적 이해는 여기에 기여할 만한 점이 있는 것으로 보인다. 은유란 결코 단순하게 '다른 이름을 빌려 오는' 것이 아니기 때문이다.

3

개념적 은유는 유사한 다른 낱말들과 근친성을 갖는다. 쾨슬러(A. Koestler)의 틀의 이중연합(bisociation of matrices), 스미스(K. Smith)의 표상적 재기술(representational redescription: 이하 RR로 약칭), 미슨(S. Mithen)의 인지적 유동성(cognitive fluidity), 포코니에(G. Fauconnier)와 터너(M. Turner)의 개념 혼성(conceptual blending) 등이 그것이다. 중요한 것은 비슷한 것이 재발견, 재명명되는 현상의 반복이 아니다. 이 낱말들이 가리키는 방향의 일관성이다.

> RR의 결과는 마음속에서 '유사한 지식의 복합적 표상'이 생겨나고, 그 결과 '보통 때 이용되는 특수한 목적의 범위를 넘어서 지식을 응용할 수 있게 되면서, 여러 영역에 걸쳐 표상의 연결고리를 만들어 낼 수 있다'는 것이다. 다시 말해서, 전에는 특정 영역 속에 '갇혀 있던' 지식을 결합하는 사고력이 생겨날 수 있다는 것이다.[7)]

이 짧은 문장에서만도 벌써 '지식의 복합적 표상' '특수한 목적의 범

7) 스티븐 미슨, 『마음의 역사』, 윤소영 역 (서울: 영림카디널, 2001), p.84.

위를 넘어섬' '여러 영역에 걸친 표상의 연결고리' '지식을 결합하는 사고력'이라는 일련의 방향성을 가지는 표현의 중복이 선명하게 드러난다. 같은 것을 보다 전문적인 관점에서 묘사하는 구절을 발견하는 것도 그리 어렵지 않다.

> 몸을 조작하는 것은 뇌이고, 은유가 몸속에 있다면 뇌 속에도 있어야 한다. 최근 신경 과학 연구의 가정은 추상적 개념을 은유적으로 이해할 때, 뇌 속의 두 신경 집단이 동시에 활성화된다는 것이다. 한 신경 집단(근원영역)이 활성화될 때 다른 신경 집단(목표영역) 역시 활성화된다. 이런 상황은 "함께 활성화되는 신경은 묶인다(Neurons that fire together wire together)"는 문구를 만들어 냈다.[8)]

이로 인해 우리는 은유가 레토릭이라는 아리스토텔레스의 낡은 정의를 떨쳐버리고 그것을 우리의 신체와 뇌에, 보다 정밀하게는 우리 뇌 속의 신경 구조로 파악할 수 있게 되었다.[9)] 이런 관점에서 우리는 "이 마쥬나 은유가 비교가 빛을 말하는 장소란 우리의 눈을 자유롭게 놓아두는 장소가 아니라 통사법(統辭法)의 계기적 요소들에 의해 규정되는 장소이기 때문이다"[10)]라고 말하는 미셸 푸코조차 아리스토텔레스적인 낡은 은유의 개념에 사로잡혀 있었다고 단언할 수 있게 되었다.

---

8) Zoltán Kövecses, 『은유와 문화의 만남』, 김동환 역 (서울: 연세대 출판부, 2009), p.56.
9) 같은 책, p.57. "개념적 은유는 신경 회로에 의해 연결된 뇌의 다른 부위들에 속해 있는 신경 집단이다. 뇌의 다른 부위에 위치하는 신경 집단은 근원영역이고 목표영역이며, 이 둘을 연결하는 물리적 신경 회로는 사상이다. 이것으로 우리는 은유를 뇌 속의 물리적 (즉, 신경) 구조로 볼 수 있다."
10) 미셸 푸코, 『말과 사물』, 이광래 역 (서울: 민음사, 1995), p.33.

그의 주장과 달리 은유는 통사법의 계기적 요소들에 의해 규정되지 않는다. 후설은 일찍이 "모든 학문의 세계는 직접 체험된 세계 위에 세워지고, 만일 우리가 학문 그 자체를 엄밀하게 사유하고 그 의미와 범위를 정확하게 평가하기를 원한다면, 우리는 우선 학문이 2차적 표현이 되는 세계의 경험을 일깨우지 않을 수 없다"[11]고 주장했다. 개념적 은유는 바로 그 세계의 경험을 학문을 포함한 모든 2차적 진술들의 세계와 융합시킨다. 체험된 세계와 학문의 세계가 서로를 일깨우거나 자극한다기보다는 혼성적 사유 자체가 새로운 세계 경험을 창출하는 통로의 역할을 한다.

그 전형적인 표현은 문학에서 잘 드러난다. 어떤 소설가는 "만일 '저녁'이라는 것이 없다면, 아무도 그것을 '노년'과 같다고 생각하진 않을 것"[12]이라고 말했다. 「인생은 하루」라는 개념적 은유는 세계 경험으로서의 저녁의 내용과 인생의 노년기라는 또 다른 경험 영역을 결부시킨다. 이 속에서 인생의 생로병사는 하루의 시간적 전개라는 구도 속에서 자신의 독특한 의미를 생성한다. 노년의 기호로서 저녁을 바라보는 사람은 그렇지 못한 사람과는 다른 경험의 질성을 갖게 될 것이다. 저녁의 경험이 노년의 독특한 의미를 뒷받침하는 것이 아니라, 이 양자의 결합이 두 경험을 독특하게 만드는 것이다. 동일한 것의 철학적 사례를 원하는 이는 아래와 같은 인용문에서 동서를 넘나드는 보편성을 발견할 수 있을 것이다.

---

11) 메를로 퐁티, 『지각의 현상학』, 류의근 역 (서울: 문학과지성사, 2002), p.13.
12) 스칼릿 토머스, 『Y씨의 최후』, 이운경 역 (서울: 민음사, 2010), p.138.

> 받아들이는 것(to dechomenon)을 어머니에, 본받게 되는 대상인 것을 아버지에, 그리고 이들 사이의 창조물(physis)을 자식에 비유하는 것이 적절하겠습니다.[13]

> 하늘을 아버지라 부르고, 땅을 어머니라 부른다. 나는 보잘 것 없는 몸으로 (하늘과 땅의) 사이에 살고 있다.[14]

그리스의 플라톤과 북송(北宋)의 장재(張載)는 동일한 것을 자신들의 철학적 사유에 이용한다. 대상을 인간의 가족 관계로 치환하는 은유적 사고의 최고 형태로서 세계 전체를 하나의 가정으로 간주하는 「인간의 가정」(Family of Man)이라는 거대한 개념적 은유가 양자를 관통하고 있다.[15] 이런 사고에 대한 일반화된 설명은 다음과 같은 표현 속에 담겨 있다.

> 어느 한 행동 영역에서 획득한 경험이 이제는 다른 영역에 영향을 미칠 수 있다. 사실 별개의 행동 영역은 이제 더 이상 존재하지 않는다. 그리고 전혀 새로운 사고방식, 사고의 주제, 그리고 행동방식이 생겨난다. 마음은 은유나 유추의 능력은 물론, 그에 대한 거부할 수 없는 열정도 갖게 된다.[16]

---

13) 플라톤, 『티마이오스』, 박종현 · 김영균 역 (파주: 서광사, 2000), p.141.

14) 張載, 「正蒙 · 乾稱篇」, 『張載集』 (漢京文化事業有限公司), p.62. "乾稱父, 坤稱母. 予兹藐焉, 乃混然中處."

15) 장재의 「서명」과 「인간의 가정」의 밀접한 연관에 대해서는 이향준, 「서명의 은유적 구조」, 『조선의 유학자들 켄타우로스를 상상하며 리와 기를 논하다』 (서울: 예문서원, 2011), pp.23-52 참조.

16) 미슨, 『마음의 역사』, p.103.

이 일반화된 '은유와 유추의 능력'이 도와 만났을 때 어떤 일이 벌어지는가? 우리는 드디어 도가 무인지 태극인지를 말하기 이전에 도의 개념적 은유 체계를 지탱하는 것이 무엇인지를 물어야 할 시점에 도달했다. 이것이 바로 아래에서 다루고자 하는 것이다. 즉, 도는 개념적 은유, 혹은 개념혼성의 한 사례로 파악된다.[17] 그렇다면 그것은 필연적으로 서로 다른 개념 체계들 사이의 융합이라는 특징을 지녀야만 한다. 과연 무엇과 무엇의 융합인가?

4

융합의 단서는 『도덕경』의 첫 구절에서 발견된다. "무는 천지의 시작을 이름이고, 유는 만물의 어미를 말한다"[無名天地之始, 有名萬物之母.]는 구절이 그것이다.[18] 전통적으로 학자들은 이 구절이 무(無)와 유(有)의 대비인지, 아니면 무명(無名)과 유명(有名)의 대비인지를 두고 논쟁을 벌였다.[19] 하지만 우리의 관심은 그것이 아니다. 오히려 다음과 같은 사소한 차이에 주목할 것이 요구된다. 어째서 이 문장 속의 전반부

17) 개념적 은유와 개념혼성의 방법론적 모델이 성리학적 사유의 분석에 어떻게 적용가능한지에 대한 사례는 이향준, 『조선의 유학자들 켄타우로스를 상상하며 리와 기를 논하다』를 보라. 개념혼성 모델에 근거한 선진유학의 미시적 분석 사례는 슬링거랜드(E. Slingerland)의 『맹자』「공손추」와 「고자」 편에 대한 해석을 보라. 에드워드 슬링거랜드, 『과학과 인문학: 몸과 문화의 통합』, 김동환・최영호 역 (고양: 지호, 2015), pp.310-30.

18) 『왕필의 노자주』, p.50.

19) 이 논란은 한국어 번역에도 반영되어 김형효는 "무명(無名)은 천지의 시작이고, 유명(有名)은 만물의 어머니이다"라고 함으로써 임채우의 것과 대립하는 해석을 지지한다. 김형효, 『사유하는 도덕경』 (서울: 소나무, 2004), p.32.

에서는 '시작'(始)이, 후반부에서는 '어미'(母)가 서술되고 있는 것일까? 이것은 어떤 종류의 대비인가?[20] 시작은 끝과 대비를 이루고 어미는 아비 혹은 자식과 대비를 이루는 것이 통상적인 경우이기 때문에 우리는 시작과 어미의 대비가 도대체 무엇을 말하는 것인지 혼란을 겪는다.

그러나 혼란은 일시적이다. 왜냐하면 이와 유사한 진술들이 예상과 달리 흔하기 때문이다. 『주역』에서는 "형이상(形而上)을 도(道)라 이르고, 형이하(形而下)를 기(器)라 이른다"[21]고 말하고 있다. 도(道)와 기(器)의 대비는 시작과 어미의 대비처럼 서로 엇갈린다. 육효(六爻)에 대한 명칭에서도 초효(初爻)는 종효(終爻)와 짝을 이루지 않고, 상효(上爻)와 대비된다. 처음[初]과 끝[終], 위[上]와 아래[下]가 아니라 처음과 위가 엇갈려 진술되는 것이다.[22] 심지어 조선의 성리학자인 이이(李珥)가 리(理)와 기(氣)의 철학적 관계를 묘사할 때도 동일한 것이 발견된다.

> 무형무위(無形無爲)하면서 유형유위(有形有爲)한 것의 주인[主]이 되는 것은 리이고, 유형유위(有形有爲)하면서 무형무위(無形無爲)한 것의 그릇

20) 비록 정세근이 도에 대한 비유의 주요 사례로서 풀무와, 물, 그리고 어머니의 개념체계를 서술하고 있고, 김형효가 시(始)와 초(初)의 어원적 유사성을 주제화시키며 시작을 '상관적 차이를 드러내는 차연'이라는 해체론적 관점에서 해석하지만 두 연구자 모두 어째서 이 시작과 어머니가 대비를 이루는지에 대해서는 주목하지 않는다. 정세근, 『노장철학』 (서울: 철학과현실사, 2002), pp.79-82; 김형효, 『사유하는 도덕경』, pp.46-47 참조.

21) 「繫辭 上」 12장, 『周易』. "形而上者謂之道; 形而下者謂之器."

22) 육효의 명칭이 「수는 위치」와 「순서는 위치」라는 개념적 은유와 「시작-끝」 「위-아래」 영상도식의 혼성에 의해 구축된 것이라는 설명에 대해서는 이향준, 「역학적 사유의 살아 있는 기원: 일음일양지위도(一陰一陽之謂道)의 은유적 해석을 중심으로」, 『동양철학』 41집 (한국동양철학회, 2014), pp.7-8 참조.

> [器]이 되는 것은 기이다. 리는 무형이고 기는 유형이기 때문에 리는 통하고 기는 국한된다[理通而氣局].[23)]

어째서 주인과 그릇인가? 엇갈림은 이들 사유의 공통적 특징이다. 한 걸음 더 나아가자면 엇갈림이 중요한 것이 아니라, 엇갈림을 창출하는 사유의 독특성이 더욱 중요하다. 이이(李珥)의 이통기국(理通氣局)을 대상으로 이 엇갈림의 성격을 분석한 선행연구는 그 특징을 다음과 같이 설명했다.

> 이이가 하고 있는 방식은 서로 별개인 두 개의 개념적 은유를 창조적으로 해체하고 재구성함으로써 두 은유를 이루는 요소들의 부분적 결합에 근거한 새로운 은유를 창조하고, 이를 통해 이기론적 사고를 진행했다는 것이다.[24)]

이러한 사유방식은 정확하게는 '은유 합성'이라고 불린다. 이것은 단순한 개념적 은유의 사용이 아니라, 개념적 은유의 중복된 사용을 의미한다. 더 정확하게 말하자면 그것은 "기존에 존재하던 은유들을 재종합해서 새로운 은유를 창조"하는 방식이다.[25)] 그러므로 최소한 세 가지 요소가 필요하다. 개념적 은유이거나 혹은 개념적 은유에 상응하는 두 가지 요소와 이들 두 가지 요소의 융합에 의해 창조된 제3의 새로운 은유가 그것이다. 이이의 경우 그것은 「리는 주인, 기는 종」 「리는 내용물, 기는 그릇」의 융합에 의한 「리는 주인, 기는 그릇」이라는 은유의

---

23) 李珥, 「答成浩原」, 『栗谷全書』 권10 (표점영인 한국문집총간 vol. 44), pp.210-11.
24) 이향준, 『조선의 유학자들 켄타우로스를 상상하며 리와 기를 논하다』, p.338.
25) 같은 책, p.340.

창조였다.

이것은 포코니에와 터너가 말하는 이중범위 개념혼성의 모델과 다를 것이 없다. 애초부터 입력공간 1, 2를 이루고 있는 개념체계 자체가 은유적이라는 점이 조금 색다르게 보일 뿐이다. 다시 말해 은유합성은 그 자체가 은유로 구성된 이중범위 개념체계의 혼성과 같은 말이다. 이것은 진술의 엇갈림이 있는 곳에는 은유합성, 혹은 개념혼성이라고 부를 만한 어떤 현상이 내재되어 있을 확률이 높다는 뜻이다. 과연 그럴까? 『도덕경』에서 나타나는 시작과 어미라는 어휘는 그 자체가 두 개의 개념적 은유이거나 그와 연관된 어떤 것으로 해석될 수 있는가?

5

이 의문을 확인하기 위한 질문은 간단하다. 시작은 무엇의 시작인가? 어미는 누구의 혹은 어떤 어미인가? 도라는 낱말 자체가 대답의 실마리를 제공한다. 도는 길이고, 길은 시작과 끝을 가진다. 시작과 끝을 잇는 선을 우리는 경로라고 부른다. 우리는 이러한 경로에 대한 경험을 우리의 신체로부터 발견한다.

> 모든 동작은 이동 경로를 창조한다. 실제적이든 투영된 것이든 간에 이동 경로는 직선이거나 곡선이고, 지그재그이거나 평탄하며, 상향이거나 하향이다.[26]

---

26) 마크 존슨, 『몸의 의미』, 김동환·최영호 역 (서울: 동문선, 2012), p.57.

길과 연관된 인간의 동작이란 무엇인가? 가장 유력하고 우선적인 후보는 '걷기' 그 자체이다. 걷기는 무엇보다 신체의 동작이며, 따라서 이동의 경로를 창조하고, 우리는 이동의 양상을 영상 도식의 하나인 「경로」 도식을 통해 구조화한다. 「경로」 도식은 시작-경로-끝으로 이어지는 일련의 형식적 구조를 가지고 있다. 걷기는 이러한 「경로」 도식의 가장 원초적인 신체적 근원 가운데 하나다. 우리의 신체적 활동을 통해 도식이 얻어지면 그 귀결은 즉각적으로 다른 파급 효과를 낳는다.

> 우리는 개념 체계를 사용해서 이해하고 추론한다. 개념 체계는 구조의 일람표를 포함하고 있으며, 그 중에서도 도식과 은유는 확고한 부분이다. 일단 어느 도식을 습득하면, 우리는 그것을 재차 배울 필요도, 사용할 때마다 내용을 갱신할 필요도 없다. 그것은 관습화되고 자동화되어서 노력도 수반하지 않고 무의식적으로 사용하게 된다. 그것이 도식이 갖는 힘의 일부이다. 즉 우리는 도식을 새로 만들거나 찾거나 할 노력 없이 기존의 도구를 사용할 수 있다.[27]

그래서 우리는 '삼포로 가는 길'이라거나 "자 떠나자 고래 잡으러"라거나 심지어는 영화의 한 장르인 '로드무비'(road movie)의 의미를 즉각적으로 이해한다. 출발지와 경로를 함축하는 목적지로서의 삼포와 동해바다의 의미는 소설과 노래의 구성에 따라 고유한 의미를 생산한다. 대다수의 로드무비는 목적지보다는 오히려 길을 걷는 과정 그 자체에서 벌어지는 사건들이 등장인물들에게 끼치는 영향을 중심으로 전개된

27) G. 레이코프・M. 터너, 『시와 인지』, 이기우・양병호 역 (서울: 한국문화사, 1996), p.89.

다. 이 모든 과정 속에서 「경로」 도식의 존재는 필수적이다. 주인공들은 어딘가에서 출발하고 있으며, 어떤 과정을 거쳐 목적지에 도달하기 위해 힘쓴다. 과연 그들이 목적지에 도달하면 원하던 것을 얻을 수 있을까, 혹은 그들의 경로에서 예측할 수 없는 어떤 사건들이 생겨날 것인가 하는 질문은 이러한 문화적 사례들의 의미심장함을 더해 주는 질문들이다. 따라서 이러한 걷기를 「경로」 도식과 결합시켜 이해하면 우리는 일정한 목적지를 가지는 걷기라는 행위 양식에 도달하게 된다. 이것을 대변하는 가장 일반적인 낱말은 여행이다. 이러한 의미 확장은 필연적으로 의인화로 이어진다. 어떻게 이런 일이 가능한가?

길과 길을 걷는 행위는 그 주어를 걷기라는 동작의 개념체계에 포함시킬 것을 요구한다. 『설문해자』에서 도를 설명하면서 '다니는 길'[所行道]이라고 말할 뿐 주어를 생략하고 있는데, 이것은 우리가 친구에게 '나 간다'라고 말하지 않고 '간다'라고 말하는 것과 같은 용법이다. 즉, 이 문장의 생략된 주어는 일반적으로 사람이다. 따라서 걷기가 여행 일반으로 의미가 확장되면, 여행의 개념체계는 즉각적으로 그 여행의 주어를 환기시킨다. 누가 여행을 떠나는가? 『도덕경』의 구절을 「경로」 도식과 여행의 개념체계에 근거해서 이해하자면 '무는 천지의 시작'이라는 구절에서 「천지는 여행자」 「무는 여행의 출발지」라는 은유적 관계를 추출할 수 있다.

그런데 어떻게 천지가 여행을 시작할 수 있는가? 혹은 어떻게 천지가 걷기를 시작할 수 있는가? 걷기와 여행의 무의식적인 주어로서 인간이 가정되고, 이러한 가정 아래서 천지가 인간으로 의인화되는 사유 양식을 통하지 않고서는 이러한 표현은 불가능하다. 결국 걷기라는 신체적 경험이 「경로」 도식을 창조하고, 「경로」 도식과 연관된 걷기가 여행의 개념체계를 형성하는 데 기여하며, 여행의 개념체계가 의인화로 이어지는 것이다. 여행의 원초적 형태로서 걷기의 주체가 인간으로 가정되고, 이 인간의 여행이라는 구도가 개념적 은유의 표적 영역 X와 융합할 때 우리는 「X는 인간」이라는 의인화를 함축하는 X의 여행에 대한 은유적 언어 표현들을 얻게 된다. 이 X는 그 내용이 결정되기 전까지는 '빈 자리(虛位)'로 남아있을 수밖에 없다. 이 때문에 정세근은 개념적 은유라는 자의식을 가지고 있지는 않지만 도를 함축하는 이 X의 미결정성에 대해서 한유의 표현인 허위(虛位)를 인용하면서 "한유(韓愈)의 지적은 역설적이긴 하지만 옳지 않을 수 없다"[28]고 단정하고 있는 것이다.

6

여행의 개념체계와 의인화의 상관관계를 더욱 긴밀하게 만드는 일반 수준 은유가 하나 더 있다. 그것이 바로 「인생은 여행」이라는 개념적 은유다. 최희준의 노래 「하숙생」은 "인생은 나그네길 어디서 왔다가 어디로 가는가?"라고 언급함으로써 이 은유가 얼마나 흔한지를 증명한다. 도의 개념체계를 구성하는 실질적인 개념적 은유의 뼈대는 「하숙생」의 그것과 다르지 않아 보인다. 왜냐하면 이 은유는 그 자체에 「경로」 도식과 「X는 인간」이라는 두 가지 은유적 요소들을 통합하고 있기 때문이다. 즉 「경로」 도식에 의해 우리는 시작, 경과, 도착을 구별하게 되고, 이 「경로」 도식은 일반화된 여행의 개념체계에 포섭된다. 그런데 「인생은 여행」은 여행의 개념체계를 은유의 근원영역으로 사용함으로써 자

28) 『노장철학』, pp.86-87.

동적으로 「경로」 도식을 포섭한다.

같은 현상이 이 은유의 표적영역인 인생의 개념체계에서도 발생한다. 인생의 주어는 인간이고, 따라서 의인화되는 대상 X가 있다면 그것은 자동적으로 「인생은 여행」의 표적 영역으로 간주된다. 그는 단순한 인간일 뿐만 아니라 여행을 떠나는 인간으로 간주된다. 거꾸로 말하자면 여행을 인생의 은유화를 위한 근원영역으로 받아들일 때 일반수준 은유인 「인생은 여행」 은유가 탄생한다. 이 은유를 비인간적인 대상에 적용하려는 시도는 필수적으로 그 대상을 여행의 주체로서 사람으로 전환시켜야 한다. 즉 의인화가 발생하는 것이다. 의인화와 「인생은 여행」 은유 가운데 어느 것이 선행하는지를 규명하기는 힘들지만 이들이 서로 정합적이고, 밀접한 은유적 연관을 가진다는 점은 부인할 수 없다. 즉 이 두 가지 은유적 개념체계는 공활성화에 훨씬 유리한 인지적 조건을 갖추고 있다. 따라서 「인생은 여행」이라는 일반수준 은유가 그 내부에 인생 영역에서의 「의인화」, 여행 영역에서의 「경로」 도식을 함축하는 삼중 구조에 의해서 도의 개념체계가 이해되고 해석되는 것이다.

이렇게 볼 때 『도덕경』에 대한 해석은 분명한 은유적 의미를 드러낸다. "무는 천지의 시작을 이름한 것이다"고 했을 때 그 '시작'[始]은 「경로」 도식의 관점에서 천지가 떠나는 여행의 출발지를 무로 규정한다. 한편, 의인화의 증거는 "유는 만물의 어미를 이름한 것이다"는 표현 속에서 발견된다. 여기에서 우리는 여성으로 이해되는 인간, 즉 어머니를 발견한다. 이 두 구절을 합치면 「경로」 도식이 함축하는 시작이란 구절이 전반부에서 주장되다가, 후반부에서는 의인화된 유가 어머니로 묘사된다는 것을 알 수 있다. 시작에서 어머니로의 도약은 사실 「경로」

도식으로부터 「유는 인간」이라는 개념적 은유로의 도약이다. 외적으로 이것은 하나의 영상도식과 하나의 은유적 개념체계가 혼성된 결과물이다.

이 둘을 모두 함축하는 일반수준 은유가 「인생은 여행」이라는 점을 감안하면 「천지는 여행자」 「무는 여행의 출발점」 「유는 어머니」 「만물은 자식」이 표면적으로 얻어지는 은유적 결과물이다. 여기에 「인생은 여행」이라는 은유를 통해서 우리는 여행자인 천지는 곧 어머니로서의 유라는 사실을 알 수 있다. 「경로」 도식과 의인화는 두 개의 구절을 각기 따로 해석하게 만들지만, 「인생은 여행」은 이 두 구절을 하나의 은유적 구도 속에서 통합한다. 「천지는 여행자이고, 인간」이고, 「유는 여성으로서의 어머니이자 인간」이기 때문에 이들은 동일시될 수 있다. 따라서 천지는 유이자 어머니이고 어머니는 그 여행을 무에서 시작했으며, 그 여행의 출발지는 인생의 관점에서 보자면 자식으로서의 만물의 생성으로 간주된다. 천지와 만물은 생성으로 자신의 여행을 시작하고 있다. 그러므로 도(道)란 기본적으로 그들이 여행을 떠나면서 따라가는 길이고, 이 여행은 의인화된 천지와 만물의 은유적 삶의 내용 그 자체를 이루고 있으며, 실질적으로는 천지와 만물의 생성과 변화, 그리고 소멸 및 이러한 모든 변화의 반복이다. 어떻게 이런 유추가 가능한가?

7

「인생은 여행」을 중심으로 의인화된 대상 X가 「경로」 도식을 따라 여행하는 구도가 도의 개념체계를 이해하는 데 핵심적이다. 그렇다면 이러한 은유적 구조가 도에 어떤 의미론적 작용을 하는가? 기본적인 형태에서부터 수많은 변형에 이르기까지 너무 다양하기 때문에 여기에서는 가장 전형적으로 발견되는 세 가지 사례를 들겠다. 그 방식은 의외로 간단하다. 즉 「인생은 여행」의 은유적 체계를 변형하는 것이 그 방법이기 때문이다. 나아가 이 방법은 보다 구체적으로 이 은유 안에 함축된 「경로」 도식의 변주와 의인화의 변형을 포함한다. 이러한 변형으로 설명할 수 있는 도의 세 가지 양상은 '되돌아오는 여행' 이미지, '도의 의인화', '길 없는 길을 가기'이다.

첫째, 「경로」 도식의 변주를 통해 나타나는 가장 전형적인 양상 가운데 하나는 '되돌아오는 여행'의 이미지다. 우리는 출발지-경로-목적지라는 기본 구도의 한 변형으로서 출발지와 도착지가 일치하는 여행의 형태를 만나게 된다. 사실 우리의 걷기 혹은 여행에서 제 자리로 돌아오는 경우가 너무 일반적이기 때문에 우리는 이런 특징을 거의 여행의 보편적 양식으로 받아들인다.

여행을 일탈 혹은 일상으로부터의 탈출이나 해방이라고 언급하는 표현들 속에 이러한 인식이 담겨 있다. 여행을 일탈이라고 말하는 사람은 정상적인 생활의 경로가 있고, 여행은 이 경로로부터의 벗어남이라고 간주한다는 뜻이다. 같은 것을 탈출 혹은 해방이라고 말하는 이는 정상적인 생활을 한계가 지워진 경계 안의 활동이라고 간주하고, 이 경계가 자신을 구속하는 장벽이라고 여기며, 여행을 이 경계 밖으로의 벗어남이라고 간주한다는 뜻이다. 전자는 「경로」 도식을 사용한 여행의 이해이고, 후자는 「포함」 도식을 사용한 여행의 이해이다. 이것은 너무 일상적이어서 우리가 의식하지 못하는 영상도식의 기능을 잘 보여 준다. 그러나 일탈이든지 해방이든지 우리는 다시 같은 경로, 같은 경계 안으로 돌아와야 한다는 것을 알고 있다. 우리는 늘 되돌아오는 이동의 경로를 창조하고 그것으로 인생을 사유하며, 또한 그 사유는 우리를 움직인다.

이 경우 「경로」 도식은 넓게 보자면 원 운동을 하는 굽은 곡선이 된다. 이러한 자기회귀적인 운동 이미지를 포함하는 서사들은 문화와 상관없이 보편적이다. 거의 모든 문화권에서 원이 하나의 원형 이미지로 사용된다는 사실에서 이러한 보편성을 확인할 수 있다. 자기의 꼬리를 물고 있는 뱀인 우루보로스(ouroboros), 성경과 불경에서 공통적으로 언급하는 돌아온 아들의 이야기가 대표적이다. 성리학적 관점에서 주희의 『논어집주』는 처음부터 인간의 수양을 '복기초'(復其初)라는 구절로 압축하고 있다.[29)]

이 원운동이 반복되면서 앞으로 진행하는 방향성을 획득할 때 그것은 도에 대한 가장 강력한 이미지가 된다. 즉, 도는 원운동을 하면서 앞으로 나아가는 나선형의 운동 경로를 갖게 된다. 공자의 다음과 같은 진술은 도의 이러한 복합적 성격에 대한 일종의 종합이다.

> 하늘이 무슨 말을 하는가? 네 계절은 번갈아 운행하고, 만물은 자란다.[30)]

말하지 않는 하늘은 의인화된 하늘이다. 말할 수 있는 능력을 가지고 있지만 일부러 말을 하지 않는 것으로 간주되기 때문이다. 네 계절은 되돌아오는 경로를 밟으며 순환한다. 그러한 계절의 변화 속에서 만물

---

29) 「잃어버린 보물」이라고 명명된 개념적 은유에 기반해서 『논어』의 첫 구절에 대한 주희의 주석을 은유적으로 분석한 사례는 이향준, 「잃어버린 보물」, 『조선의 유학자들 켄타우로스를 상상하며 리와 기를 논하다』, pp.117-48 참조.

30) 「양화」, 『논어』, "天何言哉, 四時行焉, 百物生焉."

은 태어나고, 자라며, 소멸하는 방향성을 갖고 움직인다. 이러한 일방성과 순환의 운동 경로가 공존하면서 발생하는 괴리에 대해 「사철가」는 "봄은 찾아 왔건만은 세상사 쓸쓸허드라, 나도 어제 청춘일러니 오날 백발 한심하구나"라고 노래하고, 니체는 "도마뱀의 경우에는 없어진 꼬리가 다시 자라나지만, 인간의 경우에는 그렇게 되지 않는다"[31]고 설파했다. 네 계절과 도마뱀의 꼬리는 순환하지만, 청춘과 인간의 퇴화한 꼬리는 다시는 되돌아오지 않는다.

이 두 가지 경로의 차이는 두 가지 의미화 양상을 가져 온다. 순환성에 주목하는 이는 되돌아간다고 여기지만, 일방성을 느끼는 이는 그럴 수 없다고 탄식한다. 이 때문에 천상병은 천진한 어조로 "나 하늘로 되돌아가리라"고 말하는 반면 『박하사탕』의 주인공은 "나 다시 돌아갈래"라는 절규 속에서 달려오는 기차를 마주할 수밖에 없었다.

이러한 일련의 동적인 움직임은 그치지 않고 반복된다. 『주역』은 "되돌아오는 자연의 변화에서 천지의 마음을 본다"[復其見天地之心]고 말하고 있고, 『도덕경』은 "되돌아가는 것이 도의 움직임"이라고까지 언급하고 있으며,[32] 선(禪)의 수행자는 "만법은 하나로 돌아가는데, 하나는 어디로 돌아가는가?"[萬法歸一, 一歸何處]라고 묻고, 「심우도」(尋牛圖)는 입전수수(立廛垂手)라는 회귀적 귀결로 마무리 된다. 나아가 공자가 흐르는 시냇물을 보면서 "가는 것이 이와 같구나. 밤낮을 그치지 않는도다"라고 찬탄한 것에 대해 정이(程伊)는 정확하게 도의 이중적 운동성을 의식하면서 이렇게 풀이했다.

---

31) 프리드리히 니체, 『선악의 저편』, 김정현 역 (서울: 책세상, 2002), p.299.
32) 이향준, 『조선의 유학자들 켄타우로스를 상상하며 리와 기를 논하다』, p.186.

> 이 구절은 도의 본체를 묘사한 것이다. 하늘의 운행은 그치는 법이 없어서 해가 지면 달이 뜨고, 추위가 가면 더위가 오며 물은 그치지 않고 흘러가고, 만물은 끊임없이 생겨난다.[33]

8

두 번째는 도의 의인화다. 도의 개념체계에서 의인화는 서로 다른 두 가지 사유의 갈래를 거쳐 나타난다. 애초에 도는 'X는 경로를 따르는 의인화된 여행자'라는 개념적 은유에서 '경로'의 측면을 가리킨다. 도가 길의 의미를 간직하는 한 여행을 위한 배경의 역할을 맡는 것이다. 이 은유에서 여행자는 도가 아니다. 도는 이 여행자가 걷는 길이다. 이 때문에 『주역』에서 "하늘의 도를 세운 것을 음양(陰陽)이라고 하고, 땅의 도를 세운 것을 강유(剛柔)라 하고, 사람의 도를 세운 것을 인의(仁義)라고 한다"고 했을 때, 도는 그 주어에 따라 '하늘의 도'[天之道]와 '땅의 도'[地之道] 등으로 구별되고, 그 의미도 음양과 강유 등으로 차별화된다. 주희가 다음과 같이 말했을 때도 도의 이러한 특징은 잘 드러난다.

> 사람과 물건이 각기 그 성(性)의 자연(自然)을 따르면 일상생활(日常生活)하는 사이에 각기 마땅히 가야 할 길이 있지 않음이 없으니, 이것이 곧 이른바 도(道)라는 것이다.[34]

---

33) 尹焞, 「師說 上」, 『和靖集』 권5 (경인 문연각사고전서 vol. 1136), p.39. "此蓋形容道之體也. 天運而不已, 日往則月来, 寒往則暑来, 水流而不息, 物生而不窮."

34) 朱熹, 『中庸章句』, 『朱子全書』 권6 (上海古籍出版社・安徽教育出版社, 2002), p.32. "人物各循其性之自然, 則其日用事物之間, 莫不各有當行之路, 是則所謂道也."

여기에서 도는 '사람이 마땅히 가야 할 길'이나 '의인화된 물건이 마땅히 가야 할 길'이지 사람이나 물건 자체로 이해되지 않는다. 그들의 모두 "X의 도"라는 형식을 갖고, 도는 '의인화된 여행자 X의 경로'라는 은유적 의미를 갖는다. 반면에 이와 다른 진술들이 존재한다. "도는 스스로 그러함을 본받는다"[道法自然]는 표현이나 "천도는 어질지 않다"[天道不仁], "천도는 편애하지 않는다"[天道無親]" 등에서 드러나는 것처럼 '본받고', '어질며', '편애할 수 있는' 도는 그 자체로 주어로 간주될 뿐만 아니라, 사람으로도 간주된다. 이럴 경우 '도는 경로를 따르는 의인화된 여행자' 그 자체이다. 이러한 현상은 도라는 낱말의 사용에 종류가 다른 의인화가 개입되어 있다는 것을 의미한다. 첫째는 도의 주어로서 하늘, 땅, 사람과 같은 은유적으로 이해되는 대상들이 의인화되는 단계이다. 둘째는 도 자체가 의인화되는 현상이다.

이 두 가지는 조금 구별된다. 전자는「하늘은 인간」, 혹은「땅은 인간」과 같은 전형적인 의인화의 구도를 따라 이루어진다. 후자는 걷기 혹은 여행의 개념체계 자체 내에서 일어나는 환유에 의해 이루어진다. 백악관과 청와대가 각각 대통령을 의미하는 것처럼 장소로 사람을 대신하는 환유는 일상적인 것이다. 도의 경우에도 이것은 마찬가지다. 이 경우 치환되는 요소는 걷기 혹은 여행의 단일한 개념체계에 포함되는 길과 길을 걷는 사람이란 두 가지 요소다. 이것을 통해 도는 은유적으로 사건이 일어나는 배경이나 장소로도 해석됨과 동시에 그 자체가 은유적 걷기 혹은 여행의 주어로 간주되는 이중적인 의미를 획득하게 된다. 도는 경로를 따르는 여행자 자신이면서, 동시에 그가 나아가는 경로 그 자체인 것이다.

이것은 데닛(D. Dennett)의 표현을 빌리자면 우리가 도에 대한 물리적 입장(physical stance)에서 의도적 입장(intentional stance)으로 관점을 전환할 뿐만 아니라, 이 두 가지 입장을 넘나들면서 도의 의미를 파악한다는 뜻이다. 추상적 대상의 움직임이나 양상을 믿음과 의지, 의도와 목적과 같은 관점에서 이해하려는 의도적 입장이란 그 자체로 대상에 대한 물활론적 관점을 의미한다. 그 대상이 믿음과 의도와 같은 내적 행위를 할 수 있는 존재라고 가정하기 때문이다. 즉 우리는 그것을 느끼고, 사유하며, 행동하는 생물처럼 받아들인다. 그리고 이러한 물활론적 이해의 최고 형태는 그것을 나와 같은 수준이거나 혹은 나를 넘어선 수준의 인격적 존재로 간주하는 것이다.[35] 이렇게 이해할 때 도는 은유적 의미에서 인간 혹은 인간을 넘어선 인간으로 간주된다. 신인동형설(神人同型說)이란 낡은 신념의 뿌리는 바로 여기에 놓여 있다. "나는 길이요 진리요 생명"이라고 진술하는 요한복음은 길과 동일시되는 주님의 존재를 선명하게 보여 준다. 동시에 그 주님이 '하나님 아버지'라고 진술됨으로써 '아버지로 묘사되는 신', 달리 말해 '인간으로 묘사되는 비인간(非人間)'의 전형을 보여 준다.

이런 의인화는 사실상 대상에 대한 추상화의 최고 단계다. 우리는 우리를 넘어선 것에 대한 지식을 가질 수 없기 때문에 그것을 상상하면서 늘 우리가 발견할 수 있는 최고 양상을 거기에 부여한다. 그 내용이란 자기 자신에게서 발견되는 것의 이상화된 양상들과 다르지 않다. 니체

35) 데닛이 말하는 물리적 입장과 의도적 입장의 혼성이라는 구도가 야기한 귀결로서 의인화라는 현상은 스티븐 미슨에게서 사회적 지능과 자연사 지능이라는 고유한 용어에 의해 묘사된다. 즉, 그에 의하면 "의인화는 사회적 지능과 자연사 지능이 서로 이음매 없이 통합된 것이다." 그 시각적 이지지는 "사자의 머리에 사람의 몸"이 혼성되는 것이며, "그런 존재를 생각해 낼 수 있는 능력은 사회적 지능과 자연사 지능 간의 유동성"을 전제한다. 미슨, 『마음의 역사』, pp.238-40.

의 어투를 따르자면 우리에게 "훌륭한 아버지가 없다면, 그런 아버지를 자신에게서 만들어내야만 한다."[36] 이로 인해 인간을 넘어선 것들에 대한 진술이 늘 인간적인 요소들로 충만되어 있는 현상이 보편적으로 나타나는 것이다.

일단 이런 의인화가 진행되고 나면, 다음 수준에서 상이한 개념과 내용들이 나타나게 되는 이유는 이러한 일반적 구도의 구체수준에 융합되는 개념들의 차이 때문이다. 『도덕경』은 「유는 만물의 어머니」 은유를 사용한다. 이에 반해 기독교는 「하나님 아버지」 은유를 사용한다. 성리학은 「하늘은 아버지, 땅은 어머니」 은유를 사용한다. 유, 신, 하늘은 모두 사람으로 의인화된다는 점에서는 공통적이지만, 구체적으로 어떤 사람인가에 대해서는 의견을 달리한다. 역사와 문화적 조건을 배경으로 가정에서 상식적으로 규정되는 아버지와 어머니의 구분되는 역할에 대한 이해에 근거해서 도나 하나님이 이해됨으로써 그 차이를 드러내기 때문이다.

전형적으로 도가의 어머니는 아이를 낳고 돌보는 어머니이고 기독교의 하나님은 목자(牧者)로 불리는 가축을 기르는 아버지다. 단독적인 아버지와 어머니의 존재는 일상적인 우리의 경험에 비춰 볼 때 편모, 편부로 이루어진 불완전한 가족을 떠올리게 만든다. 가톨릭의 마리아에 대한 신앙은 이를 보충한다. 즉 개신교와 가톨릭으로 양분된 기독교는 사실상 이 둘을 모두 합쳐야만 성자(聖子)와 더불어 하나의 신성가족(神聖家族)의 형태를 이루게 된다. 반면에 도가의 도는 전형적으로 아버지를 호출하지 않는다. 이 때문에 일반적인 가족주의 모델과 대비

---

36) 니체, 『인간적인 너무나 인간적인 1』, 김미기 역 (서울: 책세상, 2001). p.324.

시킬 때 도가의 도는 문화 역사적인 기원에 관한 어떤 측면이 아직도 감춰져 있지 않나 하는 의심이 드는 것이다.

9

마지막은 '길 없는 길 가기'라고 부를 수 있는 것이다. 이것은 길과 길을 통한 걷기의 개념체계에 포함된 한 극단적인 상황을 부각시킴으로써 나타난다. 즉 그것은 최초의 길의 이미지와 기존의 길이 끝난 극단에서 앞으로 나아가야만 하는 이유를 가진 주체에게 도라는 낱말이 요구하는 것이 무엇인지를 생각함으로써 발견된다. 이미 주희가 그 대표적 사례를 말하고 있는 것처럼 길이 존재한다면 그것은 사람이나 사물이 당연히 가야 할 길[當行之路]로 간주된다. 하지만 대부분의 길은 끝을 가진다. 길의 끝에서 여행을 계속하려는 이는 어떻게 해야 하는가? 마땅히 가야 할 길이 끊긴 곳에서 여행자는 어떻게 해야 하는가?

이 질문은 도의 가장 심오한 의미 가운데 하나를 구축한다. 길 없는 길을 가기는 최초의 여행, 혹은 길의 개척자 이미지를 끌어들이기 때문이다. 이런 이미지는 이미 도라는 낱말이 나타난 초창기부터 암시되고 있었다.

> 도는 밟는다는 뜻이고, 노(路)는 드러난다는 뜻이다. 사람이 밟아서 (길이) 드러난다는 뜻이다.[37]

---

37) 劉熙 撰. 「釋道」, 『釋名』 (경인 문연각사고전서 vol. 221), p.390. "道, 蹈也. 路, 露也, 人所踐蹈而露見也."

「석도」(釋道)의 설명은 최초의 길이 어떻게 나타났는지에 대한 분명한 설명을 제공한다. 이에 따르면 도는 직접적으로 땅을 밟는 행위를 가리킨다. 그 행위의 결과로 발자국이 남겨지고, 이 발자국이 사라지지 않고 현저해지거나 혹은 누적되어 하나의 패턴을 이루게 되면 그것을 '노'(路)라고 부른다는 것이다. 즉 길이란 애초에 길이 없는 땅 위에 사람이 지나간 뒤에 남은 발자취가 드러나고, 다음 사람이 그 발자취를 따라서 이어지는 과정을 반복함에 따라 일정한 패턴으로 축적된 이어지는 궤적에 대해 붙여진 이름인 것이다. 그러므로 최초의 발걸음을 뗀 사람은 길 없는 길을 갔던 사람이다. 이것이 도의 의미에 어떤 은유적 함축을 가져다준다. 길의 끝은 길 없음을 의미하고, 길 없음은 여행자에게 새로운 길의 개척을 요구하기 때문이다. 바로 이 경험이 도의 개념체계와 결합하면 바로 길 없는 길을 걷는 여행자의 이미지가 형성된다.

길 없는 길은 이미 나 있는 길과 선명한 대비를 이루기 때문에, 길 없는 길을 가려는 이들은 고전적인 문제에 부딪친다. 완곡한 의미에서 사람들이 많이 다닌 길과 덜 다닌 길 가운데 우리는 어떤 길로 가야 하는 것일까? 비록 확정적인 답이라고 말할 수는 없지만 로버트 프로스트(Robert frost)의 「가지 않은 길」(The Road Not Taken)은 이 문제에 대해 숙고할 가치가 있는 어떤 충고를 들려준다.

> 숲 속에 두 갈래 길이 있었다고.
> Two roads diverged in a wood, and I...
> 나는 사람이 적게 간 길을 택하였다고,
> I took the one less traveled by,

그리고 그것 때문에 모든 것이 달라졌다고
And that has made all the difference.

이보다 더 극단적인 상황은 누군가가 알려진 길의 끝에 섰을 경우다. 그는 자신이 가야 할 길이 끝난 것인지, 아니면 이 끝이 보기와는 달리 또 다른 길의 시작으로 이어지고 있는지를 확인할 방법이 존재하지 않는다. '백척간두진일보'(百尺竿頭進一步)라는 선종의 구호는 이러한 상황에 대한 극단적인 은유다. 문제는 이 은유가 늘 두 가지 해석의 가능성에 시달린다는 것이다.

영화 『페드라』(*Phaedra*, 1962)와 『델마와 루이스』(*Thelma & Louise*, 1991)의 마지막 장면은 똑같이 인생길의 끝에서 선 사람들이 길의 바깥으로 던져지는 장면으로 마무리된다. 두 영화의 주인공들은 모두 자동차에 탄 채 절벽에서 바다 혹은 계곡으로 떨어진다. 하지만 유사한 이미지임에도 불구하고 이들은 서로 다른 두 가지 해석 가능성을 제공한다. 『페드라』는 현대적으로 각색된 오이디푸스 콤플렉스의 상황에 놓인 아들의 비극적인 선택을 그린다. 그는 과속으로 차선을 무시하고 해변도로를 질주하다 대형차와 마주치고, 그 결과 절벽으로 떨어진다. 반면에 『델마와 루이스』는 똑같이 절벽으로 차를 몰지만 훨씬 능동적이다. 그들의 표정과 동작, 그들을 뒤에서 바라볼 수밖에 없는 총을 든 수많은 남자들의 이미지는 이 두 여성이 남자들의 세계와 결연하게 단절하고 자신들만의 길을 개척하기 위해 비상한다는 이미지를 전달한다. 『페드라』는 달리 빠져나갈 곳이 없는 길의 끝과 그 끝에 선 사람의 종말을, 『델마와 루이스』는 새로운 길의 시작을 의미하는 것처럼 보이는 것이다.

선종의 수행자도 똑같은 기로에 놓인다. 백척간두를 길의 끝이자, 새로운 길의 시작으로 간주해야 한다는 딜레마에 놓이기 때문이다. 이 과격한 구호가 길 없는 길의 시작을 암시한다는 것은 분명하다. 왜냐하면 게송은 "백척간두에서 반드시 한 발을 더 내딛어야 시방세계가 온몸을 드러낼 것이다"[百尺竿頭須進步, 十方世界現全身]라고 말하고 있기 때문이다. 그러나 수행자가 직접 그 길을 가기 전에 시방세계는 절대 그 전모를 드러내지 않을 것이다. 원리상 그 길을 가는 것은 그 혼자일 것이고 다른 모든 존재하는 길들은 이 길의 성격과 내용에 대해 확실한 지침을 주지 못한다. 존재하지 않는 길을 확인하는 방법은 그 길을 직접 걷는 것 이외에는 다른 방법이 있을 수 없다. 붓다가 불법을 전파할 때 설법의 마지막에 이르면 "무소의 뿔처럼 혼자서 가라"고 반복했던 이유를 여기에서 발견하게 된다. 만일 당신이 길 없는 길을 간다면, 당신은 그 길을 혼자 갈 수 밖에 없기 때문이다. 이럴 경우 '이미 나있는 길'이란 도대체 여행자에게 무슨 의미일까? 이 두 갈래 길의 갈등이 드러나는 순간에 참고할 만한 진술이 비트겐슈타인에게서 발견된다.

> 요컨대 우리가 본보기를 있는 그대로, 즉 비교 대상으로서 설정함으로써만, 그리고 본보기를 현실이 그것에 대응해야 하는 선입견으로서 설정하지 않음으로써만, 우리는 우리의 주장들의 부당성 또는 공허함을 피할 수 있다.[38]

비트겐슈타인은 "철학할 적에 우리가 매우 쉽게 빠지는 독단주의"[39]

---

38) 루트비히 비트겐슈타인, 『철학적 탐구』, 이영철 역 (서울: 책세상, 2006), 131절.
39) 같은 곳.

를 경계하기 위해 이 구절을 언급했지만, 우리는 '인생을 여행할 적에 우리가 매우 쉽게 빠지는 독단주의'를 경계하기 위해 이 말을 새롭게 해석할 수 있다. 이미 나 있는 길들은 내가 가야하는 새로운 여행의 의미와 가치를 평가하기 위해 우리가 '비교 대상'으로 설정해야 할 것들이다. 만일 우리가 이미 나 있는 길을 '내가 가야하는 길이 그것에 대응해야 할 길'로 설정한다면, 그 귀결은 확실하다. 즉, 나는 나의 길을 가는 것이 아니라, 이미 누군가 걸어간 그 길을 되밟아가게 될 것이다. 당신은 무소의 뿔이 아니라, 지네의 뒷다리 어딘가에 위치하게 된다. 황담삼은 「도」의 후렴구에서 이러한 상황에서의 선택을 간단명료하게 표현했다. 즉 길 없는 길을 가고자 하는 이라면 누구나 "자기 스스로 자기만의 길을 찾아야 한다"[我自求我道].

10

이렇게 볼 때 도라는 낱말을 사용하는 가장 중요한 이유는 다른 것이 아니다. 즉, 이 낱말을 떠올리거나 내 뱉는 순간 늘 우리 뇌 속에 각인된 길 혹은 여행의 개념체계가 동시에 활성화된다. 이것은 우리가 길과 여행을 생각할 때 가장 손쉽게 떠오르는 질문들을 강하게 자극한다. 내가 길 위에 있다면 나는 내가 어디에 있고, 어디로 가고 있으며, 제대로 가고 있는지에 대해 끊임없이 주의를 기울이고 검토하면서 나의 행동을 조정할 것이다.

인생을 살면서 자신이 길 위에 있는 여행자라고 생각하는 모든 이들은 도라는 낱말을 들을 때 삶이라는 차원에서 같은 것을 반복한다. 그는 자동적으로 내가 삶의 어느 지점에 있고, 이 지점이 내 삶의 목적지와 어떤 연관을 갖고 있으며, 계획된 여정에 비해 내가 빨리 왔는지, 아니면 뒤늦게 왔는지에 대해 무의식적으로 묻게 된다. 이 여정을 방해하는 것들과 그것들의 극복 방안을 묻게 된다. 길이 끊어진 곳에 이르면 그는 불안한 기대 속에서 한 번도 간 적이 없는 곳으로의 여정을 계획하고 실천한다.

이 모든 것은 사유와 행위에서 우리가 자신의 삶을 반성적으로 되물을 때 사용하는 그런 질문들이다. 어떤 것에 대해 도라고 이름붙이는 것만으로 우리는 이러한 질문들을 무의식적으로 생산한다. 그러므로 도라는 낱말은 걷기와 여행의 개념체계를 이용해서 우리 삶의 반성을 위해 개발되었고, 장기간에 걸쳐 우리 마음에 각인된 거의 무의식적인 인지적 도구다. 지각과 행위의 반복된 양상을 정돈하고, 다른 경험 영역의 내용들과 그것을 혼성하는 인지적 능력이 부재한 곳에서 이러한 도구는 결코 개발되지 않는다. 더욱 중요한 것은 도가 아니라 그것의 의미를 낳고 변모시키는 인지적 작용이다. 왜냐하면 도의 의미 확장을 낳은 이 혼성적 사유는 자의적으로 피할 수 있는 어떤 것이 아니기 때문이다.

> 우리가 세계를 이해할 수 있는 다른 방법은 없다. 개념적 혼성은 우리가 세계를 살아가면서 추가로 하는 어떤 것이 아니다. 그것은 세계를 살아가는 우리의 수단이다. 인간 세계에서 산다는 것은 '혼성공간에서 사는 것'이며, 나아가 수많은 조정된 혼성공간에서 사는 것이다.[40]

---

40) 질 포코니에 · 마크 터너, 『우리는 어떻게 생각하는가』, 김동환 · 최영호 역 (고양: 지호, 2009), p.563.

결국 혼성과 은유적 사고의 결과물로서 이해되는 도는 그 낱말 자체가 시대와 문화를 뛰어넘는 보편성을 지니는 것이 아니다. 진정한 보편성은 도의 개념체계를 구성하는 걷기와 여행, 인생의 경험 및 그것들이 이해되고 파악되는 은유적이고 혼성적인 방식에 있다. 이러한 방식들이 사람들에게 공통적이고 동시에 차별적이기 때문에, 이를 함축하는 도의 개념체계는 중첩되는 동시에 구별되는 경험과 의미의 다양성을 담을 수 있는 것이다.

제4장

법과 인지

인지라는 프리즘을 통해서 본 법*

강태경

1. 서론: 여러 가지 얼굴을 가진 법

안티고네의 비극이나 카프카의 기묘한 시골 남자 이야기를 읽노라면 우리는 이따금씩 "도대체 법이 뭐 길래?"라는 난감한 물음과 대면하게 된다. 그러나 문학을 통해서만 이런 낯선 질문과 조우하는 것은 아니다. 요즘 한국사회에서 벌어지는 굵직굵직한 사건들은 필연에 가깝게 법적 문제들로 전환된다. 지난 해 말 한 정당이 법의 이름으로 해산되었는가 하면(일명 '통합진보당 해산심판 사건', 헌법재판소 2014. 12. 19. 선고 2013헌다1 결정), 올해 초에는 간통죄 처벌 조항인 형법 제241조

---

* 이 글은 전남대학교 철학과 BK21플러스 횡단형철학전문인력양성사업단이 2015. 5. 1. 주관한 "철학적 횡단세미나 2015: 몸과 인지"에서 발표한 글을 수정·보완한 것이며, 졸고, 「법적 추론에 대한 인지적 분석방법: 윈터(Steven L. Winter)를 중심으로」(서울대학교 대학원 박사학위논문, 2014), 「법적 추론에 대한 비판적 분석으로서의 인지적 분석: 성전환자의 공부상 성별 정정 사건을 중심으로」, 『서울대학교 法學』, 제55권 제4호 (2014): 193-240, 「인지적 범주화로서의 법적 추론」, 『이화여자대학교 법학논집』, 제19권 제2호 (2014): 315-55의 일부 내용을 바탕으로 작성되었음을 밝혀 둔다.

에 대한 위헌 결정이 내려짐으로써 1953년 형법 제정 후 62년 만에 해당 규정이 폐지되기도 하였다(헌법재판소 2015. 2. 26. 선고 2009헌바17 결정). 이뿐만 아니라 '4·16 세월호 참사'의 희생자 유가족들이 참사 후 네 계절이 지나도록 거리와 광장에서 목 놓아 갈구하는 것은 참사의 진상을 조사하는 데 필요한 공정한 법률 및 시행령의 제정이다. 이처럼 최근 한국 사회는 연일 법에 관한 큰 이야기들로 몸살을 앓고 있다. 아마도 이러한 사건들에 조금이라도 관심을 가진 사람이라면 법의 정체가 무엇인지 한두 번쯤은 자문해 봤을 것이다.

우리는 굵직한 사건들을 계기로 법에 관심을 가지지만 실제로 법은 우리의 삶을 덮고 있는 촘촘한 그물망과 같다. "사회 있는 곳에 법이 있다"(*Ubi societas, ibi ius*)라는 유명한 법언은 법의 편재성을 잘 대변한다. 이 격언이 말해 주듯 서로 다른 이상과 가치 그리고 열망을 품고 살아가는 각 개인들이 사회를 이루고 공동생활을 영위하는 데에는 규율이 필요하기 마련이다. 사람들이 법을 얼마나 필요로 하고 있는지는 우리 법원이 얼마나 붐비는 곳인지만 살펴봐도 쉽게 짐작할 수 있다.[1] 또한 매일 출퇴근을 하기 위해 자동차를 몰거나 음식점에서 식사를 할 때 또는 우리가 매일 사용하는 치약 하나에도 관련된 법규들이 상당하다. 다만 법은 마치 공기나 물처럼 삶에 필수적이지만 우리가 의식적으로 주의를 기울이기 전까지는 잊혀 있다.

이처럼 법은 우리 삶의 구석구석에 편재하고 있지만 우리에게 자신의 민낯을 쉽사리 보여 주지 않는다. 법학을 전공하지 않은 사람들은 흔히 법을 '최소한의 도덕'이라든지, '주권자의 명령'이라든지 또는 '규칙

1) 『2013년도 사법연감』에 따르면, 2013년도 현재 전국 법원에 총 18,466,987건의 사건이 접수되어 있다.

체계' 등으로 단순화시켜 이해한다. 그러나 법의 실상은 매우 다양한 모습으로 우리에게 다가온다. 법은 범죄자를 수용시설에 가두는 사실적인 힘으로 작용하기도 하고, 입법절차에 따라 제정·공포·발효되는 형식적 측면이 강하게 드러나기도 하며, 정의(正義)와 같은 도덕적·정치적 이념과 깊은 연관성을 가지기도 한다. 이처럼 법은 사실성, 실정성, 이념성과 같은 다양한 속성을 가지고 있기 때문에 법이 무엇인지 한 마디로 정의 내리는 것은 매우 어려운 문제이다.

법의 다면성 덕분에(?) 법에 대한 연구에는 다양한 연구방법이 동원된다. 이때 법학 연구에 있어서 새로운 방법론의 도입은 법의 특정한 측면에 대한 관심으로부터 시작되고, 그 특정한 측면을 부각시키는 설명이나 평가를 목표로 한다. 예를 들어, 법학 분야에서 확고한 방법론으로 자리 잡은 법경제학은 법제도를 시장에서의 거래와 자원배분에 영향을 미치는 중요한 규칙으로 상정한다. 이와 달리, 해석학적 법학은 법을 해석의 대상이 되는 텍스트로, 법인식은 해석을 통한 법적 의미의 이해로 상정한다.

이 글에서는 인간의 '인지'(cognition)라는 프리즘을 통해서 법적 사고의 인지적 특성을 탐구함으로써 법에 관해 어떤 통찰을 얻을 수 있는지 논의하고자 한다. 우선 본격적인 이야기에 앞서 법에 관한 인지적 연구의 역사를 간략하게나마 살펴봄으로써 법적 사고의 인지적 측면에 대한 관심이 법학계 안에서 이미 오래된 것임을 알아보자. 그 다음으로 필자가 분석의 틀로 활용하려는 개념적 은유가 무엇인지 알아보고, 그 틀로 법이론과 법적 논증의 은유적 구조를 분석하고자 한다. 마지막으로 이 분석을 바탕으로 법적 사고를 인지적 관점에서 살펴봄으로써 얻을 수 있는 이점이 무엇인지 언급하고자 한다.

2. '살아 있는 법'에 관한 관심

2.1. 법현실주의의 어제와 오늘

법관은 특정한 법적 분쟁을 해결하기 위해 어떤 법률규정을 적용할 것인지 그리고 그 적용에 따른 결과가 무엇인지를 어떻게 알 수 있는가? 종래의 많은 법이론가들은 이러한 질문에 답을 찾기 위해서 개념적인 분석에 집중하였다. 그러나 법적 사고, 특히 법적 추론은 지적이고 심리적인 사고 과정이기 때문에 법적 추론의 과정을 제대로 포착하기 위해서는 개념적 분석뿐만 아니라 경험적 연구도 함께 필요하다.

법적 사고의 인지적 측면에 관한 탐구는 이미 20세기 초부터 시작되었다. 당시 미국과 스칸디나비아에서 법현실주의자(legal realist)라고 불리는 일군의 학자들은 법적 추론에 대한 심리학적 설명을 시도하였다. 미국의 법현실주의자들은 법적 추론이 법적 삼단논법에 따른 기계적인 과정이라는 관념에 도전하였다. 그들은 법적 분쟁을 둘러싸고 있는 외적 요인들(역사적, 정치적, 경제적 상황 등)과 법관의 내적이고 심리적인 요인들(성격, 동기, 가치관 등)이 법적 판단 및 의사결정을 이끌어 간다고 보았다. 미국의 법현실주의와 자주 비교되는 스칸디나비아의 법현실주의는 1940년대 스웨덴, 덴마크, 노르웨이의 철학자들과 법학자들에 의해 형성된 법사상적 흐름이다. 이 진영에 속하는 학자들은 존재/당위 이원론을 거부하고, 법을 사실로 상정하였다. 이들은 권리, 의무, 강제 등과 같은 다양한 법적 개념들을 사회적 사실에 관한 경험적 지식으로 환원하고자 하였다.

그러나 20세기 초 법현실주의자들의 노력은 '살아 있는 법'(law in

action)에 관한 섬세한 이론으로 발전하지는 못했다. 이러한 실패에는 크게 두 가지 원인이 있는 것으로 보인다. 첫째, (특히 미국의) 법현실주의자들은 철학적인 섬세함이 부족하여 정교한 이론을 구축하지 못했다고 할 수 있다(Leiter 2007, 1, 33). 법학의 미래는 철학적 관점에서 자연주의(naturalism) 노선을 걸어야 한다고 주창해 온 법철학자 브라이언 라이터(Brian Leiter)는 미국의 법현실주의를 자연주의적 법학의 맹아로 평가하였다. 그러나 그는 당시 법현실주의자들이 법실무에 대한 관심은 컸지만 철학적 섬세함이 부족했기에 판결에 관해 과격한 주장들을 과감하게 펼치는 데 그침으로써 정교한 법이론을 구축하는 데에는 실패하였다고 비판하였다. 둘째, 법현실주의자들은 당대의 다양한 경험적 방법을 통해서 법적 추론에 영향을 미치는 여러 요인들을 찾아내려고 노력하였지만 그 노력이 충분한 열매를 맺기에는 당시 행동과학의 방법론적 토대가 약하였다. 다시 말해, 당시 행동과학적 연구방법은 법적 추론의 복잡한 인지적 과정을 추적하기에 부족했던 점도 탄탄한 이론 구축을 어렵게 한 요인이라고 할 수 있다.

오늘날 행동과학의 발전에 힘입어 법현실주의자들의 과감한 도전정신과 날카로운 통찰은 다시금 새롭게 조명 받고 있다. 현재 심리학을 비롯한 행동과학적 연구방법은 인간의 복잡한 인지과정을 탐구할 수 있을 만큼 발전함에 따라 다양하고도 세련된 연구방법들이 법적 사고의 인지적 측면을 경험적으로 탐구하는 데 동원되고 있다. 특히 사회적 대상이나 사건에 대한 인식과정을 탐구하는 사회인지(social cognition) 연구의 발달은 법적 사고에 관한 연구에 튼튼한 토대가 될 수 있다(Spellman and Schauer 2013). 다시 말해, 행동과학의 성숙은 역사적, 정치적, 경제적, 심리적 요인들이 법적 의사결정에 영향을 미친다는 법현실주의적 통찰을 실증적으로 검토할 수 있는 기회를 제공한다.

예를 들어, 변호인의 암묵적인 인종주의적 태도가 의뢰인(사형 구형을 받은 피고인)과의 관계에 어떤 영향을 미치는지 알아보는 연구에서 암묵적 태도를 측정하기 위해 '암묵적 연합 검사'(implicit-association test, 약칭 IAT)라는 세련된 기법이 활용되기도 한다(Eisenberg and Johnson 2004). 인종주의적 태도는 사회적으로 바람직하지 않다고 인식되기 때문에 자기보고(self-reporting)와 같은 명시적인 방법으로는 사람들의 인종주의적 태도를 측정하기가 매우 어렵다. 이러한 문제점을 극복하기 위해서 심리학자들은 암묵적 연합 검사라는 새로운 측정기법을 개발하였다. 그 기법은 다음과 같다. 실험참가자들은 컴퓨터 화면에서 특정한 인종의 얼굴 사진이나 긍정적(또는 부정적 또는 중립적) 단어가 나타나면 자판의 특정한 키를 누르라는 지시를 받고 이에 따라 반응한다. 그런데 만약 어떤 참가자가 흑인에 대해 암묵적으로 부정적인 태도를 가지고 있다면 그 참가자는 흑인사진과 긍정적 단어가 같은 반응키로 짝지어진 조건에서 흑인 사진과 부정적 또는 중립적 단어가 같은 반응키로 짝지어진 조건에서보다 반응속도가 느려진다. 이러한 방식으로 측정된 암묵적인 인종주의적 태도는 인종주의적 행동을 잘 예측하는 것으로 판명되었다.

2.2. 법적 추론에 대한 심리학적 연구의 최근 동향

법적 추론에 대한 법현실주의적 관심은 주로 법적 추론 과정에서 판사의 성격, 도덕적 관점, 정치적 이데올로기, 해당 사안의 사실들에 대한 정서적 반응 등이 개입되는지 여부에 집중되었었다. 그러나 법관에 의한 법적 추론의 구체적인 과정을 다루는 심리학적 연구들은 최근까지도 많지 않았다. 미국 법현실주의의 선구자였던 법학자 제롬 프랭크(Jerome Frank)가 1930년 『법과 모던 마인드』(Law and the Modern Mind)에서 정신분석학을 바탕으로 판결이 판사의 심리적 요인에 영향을 받는다고 설파한 이후 80여 년이 더 흘렀지만 판결 과정에 관한 심리학적 연구들은 이론으로 정립되기에는 아직 부족한 것으로 평가된다(Klein and Mitchell 2010). 그나마 법적 추론과 관련된 대부분의 심리학적 연구들은 배심원의 증거판단 과정에 집중되었다(Spellman and Schauer 2013).

1990년대에 접어들면서 판결에 영향을 미치는 요인들을 찾으려는 경험적 연구들(특히, 양적 방법론을 사용한 연구들)이 본격적으로 수행되기 시작하였다. 미국연방대법원 판사들의 정책 선호와 판결 간의 상관관계를 연구하였던 시걸(Segal)과 스패스(Spaeth)(1993)의 '태도 모형(attitudinal model)'이 그 대표적인 예이다. 이들은 미연방대법원 판사들이 작성한 신문사설을 바탕으로 그 판사들의 정치적 성향을 평가하고 그 판사들이 일정 기간 동안 내린 판결들의 정치적 방향성을 평가하였다. 이들은 판사들의 정치적 성향과 그들이 내린 판결의 정치적 방향성 간에 약 71%의 상관관계를 있다는 사실을 밝혀냈다. 다시 말해, 미연방대법원 판사들의 이념적 태도가 그들의 판결의 방향성을 절반에 가깝게 설명해 준다는 것이다. 그러나 태도 모형은 판사들의 법적 추론 과정을 일종의 블랙박스로 처리하였다는 점에서 법적 추론 '과정' 그 자체에 관한 경험적 연구라고 평가하기는 어려울 것 같다.

2000년대에 접어들면서 법학적 훈련과 심리학적 훈련을 두루 받은 일군의 학자들이 사회·인지심리학적 방법론과 가정들을 법적 추론 연구에 접목하기 시작하면서, 법적 추론에 관한 경험적 연구는 새로운 활력을 얻고 있다. 예를 들어, 거스리(Guthrie), 래크린스키(Rachlinski) 그리고 위스트리취(Wistrich)(2008)는 법전문가인 판사들도 법적 판단을 하면서 일반인들이 보이는 인지적 편향을 범한다는 사실을 밝혀냈다. 이들의 연구에 따르면, 현역 판사들이 가상의 재판상황을 담은 시나리오를 읽고 법적 결정을 하면서 보통 사람들과 유사하게 중요하지 않은 정보에 영향을 받아 합리적인 판단을 그르치는 다양한 인지적 편향들을 보였다. 이 연구 결과는 법적 추론과 일상의 추론이 질적으로 다르지 않다는 점과 전문적 훈련으로도 인지적 편향은 잘 극복되지 않는다는 점을 시사한다.

한편 브레이먼(Braman)(2009)은 법학 교육을 받은 법학도는 사건을 이해하는 데 있어서 비법학도들보다 자신의 정치적 태도를 통제하려는 동기가 강하다는 점을 실험을 통해 밝혔다. 특정한 사건들 간의 유사성을 판단하는 상황에서 법학 교육을 받지 않은 대학원생들은 자신들의 정치적 태도를 뒷받침할 수 있는 방식으로 사건들 간의 유사성을 판단하였지만 로스쿨생들은 자신들의 정치적 태도를 유사성 판단에 덜 개입시켰다. 다시 말해, 법학 교육이 특정한 사건과 선례들 간의 유사성 판단에 영향을 미치는 동기적 요소를 통제할 수 있도록 하는 효과가 있다는 것이다.

물론 앞서 지적한 것처럼 이러한 개별적인 연구들이 법적 추론에 관한 심리학적인 프레임을 제시하기에는 아직 부족한 것으로 보인다. 그러나 앞으로 법현실주의적 통찰이 심리학적 발견 및 이론과 통합될 수 있으리라고 기대된다(Spellman and Schauer 2012).

3. 개념적 은유와 법

지금까지 법현실주의라는 맥락에서 법적 추론의 인지적 측면에 관한 연구의 흐름을 살펴보았다. 최근 들어 법현실주의적 전통은 경험적 연구방법의 발전과 함께 이른바 '새로운 법현실주의'(New Legal Realism)라는 이름으로 다시금 힘을 얻고 있다.[2] 이러한 흐름 속에서 인지과학에 기초한 인지이론을 법학연구에 차용함으로써 법적 사고에 대한 새로운 이해를 도모해 온 미국의 법학자 스티븐 윈터(Steven L. Winter)의 노력은 주목할 만하다. 윈터가 이론적 배경으로 삼고 있는 인지이론은 인지언어학자 조지 레이코프(George Lakoff)와 체험주의 철학자 마크 존슨(Mark Johnson)의 '신체화된 인지'(embodied cognition) 이론이다.

3.1. 레이코프와 존슨의 개념적 은유 이론

인지이론의 배경

레이코프와 존슨은 이른바 '제2세대 인지과학'의 연구 성과를 바탕으로 마음의 본성과 구조를 구성하고자 하였다. 이들은 마음을 컴퓨터와 같은 추상적 기호의 처리장치로 상정하는 접근법을 '제1세대 인지과학'이라고 부른다(Lakoff and Johnson [1999] 2002, 126-28). 제1세대 인지과학자들은 마음을 신체와 분리된 실체 즉, 탈신체화된 마음(disembodied mind)이라 가정하고, 마음이 추상적인 표상들의 계산과 처리과정을 통해 작동한다고 보았다. 이러한 '탈신체화된 마음'관(觀)은

---

2) 새로운 법현실주의에 관한 소개 및 연구 동향은 http://www.newlegalrealism.org/ 참고.

데카르트적인 철학적 틀을 그대로 수용한 관점으로서 일종의 '육체가 없는 철학'(philosophy without flesh)이다.

반면에 레이코프와 존슨이 주목했던 '제2세대 인지과학'은 ① '개념 및 이성의 신체에 대한 강한 의존성', ② '은유, 심적 이미지, 환유, 원형, 틀(frame), 정신 공간(mental space) 및 방사형 범주 등 상상적 과정들이 개념화와 이성에서 담당하는 중심적 역할'을 경험적으로 보여 주었다(Lakoff and Johnson [1999] 2002, 128-30). 제2세대 인지과학은 마음의 구조와 작용 방식이 우리의 신체적 요소에 근거하고 있고, 이 요소에 의해 제약된다고 본다. 레이코프와 존슨은 이러한 일련의 관점 변화를 '신체화된 마음'(embodied mind) 논제로 집약한다. 더 중요한 것은 마음의 상상적 작용은 법칙적으로 이루어지지 않으며, 따라서 마음의 본성에 대한 법칙적 해명은 불가능하다는 것이다. 제2세대 인지과학의 등장으로 마음에 관한 탐구는 이러한 신체화의 본성과 구조에 대한 탐구로 전환된다(노양진 2013, 38-39).

일찍이 인지이론의 법학적 활용 가능성에 주목했던 윈터는 다양한 사례들에 대한 인지적 분석을 통해서 법적 추론의 인지적 특성을 설득력 있게 보여 주려고 노력했다. 그는 인지이론의 관점에서 법적 추론을 분석함으로써 법적 추론이 폐쇄적이고 확정적인 논리적 과정이 아니라, 개념적 은유, 이미지 도식, 이상적 인지모형, 방사형 범주화, 유추 등의 다양한 인지적 기제를 통해서 이루어지는 맥락 의존적이고 역동적인 인지과정이라고 주장하였다(Winter 2001). 법적 추론의 인지적 측면을 추적하는 데 있어서 앞서 언급했던 여러 연구자들이 주로 양적 방법론을 사용한 것이라면, 윈터는 질적 방법을 활용한다는 점에서 다소 구별된다.

개념적 은유

레이코프와 존슨은 다양한 심리학적, 언어학적 연구 결과들을 바탕으로 인간의 사고가 근본적으로 은유적이라는 급진적인 주장을 폈다. 이 때문에 이들의 인지론은 흔히 개념적 은유 이론이라고도 불린다. 개념적 은유 이론에 따르면, 인간이 추상적인 사고를 함에 있어서 대개 신체적 경험으로부터 획득된 기초적인 도식들(예: 「안/밖」 「상/하」 「균형」 「힘의 작용」 등)을 특정한 대상에 투사함으로써 그 대상의 의미를 은유적으로 이해한다.

은유는 흔히 파생적인 표현 방식이거나 비본질적인 문학적 비유법으로 여겨진다. 그러나 레이코프와 존슨은 은유의 본질이 단순히 언어적 문제가 아니라 어떤 개념 영역을 다른 개념 영역의 관점에서 이해하는 인지작용에 있다고 본다. 문자적인 표현으로서의 은유에 주로 관심을 둔 종래의 견해들과는 달리, 인지적 관점에서 은유는 개념적 연상의 패턴, 즉 개념적 은유라는 것이다(Grady 2007, 188). 다시 말해, 인지적 관점에서 "은유의 본질은 한 종류의 사물을 다른 종류의 사물의 관점에서 이해하고 경험하는 것이다"(Lakoff and Johnson [1980] 2006, 24). 개념적 은유의 핵심은 이미 잘 알고 있는 대상에 관한 체계적 앎을 이해하고자 하는 대상에 대응시키는 인지적 과정인 사상(寫像, mapping)이다.

개념적 은유에는 일차적 은유와 복합적 은유가 존재한다. 일차적 은유는 기본적인 지각적 개념을 단순하지만 지각적이지는 않은 개념으로 사상하는 간단한 개념적 은유이다(Grady 2007, 192-93). 예컨대, 「애정은 따뜻함」, 「친밀함은 가까움」, 「범주는 그릇」 등이 일차적 은유이다. 복합적 은유는 일차적 은유들이 결합한 형태의 은유이다. 많은 복합적 은유들은 오랜 기간 동안 관습화되고, 고착화되고, 고정되어 있다. 레이코프와 존슨은 관습화된 복합적 은유가 개념체계의 매우 큰 부분을 형성하며, 우리의 사고방식에 영향을 미친다고 본다.

국가(또는 정치조직)를 배로 개념화는 전형적인 예를 생각해 보자. 이 경우에 우리는 배와 국가만을 서로 대응시키는 것이 아니라, 배의 항로와 국가의 역사적 진행, 배가 항해하는 바다와 국가가 직면하는 정치적 상황 등을 서로 대응시키게 된다(Grady 2007, 190). 원천영역(배와 항해)에 속한 대상의 특성뿐만 아니라 그 영역에서의 특징적인 관계, 사건, 시나리오도 목표영역(국가와 정치)으로 투사되고, 이러한 개념적 은유를 통해서 원천영역에 관한 추론이 목표영역으로 사상될 수 있다 (〈표 1〉 참고).

〈표 1〉 '국가와 정치-배와 항해'의 개념적 은유 관계

원천영역		목표영역
배와 항해	→	국가와 정치
항로	→	국가정책
조정	→	국가정책의 결정
순항	→	국가의 성공·발전
침수 등 재난	→	국가의 문제·위기
풍랑 등 바다의 상황	→	국가의 정치·경제적 상황

개념적 은유는 사유를 이끄는 도구로 사용된다. 앞서 살펴본 「국가 운영은 항해」와 같은 관습적인 은유를 통해서 항해에 관한 관념을 국가 운영이나 삶에 관한 추론에 적용할 수 있다. 예컨대, 항해에서 맞닥

뜨릴 수 있는 풍랑에 관해서 우리는 다음과 같은 생각을 쉽게 떠올릴 수 있다. 풍랑은 배의 순항을 방해하는 상황이다. 풍랑이 심해질수록 배는 균형을 잡기 어렵게 되고 항로를 유지할 수 없게 된다. 가장 심각한 경우에 배는 풍랑 때문에 침몰할 수도 있다. 이런 상황에서 선장은 배를 조정함으로써 배와 탑승자들의 안전을 지키고자 한다. 이러한 생각들을 '국가 운영'에 적용시켜 보면 다음과 같은 추론이 가능하다. 풍랑은 국가의 정책 수행과 성공이라는 목표 추구를 어렵게 만든다. 풍랑 때문에 국가는 정책의 목표 성취를 위해 계속 노력할 수 없게 된다. 풍랑 때문에 목표 추구를 위한 현재 항로를 유지할 수 없다. 풍랑으로 인해 배가 침몰하지 않기 위해서 국가는 정책을 상황에 맞게 수정해야 한다. 그렇지 않은 경우 국가와 국민들에게 큰 해가 발생할 수 있다. 이처럼 「국가 운영은 항해」 은유는 항해의 추론 구조를 정책을 수행하는 국가 운영 과정에 전이시킨다. 그리고 항해의 관점에서 국가 운영에 대해 사유할 때, 사람들은 항해의 용어로 국가 운영에 관해 이야기한다.

3.2. '법'에 관한 생각의 은유적 구조

법적 사고에서 명시적이든 암묵적이든 은유가 발견되지만 법에서 사용되는 은유적 사고에 대해서는 부정적인 평가가 일반적이었다. 예를 들어, 대표적인 법현실주의자였던 펠릭스 S. 코헨(Felix S. Cohen)은 일찍이 은유에 대해서 부정적인 입장을 취했다. 그는 언어적 표현양식으로서의 은유가 법적 추론을 방해하는 일종의 '초월적 무의미'(transcendental nonsense)라고 부르면서, "전통적인 법리학이 사용하는 생생한 허구들과 은유들이 정치적이거나 기억을 돕는 수단이라기보다는 결정의 이유일 때, …… 법을 형성시키는 사회적 힘을 망각하기 쉽다."라고 비판하였다(Cohen 1935, 812). 이러한 비판은 표현기법인 은유적 수사를 겨냥한 것이다.

그러나 법을 은유적으로 사물로 취급하지 않고서는 법에 대해 생각하는 것은 결코 쉽지 않다. 앞서 살펴본 것처럼 레이코프와 존슨은 인간의 추상적 사고과정의 많은 부분들이 개념적 은유에 기초한다고 본다. 인지이론의 관점에서 은유는 추상적 사고에 동원될 수밖에 없는 인지적 기제이다. 이러한 인지이론을 진지하게 수용한다면, 법과 같이 고도로 추상화된 개념체계의 대부분이 개념적 은유를 통해 이해될 수 있다(Winter 2001). '법인' '법의 원천' '법의 구조' '법망' '법 피라미드' '상위법·하위법' '법의 흠' '법의 힘' '법의 적용범위' '법의 경계·한계' '법으로부터 자유로운 영역' '헌정질서 파괴' '연성헌법·경성헌법' 등과 같은 개념들은 법과 관련된 매우 흔한 은유들이다. 이러한 은유들은 공통적으로 법이라는 고도로 추상적인 대상에 행위나 조작의 대상이 될 수 있는 구체적인 형태를 가진 사물을 사상한 것이다.

더 나아가 개념적 은유 이론에서 본다면 법 개념에 관한 다양한 이론들은 다양한 개념적 은유라고 할 수 있다. 다시 말해, 법이론의 발전은 법에 관한 개념적 은유의 개발이라고도 할 수 있다. 예를 들어, 한스 켈젠(Hans Kelsen 1960)의 순수법학, 허버트 L. A. 하트(Herbert L. A. Hart 1958; 1961)의 분석법학, 론 L. 풀러(Lon L. Fuller 1958; 1969)의 절차적 자연법론도 법 자체에 대한 독특한 개념적 은유를 그 바탕에 깔고 있다. 아래에서는 법 그 자체에 대한 개념적 은유가 법이론에 어떤 영향을 줄 수 있는지를 살펴보도록 하자.

일찍이 황산덕(1955, 190-96)은 법의 효력 근거를 힘으로 환원하는 존 오스틴(John Austin) 식의 법이론은 법을 '의인화'한 데 따른 결과이며, 이러한 의인화는 원시적인 애니미즘적 사고방식이라고 비판하였다. 의인화가 원시적이라거나 애니미즘적인 사고방식인지 여부는 별론으로 하고, 법효력론의 배후에 의인화가 깔려 있다는 그의 비판은 개념적 은유에 관한 통찰이라고 볼 수 있다. 사람이 아닌 것을 사람에 비기어 생각하는 방식인 의인화는 결국 개념적 은유의 특수한 유형이다.

켈젠과 하트는 오스틴과는 다른 개념적 은유를 활용하여 독자적인 법이론을 전개하였다. 법을 규범체계 혹은 규칙체계로 보았던 켈젠과 하트는 법을 외부적인 물체(thing)로 상정하였다는 공통점이 있다. 법의 외재성을 강조하여 법에 물체를 사상 하게 되면 물체와 관련된 이미지 도식이 법에 관한 이해를 특정한 방향으로 이끌게 된다. 특히 물체의 이미지 도식에서 가장 두드러진 것은 뚜렷한 경계와 일정한 공간을 점유하는 정적인 상태라고 할 수 있다. 이러한 이미지 도식으로 말미암아 법을 다른 실체들과 구별하고 그 배타적인 독자성을 찾으려는 강력한 시도가 이루어진다.

켈젠은 '피라미드'의 구조를 법규범의 체계에 사상하였다(〈그림 1〉 참고).[3] 그는 법규범의 체계는 정점에 근본규범이 있고 그 밑으로 다양한 층위의 법규범들(헌법, 법률, 명령, 규칙 등)이 상위규범에 근거하여

3) 켈젠은 법규범의 체계를 설명하면서 피라미드라는 용어를 직접 사용하지는 않았다. 그는 법의 동태학을 설명하면서 법규범의 체계를 '법질서의 단계구조'(Stufenbau der Rechtsordnung)라는 용어로 묘사하였다[Hans Kelsen, 『순수법학』, 변종필 · 최희수 역 (서울: 吉安社, 1999), 344 이하]. 법의 피라미드 구조라는 용어는 켈젠의 제자 메르클(Adolf J. Merkl)이 사용하였다[Rafael Domingo, *The New Global Law* (Cambridge: Cambridge University Press, 2010), 147 n. 88]. 그리고 Kelsen의 Reine Rechtslehre의 불어판에서 단계구조는 피라미드(pyramide)로 번역되었다.

유효성을 인정받는 관계라고 보았다. 이와 같은 효력의 연쇄 관계는 마치 피라미드의 정점에서 흘려보낸 물이 차근차근 아래층으로 흘러내리는 형상과도 같다. 그리고 이러한 피라미드식 법규범체계는 존재 영역과 완전히 분리된 당위 영역에 위치한다.

〈그림 1〉 법의 피라미드

한편 하트는 가장자리에 털이 있는 스카프를 법에 사상함으로써 법의 개방적 구조(open texture)를 강조하였다. 스카프의 가운데 직물 부분과 가장자리의 털 부분은 다시 확정성의 핵심부(core of certainty)와 의문의 주변부(penumbra of doubt)로 각각 사상 된다(〈그림 2〉 참고). 이 공간영역은 법적 사례들로 채워지게 된다. 그러면서 핵심부에 있는 사례들은 무엇이 법인지 상당히 확정적이기 때문에 스카프의 직물 부분의 형태와 무늬 그리고 색상의 선명함이 사상된다. 반면에 주변부에 있는 사례들은 무엇이 법인지 불확정적이기 때문에 마치 스카프의 가장자리에 달려 있는 털(fringe)처럼 무늬와 형태 그리고 색상의 모호함이 사상된다. 하트가 도입한 개방구조는 법에 관한 새로운 이미지 도식 은유로 자리 잡게 되었다. 법학에서 집중적으로 다루어지는 하드케이스(hard case) 논의도 대체로 이러한 이미지 도식 은유를 바탕으로 한다.

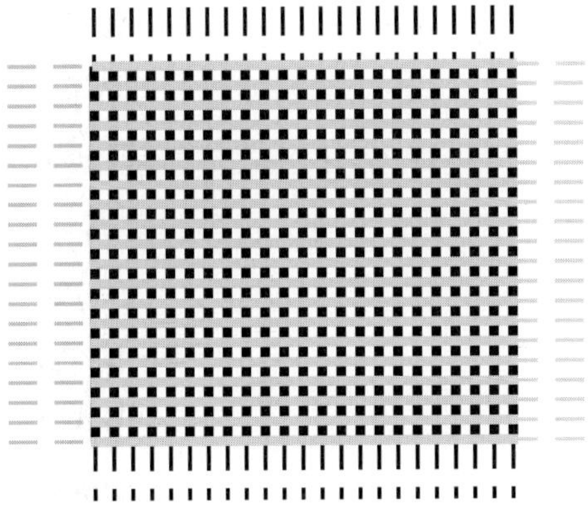

〈그림 2〉 법의 개방적 구조

반면에 풀러는 법을 '사람들의 행위를 규칙의 지배 아래 두기 위한 목적지향적인 활동'(purposeful enterprise)이라고 보았다(Fuller 1969, 74). 풀러는 법을 외재적 물체로 보지 않고, 법에 '목적지향적인 활동'을 사상함으로써 켈젠이나 하트와는 매우 다른 방향의 법이론을 전개하게 된다. 이러한 행위에 관한 우리의 인지적 모형에서는 자연스럽게 목적과 수단이라는 요소가 중요하게 된다. 이때 인간의 상호작용의 가장 대표적인 수단은 언어이다. 풀러는 상호작용적 기대를 기초로 하는 관습법이 상호작용의 언어이며 의사소통적 기능을 수행한다고 보았다

(Fuller [1969] 2001, 231). 구체적으로 말하면, 관습법은 서로간의 상호작용적 행위 혹은 반응들에 방향을 제공한다는 점에서 일종의 코드를 제공하고, 인간의 상호작용을 발달하게 만든다. 이는 언어의 기능과 일맥상통한다. 이러한 상호작용 속에서 행위자들은 서로간의 기대를 가지게 된다. 이러한 상호작용적 기대는 상호작용에 있어서 예측을 가능하게 해 준다. 그리고 상호작용적 기대는 의무감의 기초가 된다. 이러한 일련의 관계는 법의 절차적인 내적 도덕성 개념으로 연결된다. 결국 법의 도덕성은 입법자, 집행자, 수범자 간의 원활한 의사소통을 가능하게 하는 조건이라고 할 수 있다. 이러한 조건이 충족된 상황에서 법은 수범자가 법을 따르게 만드는 데에 목적을 둔 의사소통이 된다.

4. 법적 논증에 대한 개념적 은유 분석

4.1. '로마켓' 사건과 개념적 은유

이른바 '로마켓' 사건이라고 불리는 사건의 전말을 살펴보자. 법률시장에서 일반 소비자들이 양질의 법률 서비스를 제공받기 위해서는 변호사들에 관한 정보가 필수적이라고 할 수 있다. 인터넷 법률포털 로마켓(Lawmarket)은 이 점에 착안하여 법조인들의 공개된 개인신상정보와 사건수임정보를 데이터베이스로 구축하고, 이 데이터베이스를 기반으로 변호사 700여 명의 최근 10년 간 사건수임 내역을 분석하여 승소율, 전문분야, 법조계 인맥관계 등을 제공하는 서비스를 시작하였다. 이에 서울지방변호사회는 로마켓을 명예훼손 및 업무방해 혐의로 형사 고소를 하였으나 검찰은 무혐의로 처리하였다. 이후 서울지방변호사회는 다시 이 서비스가 변호사들의 인격권 및 자기정보통제권을 침해하는 것이라며 민사소송을 제기하였다. 이 소송에서 변호사들의 승소율이나 전문성 지수 등을 제공하는 서비스가 변호사들의 개인정보에 관한 인격권을 침해하는 위법한 행위인지 여부가 쟁점이 되었다(대법원 2011.9.2, 선고, 2008다42430, 전원합의체 판결).

대법원의 다수의견은 웹 운영자가 "사건정보를 이용하여 변호사들의 '승소율이나 전문성 지수 등'을 제공하는" 행위는 위법하지 않지만, "변호사들의 개인신상정보를 기반으로 변호사들의 '인맥지수'를 산출하여 공개하는 서비스를 제공한" 행위는 변호사들의 개인정보에 관한 인격권을 침해하는 위법한 행위라고 판단하였다.

그러나 반대의견은 "이 사건 개인신상정보의 성격, 인맥지수 산출방법의 합리성 정도, 인맥지수 이용의 필요성과 그 이용으로 달성될 공적인 가치의 보호 필요성 정도, 그 이용으로 인한 원고들의 이익 침해와 공적 폐해의 우려의 정도 등을 종합적으로 고려하면, 이 사건 개인신상정보를 기반으로 한 인맥지수 서비스 제공이 원고들의 개인정보에 관한 인격적 이익을 침해하는 위법한 행위라고 평가하기는 어렵다."라고 설시하였다. 또한 반대의견은 "법률수요자의 정당한 정보수요가 있음이 분명함에도 막연히 악용의 소지가 있다고 하여 인맥지수의 공개 자체를 막는 것은 사법불신의 근본적인 해결책이 될 수 없고, 오히려 더 깊은 오해와 불신을 초래할 수도 있다."라고 보았다.

이 반대의견에 대한 보충의견(이하 '보충의견')은 "우리나라 <u>법률시장</u>도 점점 규모가 커지면서 그에 관한 <u>정보의 바다</u>가 형성되고 있고, 그 바다를 <u>항해</u>하는 데에도 당연히 <u>해도</u>나 <u>나침판</u>이 필요하게 되었다. 그 역시 시장 수요의 일부이다. <u>소비자가 어떤 지도와 나침판을 믿고 이용</u>

하느냐는 그들의 판단에 맡기면 된다. 혹시 소비자가 무지하거나 경솔해서 지도를 너무 맹신하거나 잘못 읽어서 오도될지 모른다는 걱정이 있을 수는 있다. 그러나 그런 걱정 때문에 법원이 나서서 그 지도와 나침판이 얼마나 믿을 만한지 검열할 일은 아니다. 그야말로 소비자의 현명한 선택에 일임해도 좋을 일[이다.]"라고 설시하였다(밑줄은 필자가 추가함).

우리가 주목할 부분은 바로 보충의견이다. 보충의견은 다음과 같은 복합적인 개념적 은유를 통해서 그 논지를 전개하고 있다. 우선 이 보충의견은 정보화 사회를 표현하는 데 통용되는 「정보의 바다」라는 개념적 은유를 통해서 '바다'를 법률시장의 상황에 사상하였다. 이러한 개념적 은유를 통해서 '바다'와 '법률시장' 사이에는 아래와 같은 개념적인 사상 관계가 형성된다(〈표 2〉 참고).

〈표 2〉 '법률시장-바다'의 개념적 사상 관계

원천영역		목표영역
바다	→	법률시장
목적지	→	적합한 법조인에게 수임
항해	→	법조인에 대한 정보 탐색
항해를 위한 해도·나침판	→	법조인에 대한 정보 제공 서비스
해도·나침반 오독 위험성	→	법조인에 대한 정보에 대한 오판 위험성

이러한 개념적 은유를 통해서 정보를 이용하는 사람들과 법률시장에 관한 정보 제공 서비스는 '항해'라는 원천영역의 내적 구조의 관점에서 이해될 수 있다. 항해의 기저에는 「원천-경로-목표」 도식이 존재한다.

보충의견은 법률시장에 대한 정보를 소비하는 사람들은 정보의 바다에서 자신의 목적지(즉, 자신의 사건을 맡길 수 있는 적절한 법조인을 찾기)로의 항해(즉, 법조인에 대한 정보 탐색)를 하기 위해 '해도와 나침판'을 필요로 하게 되고, '해도와 나침판'은 항해사의 해독을 필요로 하기 때문에 오독의 위험성이 있을 수 있다고 설명한다. 이러한 사상 관계를 통해서, 해당 웹사이트 운영자가 제공하는 법조인에 대한 정보가 항해를 위한 해도와 나침반과 같은 역할을 할 수 있으며, 동시에 해도와 나침반을 오독할 위험성이 있는 것처럼 법조인 정보에 대한 오판이 있을 수 있다는 점이 부각된다.

또한 보충의견은 법조인에 관한 정보가 가지는 상품성을 부각시킴으로써 다수의견처럼 법원이 법조인의 '인맥지수'에 관한 정보 제공을 위법하다고 막아서는 안 된다는 논지를 전개하였다. 다수의견은 변호사들의 '승소율이나 전문성 지수 등'과는 달리 변호사들의 개인신상정보를 기반으로 변호사들의 '인맥지수'는 변호사들의 개인정보에 관한 인격권과 관련되어 있다고 본다. 이에 반해, 보충의견은 '상품의 거래'라는 틀을 법조인에 관한 정보 제공 서비스에 사상함으로써 법조인에 관한 정보가 가지는 상품성을 부각시켰다. 이처럼 은유적 사상을 통해서 비교되는 대상들의 어떤 요소들은 부각되고 다른 요소들은 은폐된다 (Lakoff and Johnson [1980] 2006, 31-36).

보충의견이 법조인에 관한 정보 제공 서비스의 상품성을 부각시켰다는 점은 다음과 같은 설명에 잘 드러난다. 보충의견은 인맥지수의 산출이 "어떤 '사실'에 관한 정보라기보다는 서비스 개발자 및 제공자의 주관적 평가에 의한 '의견'을 드러낸 데 지나지 않는다. 의견의 제시는 표현의 자유의 본질적 보호영역에 속하는 것이고, 시장에서 그 의견의 효용성을 인정받아 이윤추구의 수단으로 활용하는 것은 영업의 자유를 실현하는 한 모습일 뿐이다."라고 하였다. 이 상품성은 법률'시장'이라는 말을 배경으로 더욱 잘 이해될 수 있다. 결국 다수의견처럼 인맥지수 제공을 위법한 것으로 판단하여 금지하는 것은 사법불신을 심화시킬지도 모른다는 추상적 위험성을 근거로 영업의 자유를 침해하는 것이 된다. 보충의견은 '정보의 바다'라는 개념적 은유를 통한 추론의 결론, 즉 '해도와 나침판'에 대한 오독 위험성이 있다는 점이 '해도와 나침판'에 대한 검열의 필요성을 정당화하지는 못한다고 판단한다.

4.2. '성전환자의 법적 성별 정정'과 개념적 은유

앞서 살펴본 '로마켓' 사건에서 보충의견은 개념적 은유를 명시적으로 활용하여 논증을 펼쳐 나갔다. 그런데 실제로 많은 경우 개념적 은유는 암묵적으로 우리의 사고를 이끌어 간다. 따라서 암묵적으로 작동하는 개념적 은유는 보다 심층적인 분석을 통해서 그 구조를 파악할 수 있다. 예를 들어, 성전환자가 생물학적 성별로 기재되어 있는 가족관계등록부상의 성별을 전환한 성별로 정정해 줄 것을 신청한 사건은 '성전환'에 대한 암묵적인 개념적 은유가 법적 추론에 미치는 영향을 잘 보여 준다. '성전환'은 성전환증을 겪지 않은 대다수의 사람들에게 아직은 생소한 대상이다. 따라서 성전환을 어떻게 이해하느냐에 따라서 성전환자의 법적 성별 정정을 허용할 것인지 여부가 달라질 수 있다.

대법원 2006. 6. 22.자 2004스42 전원합의체 결정에 대한 인지적 분석

최근 종래의 생물학적인 성별 개념으로는 해결하기 힘든, 성전환자의 성별 판단이라는 법적인 문제가 불거지기 시작했다. 법원은 1990년대 중반까지는 성별을 생물학적 기준에 따른 이분법적 범주(여자 또는 남자)로 보았다. 그러던 중 2004년에 성전환자가 자신의 법적 성별을 정정해 달라는 신청을 제기함으로써 법정에서 '성별'과 '성전환'에 대한 이해 방식이 쟁점으로 부상하였다(대법원 2006. 6. 22.자 2004스42 전원합의체 결정). 이 사건에서 대법원은 생물학적 여성으로 출생하였으나 남성으로 성전환수술을 받고 남성으로서 오랜 기간 생활하여 온 신청인에게 호적상(현재는 가족관계등록부상) 성별 기재의 정정을 허가하였다. 그리고 이 결정을 통해서 대법원은 성전환자로 하여금 외과수술을 통해 전환하려는 성으로서의 외관을 갖추도록 하는 항목을 포함한 성별 판단 기준을 명시적으로 마련하였다.

이 결정에서 대법원은 「성전환은 여행」이라는 개념적 은유를 기반으로 성전환을 이해하고 있는 것으로 보인다. 성전환증자가 타고난 생물학적 성은 최초상태인 원천 즉 출발지이고, 성전환증자가 되고자 하는 반대의 성은 목표 즉 최종 목적지이다. 그리고 생물학적 성과 정신적 성의 불일치는 갈등이며, 이 갈등의 해결은 성전환수술이 된다. 다시 말해, 성전환수술을 통해 반대의 성으로의 외관을 갖추는 것이 목적지로 향하는 전진이 된다. 이처럼 「원천-경로-목표」 도식의 투사를 통해 성전환을 이해할 수 있다. 이러한 이해의 내용은 〈그림 3〉과 같이 표현할 수 있다.

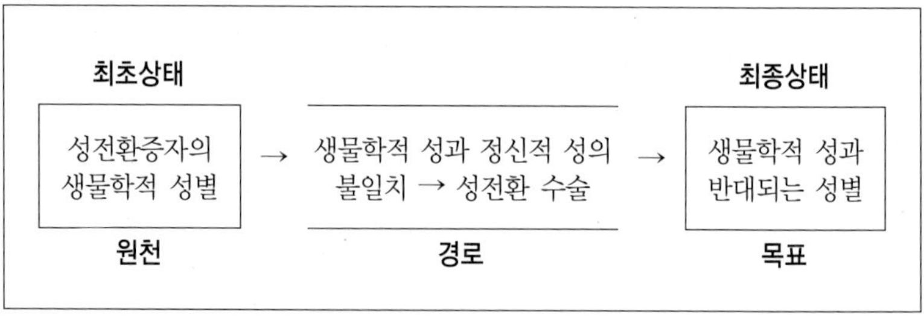

〈그림 3〉 성전환에 관한 개념적 은유의 구조

그리고 「성전환은 여행」이라는 개념적 은유의 기초가 되는 「원천-경로-목표」 도식을 성전환의 과정에 투사할 수 있는 데에는 「그릇」 도식의 역할이 크다고 할 수 있다. 이 「그릇」 도식은 흔히 범주 개념에 사상 된다. 출발지와 목적지가 남성 또는 여성으로 사상될 수 있는 기반은 대표적인 일차적 은유 중 하나인 「범주는 그릇」 은유이다. 「범주는 그릇」 은유는 "펭귄은 조류에 속한다"라는 예로 잘 나타난다. 「범주는 그릇」 은유를 통해 공간 안의 경계 지어진 영역의 관점에서 개념화되는 모든 범주들에 사상된다. 대법원도 사람은 남성 또는 여성 어느 한 쪽에 '포함'된다고 말하였고, 성전환증은 생물학적 성과는 반대의 성에 '귀속감'을 느끼는 것이라고 말하였다. 이러한 표현들의 이면에는 「범주는 그릇」 은유가 자리하고 있다. 이러한 개념적 은유를 바탕으로 생물학적 성과 전환하고자 하는 성이 공간적으로 구분되는 여행의 출발지와 목적지로 이해될 수 있는 것이다.

성전환에 대한 은유적 이해에서 우리가 주목할 두 요소는, 성전환자가 생물학적인 성에 대한 불일치감 및 위화감·혐오감을 갖고 반대의 성에 귀속감을 갖는다는 것과 그 성전환자의 법적 성별을 전환된 성으로 인정하는 법원의 성별 정정 허가이다.

우선 성전환자가 생물학적인 성에 대한 불일치감 및 위화감 · 혐오감을 갖고 반대의 성에 귀속감을 갖는다는 것으로부터 불일치감 및 위화감 · 혐오감이 성전환이라는 은유적 여행을 감행하게 만드는 동기라는 점을 알 수 있다. '여행'이라는 개념적 은유를 바탕으로 구조화된 성전환의 모형에서는 이 동기가 의학적 치료로 억제되지 않을 정도로 강력한 정도에 이르렀을 때 성전환이라는 여행은 본격적으로 시작된다. 성전환을 하려는 사람은 이러한 강력한 동기를 가지고 성전환수술이라는 중간 목적지에 도달하게 된다. 성전환자에게 생물학적 성에 의해 정해진 신체의 외관은 최종 목적지까지 가는 데 있어서 일종의 걸림돌이 된다. 이 장애물을 제거하기 위해서 성전환수술이 이루어진다.

그리고 성전환의 은유적 모형에서 법원의 성별 정정 허가는 성전환자가 전환된 성으로 인정받는 것, 즉 최종 목적지에 도달하게 만들어 주는 중요한 요소가 된다. 이는 반대의 성이라는 새로운 영토로 넘어온 여행객에 대한 입국심사와 다름이 없다. 주변사람들로부터 전환된 성으로 인식될 뿐만 아니라 이에 대한 법적인 승인을 받아야 성전환자는 비로소 개인적인 영역 및 직업 등 사회적인 영역에서 모두 전환된 성으로서의 역할을 수행할 수 있는 상태가 된다. 따라서 이러한 '성전환은 여행' 은유로 생성되는 정신공간에서 법원의 역할은 성전환이라는 여행의 마지막 단계에서 필요한 심사로 이해될 수 있다.

지금까지 살펴본 성전환의 은유적 모형은 대법원이 제정한 성전환자의 성별 정정허가신청사건 등 사무처리지침(가족관계등록예규 제293호, 이하 '성별 정정지침')에도 그대로 반영되었다. 특히 성별 정정신청 시 필요한 서류들을 정하고 있는 성별 정정지침 제3조는 이러한 모형을 간접적으로 잘 보여 준다. 제3조 제5호는 성별 정정신청인에게 '신청인의 성장환경진술서 및 2명 이상 인우인의 보증서'를 요구하면서 성장환경진술서 및 인우보증서에 관해, "(i) 신청인의 유아기, 소년기, 청년기, 성년기 등 각 시기별로 이성관계를 포함한 대인관계와 사회생활에 대한 구체적인 진술과 (ii) 신청인이 성전환수술을 받기 전부터 일정기간 이상 지속적으로 생물학적인 성과는 반대되는 성적 주체성과 자아를 가지고 생활하였으며, 그러한 성적 주체성 내지는 자아의 발로로 성전환수술을 받았고, 신청인이 성전환수술을 받은 이후부터 현재까지 확립된 성적 주체성과 자아에 지극히 만족하면서 사회생활을 하고 있다는 취지의 진술이 기재되어야 한다."라고 정한다. 또한 "신청인에게 현재 생식능력이 없고, 향후에도 생식능력이 발생하거나 회복될 가능성이 없음을 확인하는 전문의사 명의의 진단서나 감정서"를 요구하는 성별 정정지침 제6조 제4호는 출발지로 다시는 돌아갈 수 없는 여행을 성전환에 사상하고 있는 것으로 이해할 수 있다.

대법원 2011. 9. 2.자 2009스117 전원합의체 결정에 대한 인지적 분석

위에서 살펴본 2004스42 결정 이후 대법원 2011. 9. 2.자 2009스117 전원합의체 결정에서는 성전환자인 신청인이 혼인 중에 있거나 미성년자인 자녀를 둔 경우 그에 대한 성별 정정을 허가할 것인지 여부가 다투어졌다. 이 사건에서 신청인은 이전에 혼인을 하여 미성년자인 자녀를 두고 있었는데 성전환수술 등을 받고 법원에 가족관계등록부상의 성별란 정정을 신청하였다. 그러나 다수의견은 "성전환자가 혼인 중에 있거나 미성년자인 자녀가 있는 경우에는, 가족관계등록부에 기재된 성별을 정정하여, 배우자나 미성년자인 자녀의 법적 지위와 그에 대한 사회적 인식에 곤란을 초래하는 것까지 허용할 수는 없으므로, 현재 혼인 중에 있거나 미성년자인 자녀를 둔 성전환자의 성별 정정은 허용되지 않는다."라고 결정하였다. 아래에서는 다수의견이 암묵적으로 전제하는 '여행으로서의 성전환' 모형과 반대의견의 대안을 인지적 관점에서 분석한다.

이 사건에서 다수의견의 개념적 은유는 〈그림 4〉와 같이 분석할 수 있다. 이러한 개념적 은유에서는 성전환자 부(父) 또는 모(母)는 미성년자인 자녀에 대한 부모의 의무가 소멸될 때까지는 성전환이라는 여행을 일시적으로 중단하여야 한다. 다시 말해, 자녀가 성인이 될 때까지는 법적 성별을 정정할 수 없게 된다. 대법원의 다수의견은 미성년자인 자녀는 정신적으로 미성숙하기 때문에 성전환을 한 부(父) 또는 모(母)를 이해하지 못하고 정신적 혼란과 충격을 받을 것으로 상정한다. 이러한 편견 때문에 미성년자인 자녀는 성전환이라는 여행에서 일종의 장애물과 같은 존재로 전락하게 된다. 다수의견에 따르면, 미성년자인 자녀를 둔 부 또는 모가 성전환증을 이유로 성별 정정을 허가받는 것은 자신에게 주어진 책임을 가볍게 여기고 자신만의 만족감을 위해 여행을 떠나는 혹은 도망치는, 미성년자인 자녀에 대한 최소한의 배려조차 없는 몰지각한 행동이라는 것이다. 따라서 이러한 몰지각한 부모로서의 성전환자는 자녀가 성인이 될 때, 즉 친권자로서의 책임이 끝날 때까지 성별 정정을 받을 수 없게 된다.

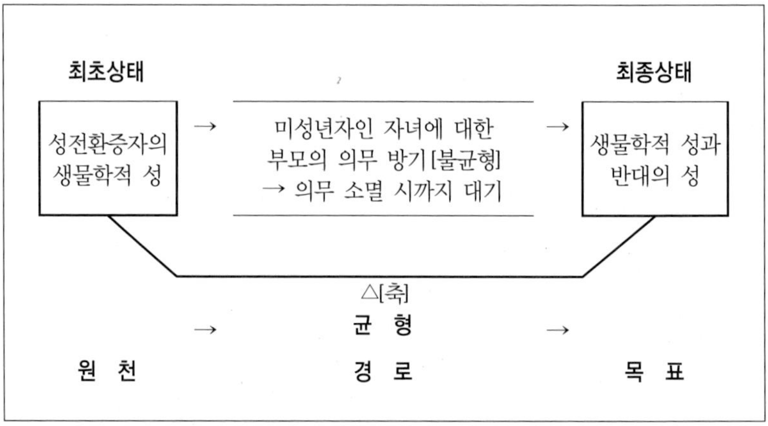

〈그림 4〉 미성년자인 자녀를 둔 성전환자에 관한 다수의견의 개념적 은유의 구조

그러나 다수의견에 대한 반대의견은 '선택으로서의 성전환'라는 대조적인 성격규정을 통해서 성전환자에게 미성년자인 자녀가 있더라도 구체적인 상황에 따라서 법적 성별 정정을 허용할 수 있는 가능성을 열어 두었다. 반대의견은 "어느 한 사람의 성적 정체성은 근본적으로 개인적 영역에 속하는 자신의 존재양식 또는 삶의 기본양상에 관한 결단으로서의 성격을 지니므로 이는 법적으로도 그에 상응한 존중을 받아야 하는 것이다."하고 말한다. 다수의견이 전환된 성에 대한 법적 인정을 성전환이라는 점진적 과정(즉, 은유적 여행) 끝에 달성되는 최종적 목표로 상정한 반면에, 반대의견은 그 법적 인정이 성전환자의 존엄한 삶의 시작점이라고 보고 있다.

「성전환은 선택」 은유의 기저에는 「천칭」 도식이 자리 잡고 있다(〈그림 5〉 참고). 선택은 선택지들 간의 비교・평가를 전제로 한다. 「천칭」 도식은 천칭의 양접시에 힘이 작용하는 영상도식으로 「균형」 도식의 한 예이다. 법적 · 도덕적 추론에서의 주요한 과제인 증거의 경중 판단이나 이익형량은 인지적으로 「균형」 도식에 의존한다(Johnson [1987] 2000, 201). 일반적인 사람들은 자신의 성정체성에 대해 큰 고민을 하지 않는다. 그러나 성전환증을 가진 사람들은 생물학적 성에 심각한 불편감을 느끼고 반대의 성에 귀속감을 느끼기 때문에 성정체성에 대한 극심한 혼란을 겪는다. 성전환은 이러한 극심한 혼란 끝에 내려지는 결단이라는 특징이 있다. 다수의견의 모형에서도 「균형」 도식이 도입되지만 여행이라는 맥락 안에서 이해된다는 점에서 반대의견의 그것과는 구별된다. 반대의견은 성전환이 가지는 이러한 결단으로서의 측면을 강조한다. 이때 성전환증을 가진 사람은 자신이 생물학적 성으로 살아갈 때 겪게 되는 혼란과 성전환을 했을 때 증진될 수 있는 행복의 경중을 따짐으로써 선택을 하게 될 것이다.

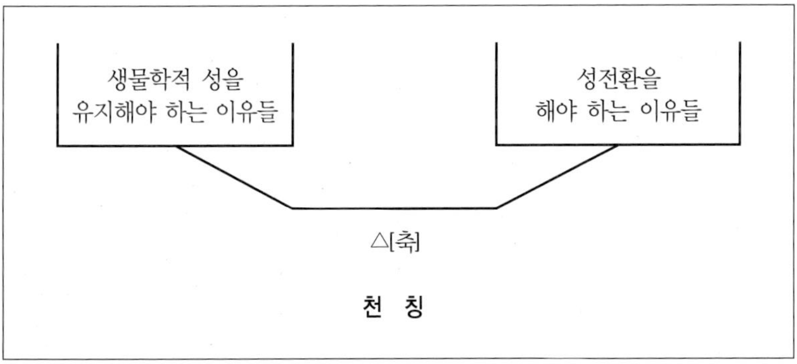

〈그림 5〉 미성년자인 자녀를 둔 성전환자에 관한 반대의견의 개념적 은유의 구조

이 대안적 이상적 인지모형의 관점에서 선택의 방향을 바뀌기 위해서는 천칭의 어느 한 쪽 접시에 힘을 가하듯 선택지들의 경중을 변화시켜야 한다. 이를 성전환의 문제 적용해 보면, 선택을 통해 전환된 성을 법적으로 인정하지 않기 위해서는 그 선택을 압도할 수 있는 무게의 이유가 있어야 한다는 것이다. 반대의견도 마찬가지로 미성년자인 자녀가 있는 경우 성별 정정을 허용할지 여부는 "성전환에 대한 법적 승인으로 인한 성전환자의 이익과 그 미성년자인 자녀의 불이익 사이의 구체적 형량문제"라고 판단하였다. 그리고 이러한 구체적 형량을 위해서 반대의견은, 미성년자에 대한 원형효과에 사로잡히지 않고, "성전환자의 미성년자인 자녀가 성전환자를 성전환 전과 마찬가지로 자신의 어버이로 여기는 경우"와 같은 가능성을 고려해야 한다고 하였다. 그러한 경우에는 성전환에 대한 법적 승인으로 인한 성전환자의 이익이 미성년자인 자녀의 불이익보다 현저히 크다고 할 수 있다.

2009스117 결정의 반대의견은 성전환의 여러 측면 중에서 성전환이 한 개인의 결단이라는 측면을 부각시킴으로써 성전환자의 공부상 성별 정정 여부를 결정하는 데 있어서 법원의 역할에 대한 새로운 이해를 추구하였다. 이 대안적인 모형의 장점은 성별 정정의 허가 기준에 대한 재고 가능성을 열어 준다는 것이다. '성전환은 여행' 모형에서 성기 수술은 반드시 거쳐야 하는 중간 목적지임에 반해서, '성전환은 선택' 모형에서는 이러한 수술이 성정체성 결단에 반드시 선행되어야 하는 것은 아니다. 대개의 경우 성정체성 결단이 성기 수술에 앞서기 일쑤다. 국가인권위원회는 외과적 수술과 사적 삶에 대한 증언 등을 요구하는 성별 정정지침이 인권침해 요소가 있으므로 그 개선을 권고하였다. 이러한 권고를 수용하기에 더 적합한 은유적 모형은 '성전환은 선택' 모형이라고 여겨진다. 2013. 3. 15.에 서울서부지방법원은 남성의 외관과 확고한 정체성을 가지고 남성으로 사회생활을 하고 있으나 남성성기성형수술을 받지 못한 FTM 성전환자 5명에 대해 가족관계등록부 성별란의 '여'를 '남'으로 정정할 것을 허가했다.[4] 이후 서울서부지방법원 2013. 11. 19.자 2013호파1406 결정은 성별정정의 요건으로 외부성기 성형수술을 강제하는 것은 성전환자에게 건강상 위험과 과도한 비용을 감수하도록 하는 것과 다름없으므로 인간으로서의 존엄성과 인간다운 생활을 할 권리 및 행복추구권을 침해하는 것이라고 결정이유를 상세히 밝혔다. 이러한 추이로 미루어 보건대, '선택' 모형에 따른 구체적 형량을 주장한 반대의견이 점점 더 설득력을 얻어가고 있는 것으로 보인다.

5. 결론

지금까지 법이론과 판례들을 인지적인 관점에서 분석해 보았다. 이 분석을 통해서, 레이코프와 존슨 그리고 윈터의 통찰처럼 법적 사고에는 개념적 은유가 스며들어 있다는 점을 알 수 있었다. 그리고 어떤 개념적 은유를 차용하느냐에 따라서 이론이나 논증의 방향이 달라진다는

---

4) 성적지향·성별정체성 법정책연구회는 이 판결들에 대하여 "대법원 판례와 예규가 반대의 성에 부합하는 외부성기 요건을 정하고 있다 하더라도, 의료적 위험성이 높고 감당하기 어려운 비용이 드는 성기성형수술을 성별 정정 허가에 있어 반드시 요구하도록 하는 것은 지나치게 가혹하다고 법원이 판단한 것으로 풀이된다."라고 논평하였다[성적지향·성별정체성 법정책연구회 보도자료, http://hopeandlaw.org/100 (최종방문일 2015. 4. 1.)]. 2014년 3월 울산지방법원(재판장 최상열)도 서울서부지방법원과 같은 취지로 남성성기성형수술을 받지 않은 FTM 성전환자의 가족관계등록부상 성별정정을 허가하였다(「울산지법 성전환수술 안 해도 성별정정 인정」, 『매일경제』, 2014.3.31.자).

점도 밝혔다. 특히 미성년자인 자녀가 있는 성전환자의 성별 정정이 문제되었던 2009스117 결정에 대한 인지적 분석은 논증에 있어서 개념적 은유의 영향력을 선명하게 보여 주었다. '점진적 여행으로서의 성전환'과 '결단으로서의 성전환'이라는 대조적인 성격규정은 쟁점에 대한 판단의 틀로 기능하였다. 그 결과 다수의견과 반대의견은 서로 다른 방향의 법적 논증을 전개하였다. 법적 사고의 기저에 있는 개념적 은유의 역할에 대한 확인은 법적 사고의 문화적·사회적 유연성에 대한 이해이기도 하다.

필자는 법적 사고에 대한 인지적 분석이 다음과 같은 의의를 가진다고 생각한다.

첫째, 법적 사고에 대해 인지적 분석을 통해 우리의 관행적 사고가 어떤 것인지 명료화할 수 있다(진단적 기능). 앞서 살펴본 성전환자의 성별 정정 사건들에서 다수의견은 성전환자의 성정체성의 문제를 관행적인 '여행' 은유의 틀에서 이해함으로써 위험한 외과적 수술을 성별 정정허가의 필수적인 요건으로 간주하게 되었고, 미성년자에 대한 원형적 이해(고정관념)를 바탕으로 사고를 전개함으로써 '부모-미성년 자녀' 관계의 다양한 국면을 간과하였다. 이처럼 인지적 분석을 통해서 우리의 직관이 개념적 은유 체계와 원형을 통한 사고에 의존한다는 것을 알 수 있다. 이러한 인지적 사실을 간과한 채 법적 논증을 진행하는 경우 종종 현실의 문제를 왜곡하게 된다. 이 지점에서 법적 추론에 대한 인지적 분석은 인지과정에서 생길 수 있는 왜곡의 원인을 진단하는데 유용한 도구가 될 수 있다. 이러한 진단은 숙고의 다른 이름이라고도 할 수 있다.

둘째, 인지적 분석은 비성찰적인 관행적 사고의 전제를 알려줌으로써 대안적인 사고의 틀을 형성할 수 있는 가능성을 제시해 준다. 인지적 분석은 법적 사고 과정에서 개념적 은유의 강력한 역할을 보여 준다. 이러한 사실은 역으로 개념적 은유의 변형을 통해서 우리의 관념을 바꿀 수 있다는 점을 시사한다. 물론 고착화된 개념적 은유는 새로운 것들로 쉽게 대체되지 않는다. 그러나 현실의 문제를 왜곡시키지 않는 인지적 틀이 점진적으로 설득력을 획득할 수 있는 가능성은 언제나 열려 있다.

참고문헌

강태경 a. 「법적 추론에 대한 인지적 분석방법: 윈터(Steven L. Winter)를 중심으로」. 서울대학교 대학원 박사학위논문, 2014.

_____ b. 「법적 추론에 대한 비판적 분석으로서의 인지적 분석: 성전환자의 공부상 성별정정 사건을 중심으로」. 『서울대학교 法學』 제55권 제4호 (2014): 193.

_____ c. 「인지적 범주화로서의 법적 추론」. 『이화여자대학교 법학논집』 제19권 제2호 (2014): 315.

노양진. 『몸이 철학을 말하다: 인지적 전환과 체험주의의 물음』. 파주: 서광사, 2013.

黃山德. 『法哲學序說』. 서울: 陽文社, 1955.

Braman, Eileen. *Law, Politics, & Perception: How Policy Preferences Influence Legal Reasoning*. Charlottesville, Va.: University of Virginia Press, 2009.

Cohen, Felix. "Transcendental Nonsense and the Functional Approach." *CowM. Law Review* 35 (1935): 809.

Eisenberg, Theodore and Sheri L. Johnson. "Implicit Racial Attitudes of Death Penalty Lawyers." *DePaul Law Review* 53 (2004): 1539.

Frank, Jerome. *Law and the Modern Mind*. New York: Brentano's, 1930.

Fuller, Lon L. "Positivism and Fidelity to Law: A Reply to Professor Hart." *Harvard Law Review* 71 (1958): 630.

_____. *The Morality of Law*. Rev. ed. New Haven, Conn.: Yale University Press, 1969.

_____. "Human Interaction and the Law." In *Principles of Social Order: Selected Essays of Lon L. Fuller*. Rev. ed., Edited by Kenneth I.

Winston, 231-266. Portland, Or.: Hart Pub., 2001.

Grady, Joseph E. "Metaphor." In *The Oxford Handbook of Cognitive Linguistics*. Edited by Dirk Geeraerts and Hubert Cuyckens, 188-213. Oxford: Oxford University Press, 2007.

Guthrie, Chris, Jeffrey J. Rachlinski, and Andrew J. Wistrich. "Does Unconscious Racial Bias Affect Trial Judges." *Notre Dame Law Review* 84 (2008): 1195.

Hart, Herbert L. A. "Positivism and the Separation of Law and Morals." *Harvard Law Review* 17 (1958): 593.

______. *The Concept of Law*. 1st ed. Oxford: Clarendon Press, 1961.

______. *The Concept of Law*. 2nd ed. with a postscript. Edited by Penelope A. Bulloch and Joseph Raz. Oxford: Clarendon Press, 1994./ 『법의 개념』. 오병선 역. 서울: 아카넷, 2001.

Johnson, Mark. *The Body in the Mind: The Bodily Basis of Meaning, Imagination, and Reason*. Chicago: University of Chicago Press, 1987./ 『마음 속의 몸: 의미, 상상력, 이성의 신체적 근거』. 노양진 역. 서울: 철학과현실사, 2000.

Kelsen, Hans. *Reine Rechtslehre: Mit einem Anhang: Das Problem der Gerechtigkeit*, 2 Aufl. Wien: Deuticke, 1960./ 『순수법학』. 변종필 · 최희수 역. 서울: 吉安社, 1999.

Klein, David E., and Gregory Mitchell, eds. *The Psychology of Judicial Decision Making*. New York: Oxford University Press., 2010.

Lakoff, George. *Women, Fire, and Dangerous Things: What Categories Reveal about the Mind*. Chicago: University of Chicago Press, 1987./ 『인지의미론: 언어에서 본 인간의 마음』. 이기우 역. 서울: 한국문화사, 1994.

Lakoff, George, and Mark Johnson. *Metaphors We Live By*. Chicago: University of Chicago Press, 1980./ 『삶으로서의 은유』, 수정판. 노양진 · 나익주 역. 서울: 박이정, 2006.

Leiter, Brian. *Naturalizing Jurisprudence*. Oxford: Oxford University Press, 2007.

Segal, Jeffrey A., and Harold J. Spaeth, *The Supreme Court and the Attitudinal Model*. Cambridge: Cambridge University Press, 1993.

Spellman, Barbara A. and Frederick F. Schauer. "Legal Reasoning." In *The Oxford Handbook of Thinking and Reasoning*, Edited by Keith J. Holyoak and Robert G. Morrison, 719-25. New York: Oxford University Press, 2012.

______. "Law and Social Cognition." In *The Oxford Handbook of Social Cognition*, Edited by Donal Carlston, 829-50. New York: Oxford University Press, 2013.

Winter, Steven L. *A Clearing in the Forest: Law, Life, and Mind*. Chicago: Univ. of Chicago Press, 2001.

제5장

체화된 인지와 몸의 분류

강신익

인간의 두뇌는 분류와 관련된 정보의 사회적 전달에 맞추어 진화해 왔다. 그 결과로 우리는 카테고리로 세계를 이해하고, 그렇게 이해한 것을 서로 공유하려는 뿌리 깊은 욕구를 갖고 태어났다. (알렉스 라이트)[1)]

우리가 무엇인가 느낄 때면, 그 감각지각은 대번에 우리가 이미 알고 있는 범주들 속으로 들어간다. (조나 레러)[2)]

인지과학에서 최근의 경험적 탐구는 개념들과 그 개념들에 대한 우리의 사유가 신체적 경험의 본성에 근거하고 있으며, 다양한 종류의 상상적 과정에 의해 구조화되어있다는 것을 보여 준다. (마크 존슨)[3)]

언어는 항상 이해의 근본인 신체적 형태 위에 형성되는 특별한 의사소통 시스템에 불과하다. (마르틴 후베르트)[4)]

인간은 참신한 메타포의 창안을 통해 끊임없이 자아의 확대를 이루어가는 존재다. (리처드 로티)[5)]

1) 알렉스 라이트/ 김익현・김지연 역 (2010), p.53.
2) 조나 레러/ 최애리・안시열 역 (2007), p.129.
3) 마크 존슨/ 노양진 역 (2008), p.28.
4) 마르틴 후베르트/ 원석영 역 (2006), p.213.
5) 김동식 (2002), p.274.

1. 몸의 시작과 분화

우리는 모두 단 하나의 세포에서 시작되었다. 더 자세히 말하면 정자라는 세포와 난자라는 세포가 하나로 합쳐진 수정란이라는 세포가 우리 모두의 기원이다. 이 수정란은 분열에 분열을 거듭해 우리가 사람의 모습을 갖추게 되었을 때는 수십조 개로 늘어난다. 이 수십조 개의 세포들은 모두 똑같은 유전물질을 가졌지만 몸속의 위치와 하는 역할에 따라 끼리끼리 모여 혈관이나 신경과 같은 조직이 되기도 하고 간과 심장과 같은 장기를 만들기도 한다.

이렇게 하나의 세포가 다양한 형태와 기능을 갖춘 다양한 세포로 분화해 가는 과정에서 세포들은 다양하고도 복잡한 신호를 주고받는다. 그런 신호의 교환은 대개 유전자에 기록된 정보로부터 만들어진 단백질의 접혀지고 펼쳐짐을 통해 이루어진다. 그 신호를 통해 똑같은 유전정보를 가진 세포라도 어떤 것은 피부를 만들고 어떤 것은 근육세포가 되기도 하면서 사람의 모습을 갖추어 간다. 우리 몸을 이루는 세포들이 스스로를 분류해 그 부류에 맞는 역할을 수행함으로써 하나의 유기체가 되는 것이다. 여기에는 때맞춰 필요한 명령을 내리는 지휘자도 초월적 지배자도 없다. 스스로의 힘으로 주어진 환경(엄마의 자궁과 몸 전체의 조건) 속에서 생명을 영위할 뿐이다. 몸과 세포는 스스로 그러함(自然)일 뿐 초월자의 명령을 수행하는 기계가 아니다.

그런데 우리는 스스로 그러한 몸을 이렇게 저렇게 분류한다. 고대서양의학에서는 몸이 네 가지 액체로 구성되어 있다고 보았으며 동아시아의학에서는 다섯 가지 장기를 몸의 기본 요소로 보았다. 모두 당시의 세계관이 그대로 반영된 결과다. 고대 그리스에서는 이 세상이 물, 불,

흙, 공기의 네 원소로 되어있다는 자연철학사상을 점액, 황담즙, 흑담즙, 혈액이라는 몸속의 체액에 그대로 대응시켰고 동아시아에서는 목화토금수(木火土金水)의 오행을 간심비폐신(肝心肥肺腎)의 다섯 장기에 대응시켰다. 일단 이런 분류의 방식이 완성되자 사람들은 모든 현상을 이 틀에 맞춰 설명하게 되었다. 이러한 설명은 몸이 스스로 만들어낸 그러함과는 별 관련이 없었지만 이후 몸을 분류하고 이해하는 거의 유일한 틀로 자리 잡았다.

서양의학의 역사에서 가장 흔한 치료법이었던 사혈(瀉血)은 뜨겁고 건조하다고 '여겨진' 혈액의 성질을 체온이 오르는 신체 현상에 그대로 대응시켰기 때문에 나온 발상이다. 이렇게 해서 열이 나면 피를 뽑으라는 처방의 규칙은 의심의 여지도 없이 천년 이상 이어져 왔다. 자연 그 자체가 아닌 자연에 대한 분류와 해석의 규칙이 자연인 몸의 지배원리가 되었던 것이다.

동아시아 전통의학의 경우에는 넷이 아닌 다섯이 분류의 기준이 되었기 때문에 4체액설에서보다는 훨씬 복잡하고 다양한 관계가 성립한다. 상생과 상극이 있고 오직 응급 상황에만 적용되는 힘들도 있다. 따라서 똑같은 몸의 현상을 설명할 때도 다양한 방식을 적용할 수 있고 처방 역시 치료자에 따라 크게 다를 수 있다. 설명의 유연성이 크다보니 결정적 오류를 찾기도 어렵다. 아마도 이것이 동아시아의 전통의학이 아직까지도 살아남을 수 있었던 중요한 이유 중 하나일 것이다.

과학이 의학에 도입된 20세기 초반 이후 몸에 대한 접근의 방식이 무척 다양해진다. 우선 몸에 대한 지식을 생산하는 기초의학과 그 몸에 생긴 문제를 해결하는 임상의학이 구분된다. 기초의학은 몸의 구조를 연구하는 해부학과 그 몸의 기능을 탐구하는 생리학, 그리고 질병의 원인과 결과를 연구하는 세균학과 병리학 등으로 분화하고 임상의학도 특정 신체장기를 전문으로 하는 다양한 분야로 전문화되었다. 이제 몸과 질병은 어떤 전문가의 대상인지에 따라 분류되기 시작한다. 환자 역시 어떤 병을 앓는 어떤 사람인지가 아니라 무엇을 전문으로 하는 의사의 환자인지에 따라 병동의 위치도 달라지고 치료의 방법도 정해진다.

몸에 대한 고대서양의학, 동아시아 전통의학, 근대서양의학의 분류법은 모두 특수한 문화적 환경에서 나온 것이며 시대적 한계 내에서 나름의 역할을 해 왔다. 특히 근대서양의학은 전염병을 비롯한 치명적 질병을 효과적으로 통제한 엄청난 업적을 자랑한다. 하지만 우리가 의학의 역사를 통해 확인할 수 있는 한 가지 사실은 몸을 어떤 형식의 범주에 넣는 순간 일정한 대가를 치를 수밖에 없다는 것이다. 그렇다고 몸을 일정한 개념적 틀에 따라 분류하지도 않으면서 그 몸에 생기는 문제를 해결할 수도 없다. 따라서 스스로 그러함을 가장 잘 담아낼 수 있는 몸의 분류 방식을 찾아내는 일은 획기적인 질병의 치료법을 발견해 내는 일 못지않게 중요한 일이 된다.

이 글에서는 몸의 분류 문제를 우리가 사물을 인지하는 방식에 관한 최근의 과학적 성과와 관련지어 생각해 보고, 이를 체화된 인지와 은유 이론을 통해 설명해 보려고 한다. 이 이론에 따르면 우리가 생산하는 거의 모든 개념은 몸과의 관계를 중심으로 체화되어 있다. 그렇다면 은유는 피해야 할 상징이 아니라 적극 활용해야 할 인식의 도구가 된다. 후반부에서는 지금의 주류의학이 사용하는 은유의 구조를 분석한 다음 자연에 가까운 새로운 은유의 틀을 제안하고자 한다.

2. 분류의 진화적 기원

우리가 무엇을 분류한다 함은 분류의 대상과 그것을 분류하는 주체가 분리됨을 전제로 한다. 분류의 대상은 책상, 의자, 컴퓨터와 같은 인공물일 수도 있고 새, 짐승, 초목과 같은 생명체일 수도 있으며 우리 자신의 몸과 마음일 수도 있다. 그러나 분류의 주체는 언제나 인간의 마음이다. 그것도 변덕스런 '스스로 그러한' 자연에도 불구하고 '언제나 그러한' 보편적이고 합리적인 이성의 마음이다. 여기서 이성은 자연을 초월해 있으면서 그것을 지배하는 권력이다. 적어도 이것이 수백 년간 세계를 지배해 온 서구사상의 기본 전제다.

그러나 인간의 몸과 마음도 스스로 그러한 자연의 일부인 점을 생각하면 자연이 부여한 다양한 마음(불안, 공포, 기쁨, 슬픔, 사랑, 증오 등등) 중에서 왜 오직 합리적 이성에 특권을 부여해야 하는지에 대해 의문을 가질 수 있다. 그래서 여기서는 합리적 이성이 전제되지 않은 상태로 돌아가 분류의 문제를 생각해 보려고 한다. 일찍이 원시부족의 분류체계를 연구한 에밀 뒤르껭은 "사물들의 종은 단순한 지식의 대상이 아니라 무엇보다 어떤 정서적 태도에 대응하는 것"[6]이라고 했다. 안토니오 다마지오를 비롯한 현대의 신경과학자들도 우리가 합리적 판단을 내리기 위해서는 반드시 어떤 느낌의 지도를 받아야 한다는 경험적 증거들을 제시하고 있다.[7] 앞서 본 것처럼 하나에서 시작해 수십조의 세포로 구성된 우리의 몸은 이성의 명령 없이도 스스로를 조직하고 분류해 필요한 기능을 수행한다. 이성은 그러한 조직과 분류의 결과지 원인

---

6) 알렉스 라이트 (2010), p.56.
7) 안토니오 다마지오/ 임지원 역 (2007).

이 아니다. 진화적으로나 생리적으로나 느낌은 이성보다 앞선다.

생명은 이성이 세계를 지배했던 몇 백 년의 세월과는 비교도 되지 않는 수십억 년 동안 진화하면서 변화무쌍한 환경에 적응해 왔다. 그렇게 살아남아 후손을 퍼뜨리는 진화의 과정에서 꼭 필요했던 속성은 생존과 번식에 유리한 조건은 좋아하고 그렇지 못한 것은 싫어하는 것이다. 그리고 이런 속성은 지금도 여전히 생명의 기본이다. 그렇다면 생존과 번식을 중심으로 한 분류체계가 진화하는 것이 당연하다. 우리가 본능적으로 동물의 배설물을 피하고 불고기 굽는 냄새를 쫓게 되는 것이나, 매력적이거나 섹시한 이성을 향해 고개를 돌릴 수밖에 없는 것도 이렇게 생명에 장착된 정서적 분류의 체계 때문일 것이다. 삶과 죽음, 위험과 안전, 유리와 불리의 분류체계가 좋음과 싫음, 옳고 그름의 범주로 전화되었을 것이라 추론할 수 있는 근거가 여기에 있다.

물론 복잡하기가 이를 데 없는 생명 현상을 이렇게 단순화하는 것은 옳지 않다. 단 하나의 세포로 이루어진 단세포생물의 생활사에서도 박테리아와 같이 핵이 없는 원핵생물에서 핵과 세포질이 구분된 진핵세포로의 진화가 있었고, 이런 세포들이 무수히 모여 하나의 유기체를 이루는 다세포 생명체로의 진화도 있었으며, 이윽고 암수가 구분되어 유전적 다양성을 만들어내는 양성생식도 진화했다. 이 과정에서 세포들은 경쟁도 하고 협동도 하면서 새로운 균형을 만들어 냈다.

유전물질이 세포질에 퍼져 있는 원핵세포에서 핵과 세포질이 구분되며 세포질에도 다양한 기능을 하는 세포소기관들이 분포하는 진핵세포로의 진화는 분류가 필요한 새로운 존재의 탄생을 뜻했고 그 존재들 사이에 새로운 관계와 의미들이 만들어졌다. 생존과 번식이 생명의 '원초적' 조건일 수는 있어도 사물 분류의 유일한 기준일 수 없는 이유다. 예컨대 양성생식의 진화는 분명 암수라는 전에는 없던 분류의 기준을 만들어냈지만, 여전히 최대한의 생존과 번식을 지향한다.

생명체의 복잡성이 증가하면서 생명체의 부분들 간에 분업이 진화하게 되었다. 진핵세포가 되면서 세포 내 소기관인 미토콘드리아는 숙주세포에서 필요한 영양과 안전한 거처를 얻는 대신 숙주를 위한 에너지 공장의 역할을 하며, 소포체는 생명 현상의 기본물질인 단백질을 합성한다. 세포 내 소기관뿐 아니라 세포들 사이에서도 분업이 이루어졌다. 세포들은 분화하고 자기 조직화하면서 최초의 세포(수정란)와는 구별되는 나름대로의 형태적·기능적 특징들을 갖추어 갔다.

이렇게 분화한 단위들은 나름대로의 주어진 기능에 특화해 갔고 몸 전체의 일부이면서도 다소의 독립성을 유지하는 기능 단위가 되었다. 췌장세포는 소화액과 인슐린과 같은 호르몬을 분비하고 소화관을 이루는 세포는 영양분을 흡수하는 등의 분업이 이루어진 것이다. 이렇게 상호 연관되면서도 상대적으로 독립된 단위를 모듈(module)이라고 부른다. 이 모듈이야말로 '스스로 그러한' 몸의 분류에서 가장 기본적인 단위이다. 이 관점에서 보면 우리 몸의 기능적·구조적 단위인 근육계, 골격계, 면역계, 소화계, 순환계, 신경계, 생식계 등이 모두 상호 협력하면서도 독자적 지향을 갖는 모듈들이다. 이 모듈들은 독립적 기능의 단위들이지만 궁극적으로는 유기체 전체의 생존과 번식에 기여한다.

뇌를 포함한 신경계도 이런 모듈 중 하나이고 역시 생존과 번식이라는 생물학적 지향을 가진다. 하지만 신경계에는 다른 모듈과는 구분되는 독특한 특징이 있다. 신경계는 자체 내에 유기체 전체(다른 모듈들)의 생리적 상태를 표상하는 기호를 내장하고 있으며, 끊임없이 신체 각 부위와 정보를 주고받으면서 주어진 환경에 적합한 새로운 상태를 만들어낸다. 신경계는 그 자체로 하나의 모듈이지만, 또한 다양한 생체기능들에 특화된 하위 모듈들로 나눌 수 있다. 운동을 담당하는 모듈이 있는가 하면 감각을 담당하는 모듈도 있고 감정을 일으키는 변연계라는 모듈이 있는가 하면 사물을 추상화해서 이해하는 이성의 모듈도 있다. 좀 더 단순화시켜 말하면 사물을 대상화하고 추상화하는 데 능한 왼쪽 뇌와 전체적 패턴의 파악과 즉각적 대처에 능한 오른쪽 뇌로 구분할 수도 있다.

이 중에서도 사물을 대상화하고 객관화하여 보편적 진리를 추출하는 합리적 이성의 진화는 사물의 분류와 관련해서도 중요한 변화였다. 이전까지의 '스스로 그러함'이 아닌 이성에 의해 개념화된 '언제나 그러함'의 구도에 따른 분류가 시작된 것이다. 앞서 언급한 고대서양의학의 4체액설이나 동아시아전통의학의 오행설이 바로 '언제나 그러함'의 분류기준이다. 이 합리적 이성이야말로 찬란한 인류문명의 초석이었다는 사실을 부인할 수는 없다. 하지만 이렇게 진화한 다양한 모듈 중 하나인 이성에 초월적이고 특권적인 지위를 부여함으로써 스스로 그러함에 대한 이해를 어렵게 만든 점 또한 인정해야 할 것이다.

진화와 역사는 이로움만의 축적 과정이 아니다. 얻는 게 있다면 잃는 것도 있는 게 생명이고 인생이며 역사다. 우리는 이성의 지배를 통해 일반화의 편리함을 얻은 대신 개별적 상황의 특수성에 대한 감수성을 잃게 되었다. 정신과 의사이고 신경과학자이며 철학자이기도 한 맥길크리스트는 이러한 상황을, 깨달은 자가 전하는 가르침이 교조화하고 도구화하는 과정에 비유해 설명한다.[8] 이성은 훌륭한 도구지만 그것이

8) I. McGilchrist (2009).

절대적 권력이 되는 순간 인간과 생명의 자유를 억압하고 있는 그대로의 자연을 왜곡한다는 것이다. 우리는 문명 이후 인간이 개발한 다양한 분류체계에 대해서도 비슷한 이야기를 할 수 있다. 절대적으로 옳은 분류체계는 없다.

그래도 순간순간 어떤 선택을 할 수밖에 없는 게 생명이고 인생이다. 진화생물학자 안드레아스 바그너는 이런 패러독스를 생명의 본질이라고 말한다. "우리가 선택한 진리들이 결국 잘못된 것으로 드러나고, 그래서 우리의 지식에 한계가 있음을 알면서도, 우리는 어떤 진리들을 선택할 수밖에 없다."[9] 분류는 이런 불가피한 선택들이 축적되어 체계화된 것이다. 그렇다면 스스로 그러함이라는 선택 이전의 자연이 언제나 그러함이라는 선택 이후의 분류체계와 어떻게 조화를 이룰지의 문제가 생긴다. 말하자면 자연에서 문화로의 이행 또는 그 둘 사이의 대립을 어떻게 이해할 것인가의 문제다. 먹을 수 있는 것과 독이 있는 것을 구분하던 분류법이 동물과 식물, 포유류와 파충류, 그리고 독특한 이름을 가진 종을 구분하는 분류법으로 변화해 가는 과정을 상상하면 알기 쉽다.

전통적 이성중심주의에 따르면 자연과 문화 사이의 연결구조는 없으며, 자연 상태에서 벗어나 그것을 지배하는 것이 이성과 문화의 기능이다. 하지만 진화생물학과 인지과학은 이성과 문화, 도덕과 감정마저도 적응의 필요에 따라 진화한 속성으로 설명한다. 이른바 자연과 문화의 공진화다. 과학사학자 마이클 셔머는 개체에서 가족과 공동체, 사회와 인간 종을 거쳐 생명계 전체로 확산하는 진화의 피라미드(Bio-Cultural

---

9) 안드레아스 바그너/ 김상우 역 (2009), p.21.

Evolutionary Pyramid)를 제안하는데,[10] 그 중간에 자연과 문화가 뒤섞이는 전이의 영역이 있다. 이것은 명확한 구분선이 아니라 상호 이행의 영역이다. 우리는 자연적으로 진화한 본능과 함께 그것을 제어하려는 문화적 욕구를 가진다. 노벨 경제학상을 받은 인지심리학자 다니엘 카네만의 표현에 따르면 전자는 빠른 마음이고 후자는 느린 마음이다.[11] 삶을 추구하고 죽음을 멀리하는, 그리고 동성보다는 이성에 끌리도록 진화한 우리의 본성(빠른 마음)은 인간이 사회생활을 통해 문화를 창조하면서 좋음과 싫음, 선과 악, 아름다움과 추함 등의 관념(느린 마음)으로 그 외연을 확장해 갔다.

3. 분류의 후성규칙

3.1. 필요충분조건

이렇게 새로이 진화한 이성, 문화 또는 느린 마음은 우리가 파악할 수 있는 스스로 그러함의 구조와 분류에도 큰 영향을 준다. 스스로 그러함을 규정하는 언제나 그러함의 힘인데 이를 '후성규칙'이라 한다. 문명이 자연에 부여한 분류의 후성규칙 중에서 가장 유명한 것이 아리스토텔레스의 범주와 린네의 생물분류법이다. 이들 분류법은 당시에 알려진 경험적 사실에 이성의 구성력이 결합한 것이고 따라서 대체로 상식에 부합한다. 하지만 분류의 대상을 사전에 정해진 범주에 할당(아리스토텔레스)하거나 계층적 구조로 된 분류의 체계(종-속-과-목-

10) Michael Shermer (2004).
11) D. Kahneman (2011).

강-문-계)에 따라 이해(린네)해야 한다는 점에서 구획이 비교적 확실한 분류법이다. 어떤 사물이 특정 범주에 속하기 위해서는 그에 합당한 필요충분조건을 충족해야 하는 것이다. 이것은 범주에 관한 객관주의 입장이다.

3.2. 가족유사성과 원형이론

하지만 역설적이게도 '언제나 그러함'의 구도 또한 경험이 축적되고 그 경험을 이해하는 방식이 변화함에 따라 달라진다. 철학자 비트겐슈타인의 가족유사성 개념이 그런 변화의 대표적 사례다. 어떤 단어의 의미는 항상 동일하지 않으며 그 말이 쓰이는 맥락이나 화자의 의도 등에 따라 얼마든지 달라질 수 있다는 점을 근거로 동일성이 아닌 유사성을 분류의 근거로 제시한 것이다. 그것도 공통적이거나 보편적인 유사성이 아니라 분명히 인식할 수는 있지만 명백한 구성요소들로 나누어 제시하기도 어렵고 서로 엇갈리기도 하는 '가족유사성'이다.

인간의 마음이 어떻게 범주를 만들어내는가에 대한 심리학 이론도 나왔다. 엘레노 로쉬가 제시하는 원형(prototype)이론에 따르면 우리는 원형 즉 특정 사물의 여러 종류 중에서 최적의 사례에 근거해 범주를 만들어낸다.[12] 두루미와 비둘기와 펭귄은 모두 새(조류)에 속하지만 이 중에서 새의 원형을 꼽으라면 누구나 비둘기를 택할 것이다. 두루미는 일반적 새들에 비해 목이 길고 몸집이 크며 펭귄은 하늘을 날지도 못할 만큼 퇴화한 날개를 가졌지만, 비둘기는 우리가 일상적으로 경험하는 새라는 범주의 원형적이고 일반적인 속성을 두루 갖추었기

12) 알렉스 라이트 (2010), p.50.

때문이다. 이 원형은 문화권이 다르더라도 일반적으로 통용되는 규칙이다. 동일한 경험의 구조를 가진다면 분류의 기준이 되는 범주 또한 크게 다를 수 없기 때문이다. 이 원형은 실재를 표상하기보다는 대표한다고 할 수 있고 불변의 객관적 본질보다는 주관적이지만 보편적인 경험에 충실하다.

3.3. 신체화와 은유

사물을 받아들이는 지각 작용만으로 범주가 구성되는 건 아니다. 지각이라는 경험적 원형을 토대로 복잡한 문화적 전달과정을 거치면서 다양한 변종이 만들어지기도 한다. 그리고 그러한 변용에 결정적으로 기여하는 것이 우리의 인지구조다. 인지언어학자 조지 레이코프는 지각을 중심으로 한 원형이론을 더욱 확대해 경험에 토대를 두지만 또한 은유, 환유, 정신적 표상 등을 포함하는 인지모형을 중심으로 분류의 문제를 풀어나간다. 여기서 중심이 되는 개념은 신체 활동과 은유다.[13]

이 구도에 따르면 거의 모든 개념은 신체활동과의 연관성 속에서 만들어진다. 우리가 대상을 인식한다는 건 신체감각이나 신체활동과의 관련성 또는 더 원초적인 개념과의 유사성을 찾는 것이다. 우리는 누구나 사랑을 따뜻하다고 느끼는데 사랑의 행위는 거의 언제나 껴안거나 모닥불 주변을 양보해 주는 등 따뜻함을 주는 행위를 동반했기 때문이다. 그러니까 사랑은 몸속에 새겨진 경험을 추상한 것이다. 이때의 경험은 개체의 것인 동시에 진화의 역사 속에 새겨진 인간 종의 것이기도

13) G. Lakoff (1987).

하다. 개념과 그것들의 분류는 진화를 통해 몸속에 새겨진 삶의 체험에서 출발한다.

3.4. 목표지향 분류법

이밖에 분류의 후성규칙에는 주어진 상황에서 해결해야 할 문제 또는 달성해야 할 목표를 중심으로 사물을 분류하는 목표지향 분류법(ad hoc category)이 있다.[14] 내가 한 권의 책을 써야 한다면 나는 그 목표를 중심으로 책이나 자료를 읽고 모으며 분류한다. 그 방식이 논문이나 칼럼을 쓸 때 또는 일반적 지식이나 교양을 얻기 위해 책을 읽을 때와는 다를 수밖에 없다. 이 규칙은 인터넷과 스마트기기들이 널리 보급된 정보사회에 특히 유용하게 활용된다. 구글이나 네이버와 같은 포털 사이트는 말할 것도 없고 아마존과 같은 상업 사이트들은 사용자의 검색 히스토리를 분석해 그들의 취향과 소비성향을 정확하게 파악해서 관련 정보나 상품을 제시해 준다. 스마트기기 사용자의 검색기록, 이동경로, 소비패턴까지 자동으로 분석한 다음 필요한 정보를 제시해 주는 구글 나우와 같은 서비스도 목표지향 분류법을 활용한 사례일 것이다. 이들 정보들은 사용자의 구매 취향이나 이해관계 또는 관심영역이라는 목표를 중심으로 분류되고, 사용자는 그런 목표지향 분류를 통해 자신도 모르던 자신을 알아간다.

우리가 일상에서 무의식적으로 하게 되는 분류에 이 중 어떤 규칙이 어떻게 적용되는지를 일일이 따져보는 것도 의미 있는 일이겠지만, 여기서는 몸의 분류라는 목적에 맞춰 신체화와 은유라는 규칙을 중심으

14) L. W. Barsalou (1983), pp.211-27.

로 살펴보려고 한다. 즉 어떤 사물을 인식하고 분류할 때 실제로 몸속에서 일어나는 변화와 그런 변화가 우리의 사유범주와 은유적으로 결합하는 방식을 알아보려는 것이다.

4. 체화된 인지와 은유를 통한 분류

의학에 과학(생물학)이 도입된 이후 몸의 분류방식이 변화해 온 과정을 이해하려면 먼저 생물학 자체의 흐름을 살펴야 한다. 의학의 관점에서 생물학의 변곡점을 찾는다면 가장 먼저 16세기와 17세기에 일어난 해부학과 생리학 혁명이 떠오른다. 이후 생명은 애매모호한 목적과 의미를 벗고 몸의 구조(해부학)와 기능(생리학)의 총체로 파악되었다. 여기서 몸은 자동기계(automaton)다.

두 번째는 19세기 중반에 일어난 다윈의 진화혁명인데 이것은 의학 자체에는 큰 영향을 미치지 못했지만 생명에 대한 유물론적 해석을 크게 강화하는 역할을 했다. 여기서 몸은 자연선택의 메커니즘에 따라 진화의 시간을 따라 그 구조와 기능을 바꾸는 적응기계다.

세 번째는 20세기 중반에 일어난 분자혁명이다. DNA가 단백질을 만들고 그 단백질이 다양한 형질을 발현한다는 구도 속에는 톱니바퀴와 같은 부품들로 이루어진 기계의 작동원리라는 은유가 들어있다. 하지만 DNA에는 그것 자체가 생명의 설계도라는 특별한 의미가 부여되었다. 생명이라는 기계를 만드는 설계도가 발견된 셈이고 기계의 은유는 더욱 강화된다.

네 번째는 20세기 초중반에 시작되어 아직도 계속되고 있는 인지혁명이다. 인지혁명의 초기 버전은 뇌를 컴퓨터에 비유하는 것이었다. 뇌는 고도로 복잡한 계산을 통해 몸의 각 부분을 통제한다. 기계의 은유는 여전히 유지되지만 순전히 기계적 요소로 구성된 하드웨어와 그것을 통제하는 정보인 소프트웨어가 구분된다.

20세기 후반에 이르면 인지혁명의 연장선상에 있으면서도 그것이 가지는 기계적 한계를 넘어서려는 다양한 이론적·경험적 연구가 진행되는데, 그 결과가 '제2세대 인지과학'으로도 불리는 체화된 인지(embodied cognition) 이론이다. 이 구도에 따르면 내가 무엇인가를 안다는 것은, 내가 경험해 온 지각과 그에 따라 행했던 행위를 통해 그 대상의 여러 속성과 국면들이 나와 맺었던 관계를 내 몸속에 신경망의 형태로 새겨 넣은 것이다. 마음은 초월적이거나 허령한 존재가 아니라 몸속에서 우러나오는 어떤 경향성이다. 여기서 몸은 더 이상 기계가 아니라 생태계에 묶여있으면서도 그것의 변화에 참여하는 자연 속의 행위자가 된다. 허령한 마음이 기계인 몸을 지배하는 것이 아니다. 나는 몸과 마음이 하나로 묶인 끊임없이 변해가는 패턴이다. 따라서 몸의 분류도 몸-마음의 자기조직화에 따르는 스스로 그러한 결과여야 한다.

이렇게 기계의 은유를 버린다면 어떻게 몸이 스스로를 조직하고 새로운 관계를 맺으며 분류하는 현상을 설명할 수 있을까? 이 물음에 제대로 답하기 위해서는 아직도 가야 할 길이 멀다. 서두에서 말했던 세포 안팎의 분자적 사건들에 대해서도 더 많이 알아야 한다. 단백질의 신호전달체계에 어떤 비밀이 담겨있을 수도 있다. 하지만 1949년에 도날드 헵이 제안한 뉴런의 조직 원리는 몸의 분류에 중요한 통찰을 준다.

함께 발화한 뉴런은 서로 연결된다(fire together wire together)는

헵의 규칙은 조건반사와 같은 현상을 기계적으로 설명하기도 하지만 신경망의 조직 원리가 될 수도 있기 때문이다. 나는 노릇노릇 익어가는 삼겹살의 모습과 거기서 나는 냄새를 느끼면 얼른 소주를 떠올린다. 그 장면이 발산하는 시각과 후각자극이 있을 때마다 소주를 마셨던 상황이 뇌 속의 시각, 후각, 음주를 담당하는 뉴런들을 묶어 주었기 때문이다. 이렇게 함께 발화한 경험을 가진 뉴런들이 하나의 범주를 구성한다. 이 예는 경험의 범주지만 개념의 경우도 마찬가지일 것이다. 인지언어학자 조지 레이코프와 철학자 마크 존슨은 일상 언어들을 광범위하게 조사해 그 은유의 구조들을 밝히고 있다. 그들은 은유의 대부분이 신체 경험에 근거하고 있다고 한다. 분류의 관점에서 보면 신체경험이 은유의 근원적 영역(특정 신경 네트워크로 표상된다.)이고 이것과 동시에 주어진 경험(역시 신경네트워크로 표상된다.)이 함께 조직돼 사물과 개념 분류의 틀이 된다는 것이다.[15)]

우리의 몸과 뇌는 주어진 환경의 문제를 풀기 위해 수많은 독립적 적응기제를 진화시켰는데 그 각각이 앞서 말한 모듈이다. 이 모듈은 적응의 범위를 넘어 확장되기도 한다. 인간의 성욕은 번식이라는 적응의 문제를 넘어 적응과 무관한 문화적 형질이 되었다. 이러한 모듈들은 의식에 떠오를 필요도 없다. 몸의 입장에서 의식은 비용이 많이 드는 사업이기 때문이다. 우리의 뇌는 이러한 모듈들이 한정된 생체자원을 두고 경쟁하는 자연선택의 현장이다. 우리 조상들이 살았던 생존의 현장에서는 이렇게 상대적으로 독립된 사물인지와 행동의 모듈이 분류의 기본 뼈대를 구성했을 것이다. 최초의 분류 기준은 '좋은'과 '나쁜'이었

---

15) 조지 레이코프 · 마크 존슨/ 임지룡 외 역 (2002).

을 것이다. 여기서 좋고 나쁨의 기준은 생존과 번식에 유리 또는 불리함이다.

각각의 모듈이 다양한 적응의 문제를 풀어 온 결과라면 그 모듈들 사이에 서로 상충되는 역할과 기능이 있을 수 있다. 더구나 문명이 발생하고 사회가 복잡해짐에 따라 생물학의 영역을 넘어서는 문화적 적응의 문제도 많이 생기게 되었다. 그래서 모듈들 사이의 이해관계를 조절해 생체 내에서 또는 사회 내에서 공존할 수 있도록 하는 적응이 진화했을 것이다. 이제 그런 생물-문화적 적응의 과정을 되짚으면서 그 과정에 어떤 원리가 작동했고 그 결과 우리는 어떤 인지 구조를 가지게 되었는지 살펴보도록 한다.

신경계 내에서 모듈이 형성되는 과정은 '함께 발화한 뉴런은 함께 묶인다'는 헵의 규칙으로 설명된다. 특정 분류기준에 해당하는 사물에 관한 감각과 정서적 경험 그리고 사회가 그것에 부여한 의미를 부호화하는 신경망은 동시에 발화할 것이고 결국 감각-정서-의미가 하나의 망으로 연결된다. 심리학자들의 연구에 따르면 미국인들은 백인보다는 흑인의 얼굴을 보여 주었을 때 생리적으로 훨씬 더 긴장하는 경향이 있다고 한다. 각종 매체를 통해 흑인의 범죄를 많이 경험했기 때문일 것이다. 범죄와 피부색이 연결되고 다시 그것이 정서와 의미 반응으로 이어진 결과다.

이렇게 형성된 적응의 기제인 모듈들 상호간에는 경쟁도 일어난다. 만약 내가 범죄자 대부분이 백인인 사회에 살다가 상황이 반대인 곳으로 이주했다면 백인과 범죄를 연결시켰던 과거의 모듈은 적응력을 잃게 되고 서서히 새로운 모듈로 대체될 것이다. 노벨상을 받은 신경과학자 제럴드 에델만이 말하는 신경다윈주의다. 헵의 규칙에 따라 형성된 모듈은 다윈의 규칙에 따라 선택된다.

모듈들은 상호배타적으로 경쟁하고 선택되기도 하지만, 그것들이 동시에 활성화된다면 새로운 연결망을 만들면서 훨씬 더 넓은 의미의 모듈이 되기도 한다. 이렇게 확장된 모듈은 기본적으로 뉴런들의 연결망이지만 감각-생리-정서-의미로 그 범위를 확장해 간다. 그리고 마침내 이런 하위 모듈들을 대상화해서 바라볼 수 있는 의식이 진화했다. 이것은 독립된 모듈들 간의 '관계'에서 떠오른 새로운 형질이다. 스타니슬라스 드엔은 의식이 뇌의 전역 정보(global information)라고 한다.[16] 의식이 발화하기 전에는 몇 가지 동시다발적인 활성이 독자적으로 일어나는 모듈식 활동을 보이지만, 의식이 떠오르는 시점에서는 많은 영역들이 동조를 이루어 함께 작동하기 시작한다는 것이다. 이 시점부터는 독립적 모듈들의 수평적 정보와 전역 정보인 의식의 하향식 정보가 뒤섞인다. 엄밀한 과학적 사실(모듈이 부호화한 정보)과 애매한 인문적 가치와 의미(전역정보)도 섞일 수밖에 없다. 그래서 분류의 기준도 복잡해진다.

다양한 모듈들이 어떤 방식으로 관계를 만들면서 상위의 모듈로 이행하는지를 설명하는 규칙으로는 19세기에 윌리엄 휘웰(William Whewell) 이 제안하고 에드워드 윌슨이 사회생물학에 도입한 컨실리언스(consilience) 개념을 활용할 수 있다. 본래의 뜻이 '함께 뛴다'(jumping together)인 이 말을 윌슨과 그의 제자인 최재천 교수는 생물학의 원리로 사회·문화 현상을 모두 설명한다는 통섭(統攝)의 의미로 썼다. 하지만, 경험적 증거들이 점차 수렴해 간다는 본래적 의미를 되

16) 스티븐 핑커 외/ 존 브록만 엮음/ 이한음 역 (2011), p.235.

살린다면, 뇌 신경계의 현상과 그것이 산출하거나 반영하는 생물학적 현상, 그리고 그러한 모듈들 간의 복잡한 관계에서 창발하는 의미와 같은 문화적 현상을 설명하는 유용한 도구일 수 있다. 이 규칙은 함께 발화한 뉴런은 함께 묶인다는 헵의 법칙과도 유비적으로 연결되면서 생명 현상과 문화 현상을 잇는 매개 고리가 된다. 뉴런은 헵의 규칙에 따라 연결되고 다윈의 법칙에 따라 선택되며 휘웰의 규칙에 따라 새로운 관계를 형성하면서 문화의 영역에 속하는 현상들을 떠오르게 한다. 그리고 문화 현상은 다시 생물 현상에 되먹여진다.

컨실리언스를 문화 영역에 적용하면 은유가 된다. 보살핌과 따뜻함은 아주 오랫동안 동시에 경험되었기 때문에(fire together wire together) 그 둘 사이의 은유적 관계(jumping together)가 만들어졌고 우리는 그것을 자연스러운 것으로 받아들인다. 그렇다면 컨실리언스는 헵의 규칙을 문화 영역에 확장한 은유의 법칙이라 할 수 있다. 뇌의 전역 정보인 의식도 결국은 이렇게 함께 활성화된 모듈들의 새로운 관계에서 떠오른 생물-문화적 현상이다. 의식은 하위 모듈들로부터 독립된 영혼이나 정신이 아니라 그것들과 진화적 과거를 공유하면서 물질적으로도 서로 얽혀있는 신체화된 마음이다. 레이코프와 존슨이 은유를 체화된 인지의 기본 구도로 보는 이유도 여기에 있다. 의식(가치와 의미)은 몸속에 들어있고 몸속에서 우러나오며 다시 몸속으로 들어간다. 몸의 분류는 이렇게 체화된 인지의 구조를 반영하며 또한 그 구조를 생성한다. 이제 인지의 대상인 동시에 주체이기도 한 몸의 분류체계가 변화해 온 과정을 통해 체화된 인지의 구조를 조금 더 자세히 살펴본다.

5. 몸의 은유

몸은 그것이 살아가는 시대의 가치를 듬뿍 담고 있는 문화의 그릇이다. 따라서 그 몸이 어떻게 표상되고 치장되는지를 보면 그 시대의 가치와 문화를 읽을 수 있다. 빌렌도르프의 비너스라 불리는 2만2천 년 전에 만들어진 여인의 조각상(〈그림 1〉)을 보면, 풍만한 가슴, 뚱뚱한 몸매, 굵은 허리가 특징이다. 이목구비가 없는 머리와 생식기가 유난히 강조된 모습도 특이하다. 남녀를 불문하고 얼굴이 없고 생식기가 강조된 모습은 선사시대 동굴벽화에 흔히 등장하는 특징이다. 얼굴이 없다는 사실로부터는 개인의 정체성에 대한 관념이 희박했음을, 생식기를 강조했다는 사실로부터는 그들이 이루고 살았을 집단의 유지와 번성을 위한 몸의 기능과 욕망에 중요한 가치를 부여했을 거라고 짐작할 수 있다. 몸을 다른 무엇에 비유하는 틀은 발견되지 않는다.

고대 문명이 시작된 이후로는 4원소와 5행과 같은 자연철학의 구도에 몸을 대응시키는 분류법이 대세가 되었고, 중세 유럽에서는 몸의 부위를 별자리에 대응시키는 점성술적 해부학(〈그림 3)이 유행하기도 했다. 이후 해부학이 발달하고 '보이는 대로의' 몸을 그리기 시작했지만 신체 장기를 표상하는 경우에 그 기능을 표현하기 위한 은유가 적극적으로 활용되었다.

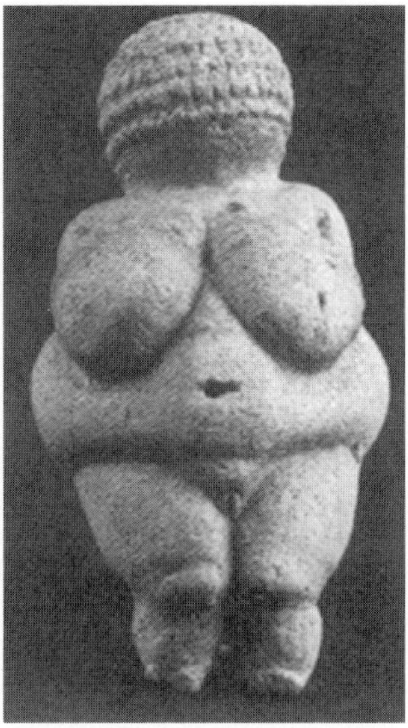

〈그림 1〉 빌렌도르프의 비너스

〈그림 2〉 선사시대 동굴 벽에 그려진 몸의 모습

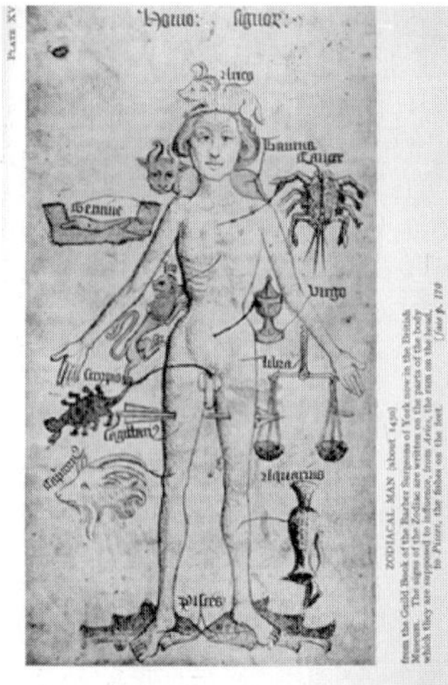

〈그림 3〉 별자리와 인체의 은유

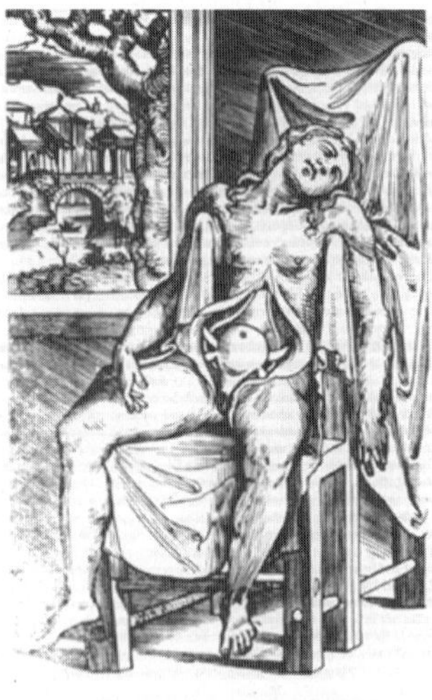

Fig. 6. An old illustration of the anatomy of the urinary bladder. The picture of water flowing under the bridge tells a truth about the body that is metaphorical rather than literal (from Jacopo Berengario, *Isagogae Breves*, Bologna, 1523).

〈그림 4〉 방광과 도랑의 은유

FIG. 96.—Plate prepared by Casserius, but first published in Adrian Spigelius, *De formato fœtu*, Padua, without date, but with dedication of 1626.

〈그림 5〉 자궁과 꽃의 은유

예컨대 방광을 그린 해부도에는 배경이 되는 벽면에 물이 흐르는 도랑을 그려 비뇨기의 기능을 은유적으로 표현했고(〈그림 4〉), 아이가 들어있는 자궁을 열매를 맺은 꽃처럼 그리기도 했다(〈그림 5〉). 16세기에 베살리우스가 출판한 해부도는 보이는 대로의 몸을 정확히 묘사한 것으로 유명하다. 하지만 살아 있는 사람을 투시한 듯 뼈만 남은 사람이 절벽 끝에 서서 생각에 잠긴 모습(〈그림 6〉)도 있고 피부가 모두 벗겨진 사람이 힘 있게 움직이는 모습(〈그림 7〉)도 있다. 해골과 근육에 담긴 '의미'를 버리지 않고 예술적으로 표현한 것이다. 몸은 아직 사람과 분리되지 않았고 사람의 가치가 몸에 투사되어 있다.

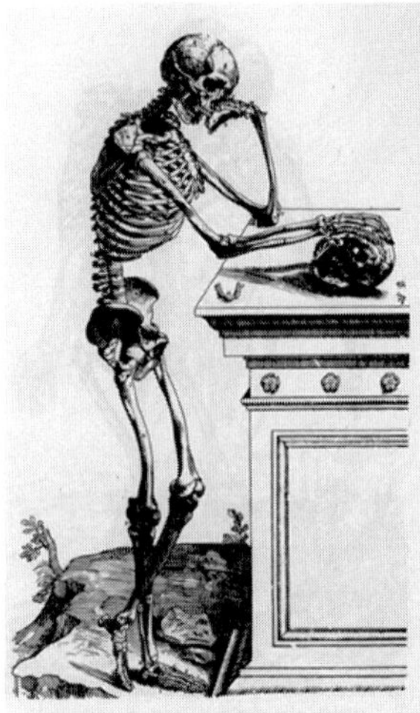

FIG. 103.—Second Skeleton from *Fabrica*.

〈그림 6〉 생각하는 해골

Figure 2. Veslius, *Fabrica*, 1543,Wellcome Institute, London.

〈그림 7〉 근육도

동아시아 전통의학에서 몸은 기(氣)와 혈(血)이 흐르는 수로로 표상된다(〈그림 8〉). 그래서 이것을 물길의 관리가 무척 중요했던 고대 농업사회의 가치가 그대로 몸에 투사된 것으로 보기도 한다. 심(心)과 간(肝)을 각각 임금과 장군에 비유하는 등 신체기관을 국가를 관리하는 벼슬에 비유하는 경우도 많다. 여기서 몸은 다스림과 관리의 대상인 나라이고 국토다. 고대로부터 정치와 의학은 이렇게 은유의 구조로 긴밀하게 연결되어 있었던 것이다.

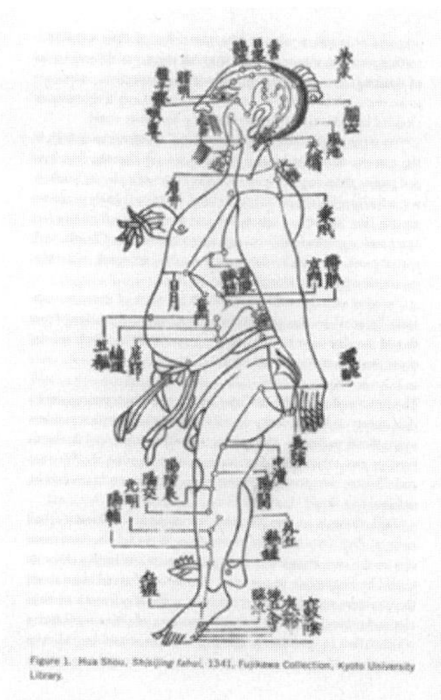

〈그림 8〉 인체 경락도 수로의 은유

불교 국가인 티베트의 의학은 종교와 분리될 수 없는 불교의학이다. 여기서 심장은 임금이 아닌 부처다(〈그림 10〉). 거의 모든 의학 개념이 여러 개의 벽걸이 그림으로 표현되는데, 여기에 티베트 사람들이 살아온 역사와 앓아 온 질병의 이야기가 가득 담겨 있다.

〈그림 9〉 티베트 의학의 건강과 질병: 나무의 은유

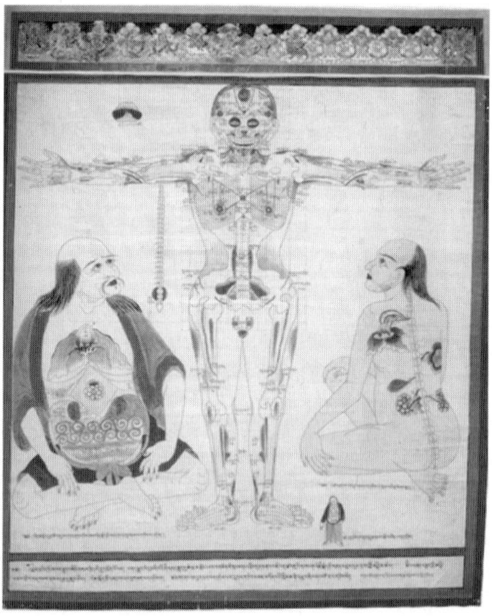

〈그림 10〉 티베트 의학의 해부도: 부처의 은유

이 중 건강과 질병의 개념을 담은 그림은 커다란 나무 모양이다(〈그림 9〉). 건강과 질병은 같은 뿌리에서 나온 두 줄기로, 인체의 각 부위와 체액은 잎으로 상징된다. 이 나뭇잎들에는 사람들의 다양한 일상이 그려져 있다. 사람들의 생로병사와 거대한 나무가 은유의 구조로 연결되어 있는 것이다.

근대 이후의 서양의학에서 몸은 기계이고 전쟁터이며 시장이다. 병은 고장 난 몸이다. 그래서 병이 나면 그 몸을 '고치러' 병원에 간다. 병원에서는 병을 일으킨 나쁜 균들과 싸워 이길 무기를 내 몸속에 투입한다. 건강은 전쟁에서의 승리다. 그 전쟁에서 이기기 위해 우리는 평소에 각종 무기를 갖추고 있어야 한다. 그래서 내 몸은 그 무기들이 소비되는 시장이기도 하다.

기계의 은유는 대체로 데카르트와 뉴턴에 의해 심신이원론과 기계적 우주론이 확립된 17세기 이후에 형성되었다. 이후 기계의 원형이 시계에서 컴퓨터로 바뀌기는 했지만 여전히 몸을 설계된 대로 제작된 기계로 여기는 은유의 무의식은 달라지지 않았다. 이 은유는 그대로 유전자를 기계인 몸의 설계도로 여기는 태도로 이어졌다.

몸의 전쟁터 은유는 장미 가시에 찔린 불가사리 유충을 관찰하던 중 가시 주위로 면역세포들이 모여들어 이물질을 공격하는 모습을 본 최초의 면역학자 메치니코프가 그 원조라고 할 수 있다.[17] 이후 면역세포는 나에 속하지 않는 것으로부터 나에 속하는 것을 지키는 방위 군인으로 형상화되었다. 이후 몸은 자기와 비자기가 목숨을 걸고 싸우는 전쟁터다(〈그림 11〉).

17) E. Cohen (2009).

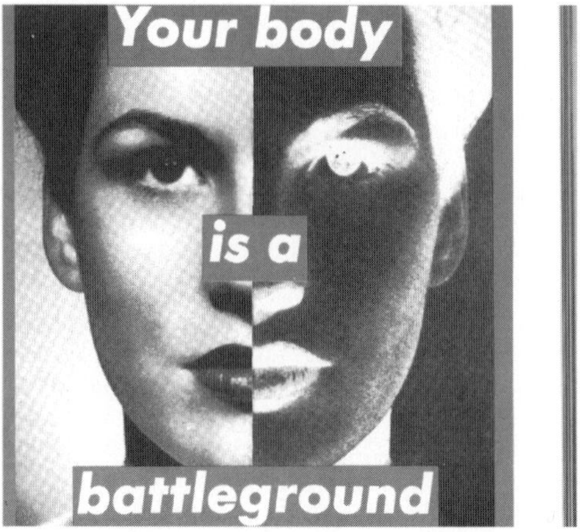

〈그림 11〉 바바라 크루거의 「무제」(1989),
포토스크린/비닐

몸의 시장 은유는 표준화된 기술로 생산된 의약품이 대량으로 생산되고 소비되기 시작한 20세기 이후에 나타났다. 몸이 시장이 되면서 우리는 질병을 치료하기 위해 의약품을 소비하기도 하지만 때로는 의약품을 소비하기 위해 질병을 앓는 전도된 상황을 만나기도 한다.

6. 대안적 몸 은유와 분류

지금 과학에 뿌리를 둔 서양의학은 전 세계의 보편 의학이 되어가고 있다. 이에 따라 우리는 무의식적으로 그 의학이 전제하고 있는 은유의 구조(기계-전쟁터-시장)에 따라 몸을 알고, 살며 느낀다. 하지만 위에서 살핀 대로 그것이 몸을 알고 사는 유일한 길일 수는 없다. 근대 이전 또는 비서구권의 몸 은유를 '틀렸다'고 말할 수 있는 유일한 근거는 근대 서양과학의 세계관과 그에 따른 진리주장이다. 하지만 과학적 의학 역시 특정한 은유 구조에 뿌리를 둔 하나의 지식체계라는 사실을 인정한다면 그런 진리주장은 설득력을 잃는다. 생명을 파악하는 가장 근본적인 원리가 패러독스임을 간파한 생물학자 안드레아스 바그너의 말처럼, 우리는 진리와 지식을 함께 가질 수 없는지도 모른다.[18] 여기서 진리가 몸에 관해 알고 그것을 움직여 무언가를 하며 살아가는 생명 그 자체의 총체적 느낌이라면,[19] 지식은 어떤 은유 구조에 따라 이해해 온 몸에 관한 특정한 앎의 체계다. 그리고 우리가 살아간다는 건 특정 은유 구조를 선택하는 것과 다르지 않다.

〈그림 12〉 르네 마그리트의 「데칼코마니」 (1966)

18) 안드레아스 바그너 (2009), p.320.
19) 강신익 (2007).

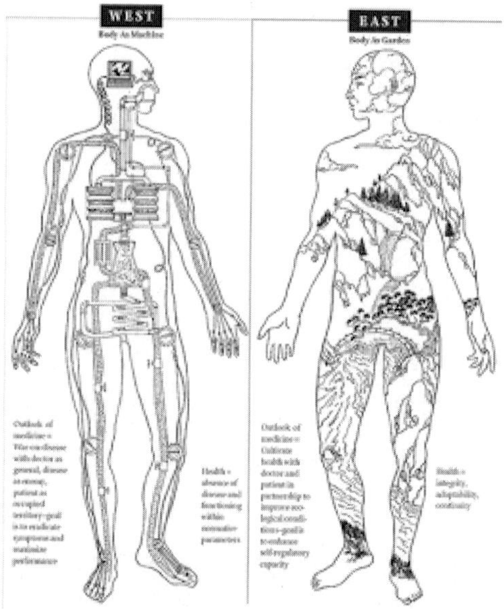

〈그림 13〉 기계 또는 정원으로서의 몸
http://meridianflowacupuncture.blogspot.kr/2011/01/body-as-machine-vs-garden.html

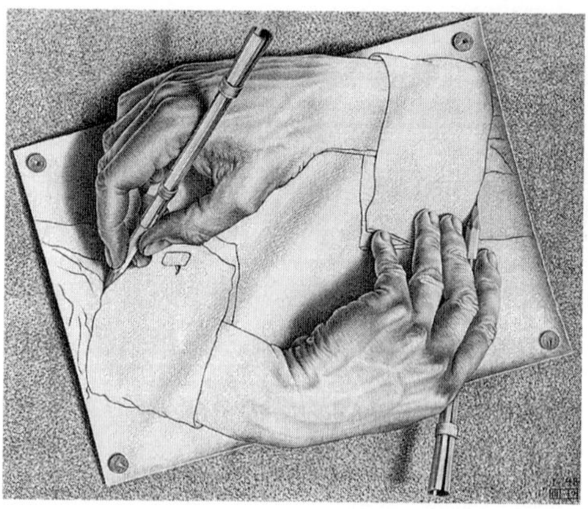

〈그림 14〉 모우리츠 에셔의 「그림 그리는 손」 (1948)

따라서 은유의 구조를 바꾸면 예전에는 감춰져 있던 진실의 새로운 국면이 드러난다. 이제 21세기의 새로운 몸 은유를 제안하면서 이 글을 마무리하려 한다. 몸은 사전에 설계된 기계이기보다는 스스로 가꾸어 가야 할 정원이고, 나와 세상이 싸우는 전쟁터가 아니라 몸인 내가 세상과 마주하는 창(窓)이며, 의약품이 소비되는 시장이 아닌 스스로의 생애와 역사의 이야기를 써내려가는 전기 작가 또는 이야기꾼이다. 이 은유 중 하나는 옛 사람들의 지혜를 빌려온 것이고 나머지는 세상의 진리를 꿰뚫어보는 예술가들의 통찰에서 온 것이다. 이렇게 다른 은유를 사용하면 그 몸에 담을 내용물과 그것들을 분류하는 틀도 달라진다.

몸이 기계라면 뭔가 문제가 생겼을 때 원인이 된 부품을 고치거나 바꿔야 하지만, 정원으로 보면 거기서 자라는 동식물의 생태적 지위를 생각하게 된다. 몸이 기계일 때는 그것을 장기-조직-세포-분자의 위계적 질서로 파악하게 된다. 작은 톱니바퀴가 모여 중간 수준의 기능을 발휘하고 이 중간 수준의 구조가 상위 기능을 결정하는 식이다. 문제가 생겼을 때 구성요소를 바꾸거나 고치는 것 외에 다른 해결방법은 없다. 한때 면역학에서는 항원과 항체를 열쇠와 자물쇠의 관계로 파악했는데, 이것이야말로 몸-기계 은유가 실제 과학에 적용된 대표적 사례다.

하지만 현대 면역학에서는 더 이상 열쇠-자물쇠 은유가 통용되지 않는다. 면역을 담당하는 세포와 물질들의 관계는 기계장치로 환원해서 설명할 수 있을 만큼 간단하지 않기 때문이다. 여러 가지 다양한 이론과 은유가 제시되었고 그 중에서 가장 그럴듯한 것이 정원의 은유다.[20] 몸은 정원이며 면역계는 이 정원이 생태적 균형을 찾아가도록 돕는 정

20) I. Cohen (2005).

원사다. 정원의 은유는 나와 나 아닌 것을 구별 짓거나 나 아닌 것을 공격하여 물리치는 면역의 전투적 이미지를 상호 양보와 협력을 통해 생태적 균형을 찾아가는 평화적 이미지로 바꿀 수 있게 한다.

몸은 나 자신이기도 하지만 선택적으로 바깥세상을 내 속으로 끌어들이는 나와 세상 사이의 창문이기도 하다. 이 은유는 선택적 투과막인 세포막의 이미지와도 잘 부합한다. 세포막이 물질의 이동을 조절하는 여러 채널들을 가지고 있으면서 필요에 따라 열고 닫아 생체 기능을 유지하듯이 우리 몸도 외부세계와 선택적으로 교류한다. 그래서 정체성을 잃지 않으면서도 외부로 열려있을 수 있는 것이다. 몸과 세상을 열고 닫는 창문의 은유는 소화, 호흡, 피부, 신경, 면역 등 여러 생체기능에 적용할 수 있다.

최근의 신경과학 연구에 따르면, 우리의 뇌는 외부의 자극을 있는 그대로 받아들여 그 표상을 처리만 하는 것이 아니라, 이미 내 속에 들어와 있는 세상과 나 자신의 이미지에 맞춰 주어진 상황에 대처하는 데 필요한 물질적 상태와 의미를 만들어내는 능동적 기관이다. 똑같은 구도가 면역계에도 적용된다. 이 새로운 구도에 따르면 면역계는 나 자신과 세계와의 관계에 관한 정보를 면역세포와 물질들 사이에 형성된 관계망의 형태로 내 안에 가지고 있다. 어떤 행동을 하고 있는 사람을 바라보기만 해도 그 사람이 활성화한 것과 같은 신경망이 내 뇌에서도 활성화된다는 거울뉴런(mirror neuron)의 발견, 뇌는 나의 몸뿐만이 아니라 나의 활동반경에 있는 환경에 관한 정보도 함께 부호화한다는 개인주위공간(peri-personal space) 등도 몸과 외부환경이 만나는 창문의 이미지와 부합한다.

마지막으로 몸은 스스로의 이야기를 자기 자신 속에 새겨 넣는 전기 작가 또는 이야기꾼이다. 에셔의 유명한 작품 「그림 그리는 손」의 이미지(〈그림 14〉)가 이 은유를 가장 잘 표현한다. 몸은 스스로의 경험을 자신 속에 기록하고 그렇게 끊임없이 달라지는 몸으로 살아간다. 따라서 어떤 특정 시공간의 단면으로는 몸 전체를 파악할 수 없고 경험의 구조 전체를 살펴야 비로소 진실에 가까이 다가갈 수 있다. 이런 변화는 이미 최근에 일부 의학자들이 도입하고 있는 생애경로 의학(life course medicine)이나 서사의학(narrative medicine)에서 실현되고 있다. 생물의학(biomedicine)이 생애 특정 시기와 장소에서의 평균적인 생리기능을 중심으로 질병과 건강을 판단한다면 생애경로의학은 환자 개인의 생애 전체를 판단의 근거로 삼는다. 어떤 아이가 소아당뇨로 고생한다면 생물의학은 지금의 혈당치와 인슐린에 모든 관심을 쏟지만 생애경로의학은 그 아이가 태아였을 때 엄마의 생활습관과 영양 상태 등 생물학적 역사 전체를 파악하려고 한다. 서사의학에서는 여기에 환자 자신이 그런 질병경험에 부여하는 의미와 이야기의 구조가 더해진다.

지금까지 주류의학을 지배하고 있는 몸 은유가 지향하는 가치는 효율(기계)-승리(전쟁)-돈(시장)이다. 이 중 어느 것도 스스로 그러함에 속하지 않는다. 지금 의료 현장에서 나타나고 있는 삶의 의료화, 의료서비스의 상업화와 지나친 전문화, 장기와 난자매매에서 드러난 것과 같은 몸의 도구화 등의 문제는 일정하게 이런 은유 구조와 연결되어 있다. 몸을 오랫동안 가꾸어가야 할 정원이나 세상으로 열린 창, 그리고 세상과 만났던 경험을 기록하면서 스스로 변해가는 이야기꾼으로 생각한다면 이런 문제는 생기지 않았을지도 모른다.

물론 우리가 그런 은유 구조를 선택했던 데에는 상당한 이유와 명분 심지어는 불가피성이 있었다. 그 덕택에 우리는 지금 전대미문의 건강과 행복을 구가하고 있다고 할 수도 있다. 그러나 바그너의 말처럼 우리가 진리와 지식을 함께 가질 수는 없지만 그럼에도 항상 어떤 지식을 선택해야만 한다면, 그 선택은 과거가 아닌 미래지향적인 것이 되어야 할 것이다. 여기에 제시한 새로운 은유의 구조는 철학적으로 충분히 검토된 것도 아니고 경험적 증거가 충분하지도 않은 설익은 아이디어에 불과하다. 하지만 젊은 과학자들로 하여금 아직까지는 묻지 않았던 새로운 종류의 질문을 던지게 할 수는 있다. 이런 질문을 던지면서 우리는 환원적 과학이 탐구의 대상에서 제외했던 인문적 가치와 의미를 과학 연구에 다시 도입하는 모험을 시작할 수 있게 된다.

과학과 인문학이 함께 뛰되(consilience: jumping together) 딱딱한 바닥에서 따로따로 높이뛰기 경쟁을 하는 스카이 콩콩 같은 함께 뛰기가 아닌 움직이는 공동의 바닥에서 상대방의 영향을 듬뿍 받으며 리듬에 맞춰 뛰어오르는 트렘볼린이나 널뛰기와 같은 함께 뛰기가 필요한 때가 아닌가 싶다.

참고문헌

강신익. 『몸의 역사, 몸의 문화』. 서울: 휴머니스트, 2007.

김동식. 『프래그머티즘』. 서울: 아카넷, 2002.

다마지오, 안토니오. 『스피노자의 뇌: 기쁨, 슬픔, 느낌의 뇌과학』. 임지원 역. 서울: 사이언스북스, 2007.

라이트, 알렉스. 『분류의 역사』. 김익현 · 김지연 역. 서울: 디지털미디어리서치, 2010.

레러, 조나. 『프루스트는 신경과학자였다』. 최애리 · 안시연 역. 서울: 지호, 2007.

레이코프, G. M. 존슨. 『몸의 철학: 신체화된 마음의 서구 사상에 대한 도전』. 임지룡 외 역. 박이정, 2002.

바그너, 안드레아스. 『생명을 읽는 코드, 패러독스』. 김상우 역. 서울: 와이즈북, 2009.

존슨, 마크. 『도덕적 상상력: 체험주의 윤리학의 새로운 도전』. 노양진 역. 파주: 서광사, 2008.

핑커, 스티븐 외. 『마음의 과학』. 존 부록만 엮음. 이한음 역. 서울: 와이즈베리, 2012.

후베르트, 마르틴. 『의식의 재발견』. 원석영 역. 서울: 프로네시스, 2006.

Barsalou, L. W. "Ad hoc Categories," In *Memory and Cognition*. 1983, pp.211-27

Cohen, E. *A Body Worth Defending: Immunity, Biopolitics, and the Apotheosis of the Modern Body*. Duke University Press, 2009.

Cohen, I. *Tending Adam's Garden: Evolving the Cognitive Immune Self*. Elsevier, 2005.

Kahneman, D. *Thinking Fast and Slow*. Penguin Books, 2011.

Lakoff, G. *Women, Fire, and Dangerous Things: What Categories Reveal about the Mind*. University of Chicago Press, 1987.

McGilchrist, I. *The Master and His Emissary: The Divided Brain and the Making of the Modern World*. Yale University Press, 2009.

Shermer, M. *The Science of Good and Evil: Why People Cheat, Gossip, Care, Share, and Follow the Golden Rule*. Henry Holt and Company, 2004.

제6장

몸의 습관화와 도덕교육

박병기

1. 우리 시대의 윤리적 화두(話頭)와 교육

'우리 시대'는 내포와 외연이 불분명한 개념이지만 일반적으로는 지금 우리가 발 딛고 살아가고 있는 시대를 지칭하는 개념으로 해석될 수 있다. 이 정의 안에는 시간뿐만 아니라 공간도 포함되기 때문에 지금 우리 한국인들을 기준으로 해석할 경우 '21세기 초반 한국사회'를 중심으로 펼쳐지고 있는 현재의 시간과 공간으로 규정짓는 일이 가능해진다.

2015년 5월 현재 우리 시대를 특징지을 수 있는 가장 큰 사건은 '4·16 세월호 사건'이다. 수학여행길을 나선 고등학생들을 포함하여 수백 명의 목숨을 앗아간 이 사건은 국내외의 모든 한국인은 물론 세상 사람들의 이목을 집중시킨 비극으로 새겨져 있고 여전히 그 충격은 현재진행형이다.

이 사건에 접근하는 관점에 따라 각각 다른 해석이 가능하지만, 우리 모두가 공유할 수밖에 없는 비교적 명백한 사실은 세월호 선장과 선주를 정점으로 하여 구조작업에 제대로 대처하지 못한 사람들의 무능과 부도덕성이 적나라하게 드러났다는 것이다. 그것은 동시에 그 사람들의 개인적 차원을 넘어서서 우리의 사회체제가 지니고 있는 사회윤리적 도덕성 수준을 보여 준 사건이기도 하다. 지켜야 할 기준들을 얼마간의 돈을 주고받거나 연고주의에 기반하여 눈감는 일이 여전히 만연해 있는 사회의 도덕성 수준이 아이들의 목숨을 앗아갔음에도 여전히 유사한 사건들이 이어지고 있다고 볼 수밖에 없다.

세월호 사건을 통해 드러난 21세기 초반 한국사회의 문제는 비교적 분명하다. 그것은 1960년대 이후 추진한 급속한 경제성장 정책의 일정한 성공과 외적 풍요의 확산, 그에 따른 물신주의(物神主義)의 정착과 불필요한 윤리의 과잉 및 꼭 필요한 윤리의 결핍으로 요약해 볼 수 있다. 세계 10위권을 오르내리는 국가 경제 규모와 세계적으로도 유래가 드문 민주화 정착은 우리 한국인들이 그동안 한 번도 제대로 누리지 못했던 풍요와 자부심, 쾌락의 획득 등으로 이어지고 있지만, 다른 한편 돈과 쾌락을 제외하면 설정되기 어려운 삶의 의미 물음 대두와 이중적인 윤리 기준 만연으로 인한 실질적인 가치관 파괴 및 사회적 불안의 확산, 과장된 경쟁의식 내면화로 인한 피로사회로의 급속한 전환 등의 심각한 부작용을 노출시키고 있다.

세월호 사건의 충격으로부터 조금씩 벗어나는 과정에서 우리는 더 이상 이런 사건이 반복되지 않는 사회체제를 만들어야 한다는 강한 공감대를 형성한 듯 했지만, 불과 1년을 지내고 있는 현재를 기준으로 성찰해 보면 불필요한 적대감과 충돌을 주고받은 것을 제외하면 눈에 띌 만한 변화가 이루어지고 있다고 판단할 수 있는 근거는 거의 없다고 해도 지나치지 않을 만큼 급속도로 잊어가고 있다. 이렇게 살아가도 괜찮은 것인가?

이 물음에 긍정적으로 답을 할 수 있는 무모한 용기를 가진 사람은 없을 것이다. 우선 나 자신이나 자식들이 그 실질적인 위협의 대상이 될 가능성이 늘 열려있기 때문이고, 이런 체제를 지속시켜나가는 일 자체가 그다지 가능할 것 같지 않기 때문이다. 물론 우리는 세계적으로도 사고의 위험성이 높은 수준인 원자핵발전소를 주변에 두고 있고 이미 후쿠시마 사고를 통해 '안전한 원전 이데올로기'가 허구임이 밝혀졌음에도 여전히 핵발전소의 불가피성을 넘어서서 원전수출을 통한 경제성장의 지속을 외치고 있다. 이른바 원전 마피아가 외부와 함께 나의 내부에 공존하고 있는 셈이지만, 이런 삶이 얼마나 지속가능한지에 대해 확고한 근거를 갖고 말할 수 있는 사람은 어디에도 있을 수 없다. 만약 그런 사람이 있다면 자신을 속이고 있거나 아니면 자신의 자리를 지키기 위한 강변을 하고 있는 사람일 뿐일 것이다.

이런 상황 속에서 우리는 자신과 후손들을 위해서 무엇을 할 수 있고 또 해야만 하는가? 이 물음이 바로 우리 시대의 화두(話頭)이다. 이것이 화두인 이유는 쉽게 그 해답을 찾기 어려울 만큼 중첩된 과제라는 점과 그럼에도 포기할 수 없는 절박한 과제라는 점 때문이다. 이 물음의 중첩성은 시대와 사회의 문제임과 동시에 나 자신의 문제라는 점에서 부각될 수 있고, 절박성은 지금 이 순간에도 내 자식의 목숨을 노리는 위험을 우리 자신이 방치하고 있거나 조장하는데 동참하고 있다는 현실적 자각에서 비롯된다.

윤리학은 바로 이런 절박한 화두와의 이론적·실천적 대면을 전제로 하여 성립되는 학문이다. 윤리학을 정의하는 방식이 철학의 하위 분과 중 하나로 상정하는 서양철학적 관점과 모든 철학적 물음의 궁극적 귀결로 상정하는 실학(實學)의 전통을 이어온 동양철학적 관점으로 대립하고 있지만, 두 관점이 공유할 수 있는 확실한 전제는 윤리학이 삶의 의미 물음을 포함하는 실천적 쟁점을 적극적으로 수용해야 하는 실천학문이라는 사실이다. 다시 말해서 윤리학은 바로 우리가 서 있는 이 지점을 논의의 출발점으로 삼아 지속적으로 삶의 화두를 제기하고 그 지난한 답을 모색해야 하는 실천학문이라는 것이다.

도덕교육은 이러한 윤리학을 주된 배경 학문으로 삼아 전개되는 모든 교육적 노력과 처방을 지칭하는 개념이다. 현대 교육학의 기능주의적 경향으로 인해 교육 개념에 관한 정의가 '인간 행동의 계획적인 변화' 등과 같은 형태로 좁혀지기 전까지는 교육은 곧 도덕교육이라는 명제가 동서양을 두루 아우르면서 통용되었고, 21세기 초반 한국사회의 경우에는 여전히 그런 정의가 통용될 수 있는 여지가 남아있기도 하다. 물론 정부 부처인 교육부를 '교육인적자원부'로 바꾸기도 했던 사례나 대부분의 교육학자들의 교육관이 주로 기능주의나 좁은 의미의 실용주의적 관점으로 재편되는 우리 현대사를 염두에 두면, 교육을 바라보는 주된 관점이라고 말할 수는 없다.

그렇게 본다면 현재 우리 사회에는 도덕교육을 바라보는 서로 다른 관점 두 가지가 존재한다고 말할 수 있다. 하나는 도덕교육을 교육 그 자체와 동일시하면서 주로 인격함양에 초점을 맞추는 관점이고, 다른 하나는 도덕교육을 교육의 한 영역으로 축소시키면서 우리 사회에서 요구하는 인간, 예를 들어 '창의융합형 인재'가 갖추고 있어야 할 역량 중 하나로 도덕적 역량을 포함시키는 관점이다.[1] 전자가 도덕교육의 자율성, 즉 그 자체로 목적이 되는 관점이라면 후자는 도덕교육을 다른

1) 교육부 교육과정정책과, 「2015 문·이과 통합형 교육과정 총론 개요」 (2014. 9) 참조.

교육 목표를 달성하기 위한 수단으로 간주하는 관점이다. 그 중에서 교육과정 개정 등의 과정에서 더 많은 관심을 모으는 관점은 당연히 후자이다.

그런데 여기서 우리는 이 두 관점이 서로 모순되어 접점을 찾을 수 없는 것인가 하는 물음을 던져볼 수 있다. 왜냐하면 수단과 목적 사이의 구분이 쉽지 않을 뿐만 아니라 어느 지점에서는 굳이 구분할 필요성을 느끼지 못할 수도 있기 때문이다. 다시 말해서 자율적으로 삶의 목적과 의미를 정해서 살아가는 시민사회의 구성원으로서의 '시민'을 염두에 둘 경우, 인격함양이라는 개인적 차원의 과제와 '인성을 갖춘 창의융합형 인재 양성'이라는 사회적 차원의 과제는 각각 사적 영역과 공적 영역의 과제로 공존할 수 있는 가능성이 열려 있다는 것이다.[2] 물론 이 공존이 무리 없이 가능할 수 있는지에 대해서는 비판적 논의의 과정이 전제되어야 하겠지만 그렇다고 해서 그 가능성까지 부정할 필요는 없다.

사실 이 문제에는 도덕교육의 내포와 외연을 둘러싼 복잡한 쟁점이 포함되어 있다. 시민사회에서 도덕교육의 외연(外延)을 어떻게 설정할 것인가를 놓고는 '금지의 도덕'과 '공공장소에서 다른 사람을 배려하는 행동을 해야 한다.'와 같은 최소한의 '권고의 도덕'까지만 포함할 것인지, 아니면 '어떻게 살 것인가를 고민할 수 있는 성향과 능력'을 길러주

2) '2015 문·이과 통합형 교육과정'에서 공식적으로 목표로 삼고 있는 인간상은 '창의융합형 인재'이고 세부 설명에는 '인문학적 상상력과 인성을 갖춘' 이라는 말이 포함되어 있지만, 발표자는 그 인간상 자체가 반드시 '인성을 갖춘 창의융합형 인재'가 되어야 한다고 주장하고 있는 중이다. 졸고 「2015 문·이과 통합형 도덕과 교육과정 개정 방향과 시안 개발」, 『2015 도덕과 교육과정 개정 시안 공개토론회 자료집』 (2015. 4. 17, 한국교원대학교), pp.5-8 참조.

는 것까지 포함할 것인지 하는 쟁점이 있을 수 있다.[3] 이러한 외연의 문제는 당연히 도덕의 핵심 속성을 무엇으로 규정할 것인지와 같은 내포의 문제와 직결되어 있다.[4]

도덕(道德, moral)은 사회적 차원에서 존재하는 규범의 하나이면서 동시에 개개인의 내면에서 가치판단의 준거로 작동하는 도덕성(道德性, morality)이기도 하다. 도덕교육에서 전제하는 도덕은 이 도덕과 도덕성 모두를 포괄하는 것이지만, 사회적 차원의 도덕은 상대적으로 독립적인 존재성을 지니면서 개인 내면의 도덕성과 긴장 관계를 형성하기도 한다. 그럴 때 도덕교육은 그 긴장관계의 실상을 성찰하면서 보다 나은 관계 설정으로 이끌어갈 수 있는 실천 역량을 길러주는 것까지 목표 속에 포함시키게 된다.

그런데 이러한 도덕교육의 성격과 범위 설정 문제는 도덕과 도덕성을 어떻게 규정할 것인지를 본격적으로 탐구하는 윤리학과 도덕심리학이라는 배경학문과 긴밀하게 연계되어 있다. 이 연결고리에 유념하지 않은 채 전개하는 도덕교육 논의는 자칫 사상누각과 같은 공허한 담론으로 전락할 수도 있기 때문에 보다 적극적인 관심이 요청되는데, 이 지점에서 우리가 주목해볼 만한 최근 윤리학 논의의 동향 중 하나는 도덕심리학이 윤리학에 포함될 뿐만 아니라 포함되어야만 한다고 주장하

---

3) 노양진의 '금지의 도덕'과 '권고의 도덕' 개념은 최소 도덕과 최대 도덕 개념과 유사한 범주 구분이라고 볼 수 있다. 노양진, 『나쁜 것의 윤리학』 (파주: 서광사, 2015), pp.112-16 참조.

4) 노양진은 도덕적인 것의 핵심은 '규범적 강제성'이라고 규정하면서 윤리학 또한 이 규범적 강제성에 대한 경험적 탐구여야 한다는 입장을 피력한다. 그의 규범적 강제성 개념은 도덕의 속성을 보편성과 처방성이라고 규정한 해어(R. M. Hare)의 두 개념을 포괄할 수 있는 것으로 보인다. 노양진, 『몸이 철학을 말하다: 인지적 전환과 체험주의의 물음』 (파주: 서광사, 2013), p.148 참조.

는 윤리적 자연주의, 또는 윤리학의 자연주의적 경향이다.

2. 윤리학의 자연주의적 경향과 마음의 문제

2.1. 윤리학의 자연주의적 경향

20세기 윤리학은 다른 여타 학문 분야와 마찬가지로 서양 윤리학이 학문적 주도권을 행사했다는 점에서 거의 서양윤리학과 동의어로 사용되었다. 그것은 특히 우리와 같은 비서구권의 경우 더 두드러진 현상으로 자리 잡았고, 21세기 초반 현재까지도 여전히 강력한 흐름으로 이어지고 있다.[5] 물론 윤리학이라는 학문이 지니는 보편성 지향과 우리 삶 자체의 급속한 서구화를 근거로 서양 윤리학적 논의의 적극적인 보편성을 주장할 수 있는 근거가 아주 없는 것은 아니지만, 그럼에도 윤리학적 논의의 또 다른 한 축인 현실을 감안해본다면 이런 현상은 극복되어야 하는 과제임에 틀림없다.

서양 윤리학 중심의 20세기 윤리학은 대체로 흄(D. Hume)의 법칙을 계승한 무어(G. E. Moore)의 이른바 자연론적 오류(naturalistic fallacy) 논증, 즉 사실과 가치의 엄격한 분리 위에서 전개되는 경향을 보였다. 사실로부터 당위를 이끌어낼 수 없다는 이 오류에 관한 지나친 유념은

---

5) 20세기 중·후반 한국철학계의 윤리학적 논의를 상징하는 김태길, 『윤리학』(박영사, 2010)은 거의 모든 내용을 서양 고전윤리학과 서양 현대윤리학으로 채우고 있으면서도 '윤리학'이라는 명칭을 꾸준히 고수해 왔다. 그에 비해 서양에서 최근에 출간되는 윤리학 책들은 '서양'윤리학과 일반 윤리학 사이의 구별에 유의하는 모습을 보여 주고 있다. 그 한 예로 K. Malik, *The Quest for a Moral Compass: A Global History of Ethics* (New York & London: Melville House Printing, 2014) 참조. 이 책은 유교와 불교뿐만 아니라 이슬람의 윤리사상까지 포괄하고 있다.

도덕 판단은 단지 좋고 싫음의 감정 표현에 불과한 것이라거나 그 판단에서 활용하고 있는 도덕 개념의 분석으로 윤리학의 영역을 제한하고자 하는 경향으로 표출되기도 했다. 이러한 경향은 규범윤리학의 급속한 쇠퇴로 이어졌고, 윤리현상에 대한 사회과학적 기술(記述)을 목표로 삼는 기술윤리학 마저 윤리학의 영역에서 배제함으로써 분석윤리학만이 남는 윤리학의 빈곤화를 초래했다.

물론 2차 대전 이후 세계가 미국과 소련을 축으로 하는 양대 진영으로 재편되고 그 과정에서 미국과 유럽 중심의 자본주의 진영이 주도권을 행사하는 과정에서 사회적 재화의 분배 정의(正義, justice) 문제가 윤리학의 새로운 쟁점으로 부각되기도 했다. 자유주의적 기반의 롤즈(J. Rawls) 정의론과 그에 대한 반론으로서의 공동체주의 정의론이 논쟁을 벌이면서 매킨타이어(A. MacIntyre), 샌델(M. Sandel) 등의 주장이 제기되었다. 특히 우리의 경우에는 21세기 들어 빈부격차 문제가 사회적 관심사로 떠오르면서 샌델의 정의에 관한 저서가 베스트셀러가 되어 일반인들까지 정의 문제에 학술적인 관심을 보이는 특이한 현상이 나타나기도 했다.[6)]

한동안 약화되었던 윤리학은 이처럼 과학기술의 발달에 따른 윤리적 문제들을 해결하기 위한 응용윤리학의 대두와 사회정의 문제 대두 등의 외적인 자극을 통해 다시 강화되었지만, 전문적인 윤리학자들의 논

---

6) 마이클 샌델, 『정의란 무엇인가?』, 이창신 역 (파주: 김영사, 2010) 참조. (이 책은 그 후 다른 출판사에서 다른 번역자에 의해 출판되어 지금까지 200만 부가 판매되는 최고의 베스트셀러가 되고 있다. 마이클 샌델, 『정의란 무엇인가』, 김명철 역 (서울: 와이즈베리, 2014). 이 책에 대한 한국학자들의 적극적인 반응으로는 이택광 외, 『무엇이 정의인가?: 한국사회, 『정의란 무엇인가?』에 답하다』 (서울: 마티, 2011) 참조.

의와 주로 공리주의와 의무윤리를 근간으로 삼아 현실적 쟁점에 관한 윤리적 해답을 찾아가고자 하는 실천 현장의 윤리적 담론 사이의 간극을 좁히는 문제를 지속적으로 고민하면서 21세기를 맞아야 했다. 우리 학계의 경우에도 국가적 수준의 국가생명윤리심의위원회 설립과 배아 복제와 연구윤리 문제를 함께 부각시킨 '황우석 스캔들'을 경험하면서 응용윤리학 중심의 윤리학 논의가 철학계를 비롯한 관련 학계에 점차적으로 확산되는 계기를 맞았다.[7)]

외부의 현실적 요청을 중심으로 응용윤리학 중심의 논의가 주축을 이루던 20세기 후반 윤리학은 다른 한편 뇌과학을 중심으로 인간의 도덕적 행동을 뇌세포의 활성화 부위 촬영을 통해 관찰하거나 예측하는 일이 가능해짐에 따라 전혀 다른 국면으로 접어들기 시작했다. 인간의 도덕성을 비롯한 정신 영역을 몸과의 긴밀한 연관성 속에서 관찰하면서 결과적으로는 물리적 환원이 가능하다고 주장하는 윤리적 자연주의(ethical naturalism)가 윤리학 논의의 중심 축 중의 하나로 들어오기 시작한 것이다.

> 자연주의는 보편적인 것과 자연이 동일한 것이어서 자연을 넘어서는 어떤 것은 있을 수 없다는 관점이다. 우리는 이 자연주의를 다시 소박한(naive) 자연주의와 심오한(sophisticated) 자연주의로 구분해볼 수 있는데, 소박한 자연주의자는 바람직한 모든 것은 인간 본성의 본래적인 부분으로부터 오는 자연적인 것이거나 뇌와 긴밀하게 연결된 것일 뿐이라고 주

---

7) 국가생명윤리심의위원회는 2005년 생명윤리법 시행에 따라 대통령 자문기구로 같은 해에 설립되었고, 황우석 스캔들 또한 세계적인 논문 조작 사건으로 2005년과 2006년에 걸쳐 부각되었다.

장한다. 다시 말해서 공정성 같은 것도 유전자 속에 새겨져 있고 합리성과 과학 또한 상식의 확장일 뿐이라고 생각하는 것이다.[8)]

윤리적 자연주의는 이러한 자연주의적 사고를 윤리적 판단 영역으로 확장하여 적용한 것이다. 잭슨(F. Jackson)은 윤리적 자연주의를 "윤리적 속성이 자연적 속성과 동일하다고 주장하는 교의(doctrine)"라고 정의하면서 자연주의가 형이상학의 영역뿐만 아니라 윤리학의 영역에서도 통용될 수 있음을 강조한다.[9)]

어윈(T. Irwin)은 이러한 윤리적 자연주의가 서양윤리학의 역사에서 오랫동안 핵심적인 위치를 차지해 온 주장, 즉 도덕적 행동의 기원을 인간 본성에 호소하는 방식으로 해결해 온 주장들과 맥이 닿아 있다고 주장한다. 그는 다만 20세기 이후에 다시 관심을 모으는 자연주의는 인간 본성에 관한 자연과학 탐구 성과의 반영과 함께 그 적용 과정에서 인간의 완성을 지향하는 아리스토텔레스적 관점을 보완할 수 있다면 충분히 검토해볼 만한 가치가 있는 윤리 이론이라고 평가하고 있다.[10)]

윤리적 자연주의를 넓게 정의할 경우 동양의 대부분의 윤리이론들은 이 범주 안에 속한다. 맹자의 성선설이나 대승불교의 불성론(佛性論)으로 상징되는 동양 윤리사상은 도덕적 품성과 행동의 원천을 인간의 본

---

8) Mario Bunge, "Advantage and Limits of Naturalism," J. R. Shook & P. Kurtz, eds., *The Future of Naturalism* (New York: Humanity Books, 2009), p.43.

9) Frank Jackson, "On Ethical Naturalism and the Philosophy of Language," in S. Nuccetelli & G. Seay, eds., *Ethical Naturalism: Current Debates* (Cambridge: Cambridge University Press, 2012), p.70.

10) Terence Irwin, "Versions of Naturalism," in his *The Development of Ethics: A Historical and Critical Study*, Vol. 3 (Oxford: Oxford University Press, 2009), pp.869, 891 참조.

성에 두고자 하는 시도이기 때문이다. 그러나 좁은 의미의 윤리적 자연주의는 그 본성의 형이상학적 원천을 인정하지 않고 자연주의적으로 환원 가능한 인간의 생존 본능과 생존을 위한 진화의 역사 속에서 찾고자 한다는 점에서 명백한 차별성을 지닌다. 현재 우리가 주로 접할 수 있는 윤리적 자연주의는 당연히 좁은 의미의 그것이고, 그렇게 본다면 21세기 초반 윤리학적 논의는 협의의 윤리적 자연주의를 중심으로 공리주의와 의무론 중심의 응용윤리학이 주류를 이루면서 동양 윤리사상의 현대적 해석 가능성에 대한 모색이 부분적으로 이루어지고 있는 상황이라고 결론내릴 수 있을 것이다.

2.2. 윤리적 자연주의와 마음의 문제

윤리학자 레이첼스(J. Rachels)는 만족스런 도덕 이론이 갖추어야 할 요건으로 인간의 본성에 관한 사실들에 대한 민감성과 존재하는 것들의 구도에서 인간의 위치에 관한 알맞은 공손함을 든다.[11)] 그는 도덕철학 또는 윤리학에 관한 소크라테스의 정의, 즉 '우리가 어떻게 살아야 하며, 왜 그러한가에 관한 체계적 이해에 도달하려는 시도'를 언급하면서 이것에 포함되지 않는 다른 정의들이 무척 많기 때문에 어떤 관점이든지 합의할 수 있는 '최소 개념'을 찾는 데 주력할 수밖에 없다고 강조하기도 한다.[12)]

윤리학에 관한 정의는 이처럼 다양하고 다층적일 수 있지만, 그 최소 개념 또는 내포(內包)를 잡아내는 일이 불가능하지 않을 뿐만 아니

11) J. Rachels, 『도덕철학』, 김기순 역 (서울: 서광사, 1989), p.232 참조.
12) 같은 책, pp.13-14 참조.

라 윤리학적 논의에 참여하기 위해서 필요한 일이기도 하다. 윤리학(倫理學)은 윤리 또는 도덕에 관한 학문적 탐구이고, 따라서 윤리란 무엇인지에 관한 물음을 선결조건으로 지니고 있다. 윤리(倫理)는 사람으로서 마땅히 지켜야 하는 도리 또는 마땅히 따라야 하는 원칙으로 정의할 수 있다. 그러나 이 정의는 과연 그런 보편적인 도리 또는 원칙이 있는지를 의심하는 윤리적 상대주의자들의 반론에 취약하다는 약점을 지닌다.

상대주의자들의 반론에 응답하는 방식은 다시 둘로 나뉠 수 있다. 하나는 인간의 본성 속에 선함이 포함되어 있기 때문에 모든 인간은 그 본성을 구현하고자 하는 욕구를 동시에 지니고 있다고 응답하는 자연주의적 방식이고, 인간과는 다른 차원의 보편적 준거를 설정하는 형이상학적 방식이다. 그 중에서 후자는 동양의 천명(天命)이나 다르마(dharma), 서양의 이데아나 신(God) 등의 형태로 우리에게 전해지면서 오랜 시간 윤리학사를 지배해 왔지만, 자연주의적 경향이 강화되는 과정에서 더 이상 받아들여지기 어렵거나 최소한 뒤로 후퇴하는 모습을 보여 주고 있다.

이런 상황 속에서 윤리학자들이 택할 수 있는 선택지는 많지 않다. 보편적 도덕원칙이 존재한다는 믿음을 포기하지 않는 경우라도 자연주의적 경향을 온전히 도외시하면서 윤리학적 논의를 전개하기는 어려워졌기 때문이다. 자연주의에 기반을 둔 윤리학적 논의의 경우에도 궁극적인 삶의 의미 물음을 다루는 과정에서 곤경을 겪을 가능성이 높아진다. 왜냐하면 자연주의 윤리설은 기본적으로 가치의 독자성을 인정하지 않는 경향성을 지니고 있기 때문이다. 이런 난관 속에서 우리는 실천윤리학자 싱어(P. Singer)와 같이 일상적 삶의 분석에 기반을 둔 실용주의적 방법을 통해 윤리와 윤리학을 정의해볼 수 있다.

싱어는 현대 사회를 자유민주주의에 기반을 둔 자유기업 사회라고 규명하면서 이런 사회 속에서 '삶의 윤리적 토대를 재검토해야 한다는 압박이 예전과는 전혀 다른 방식으로 우리를 짓누르고 있다.'고 말한다.[13] 이런 압박이 자기이익을 모든 판단과 실천의 중심에 두는 이기주의 시대가 가져온 필연적인 결과물로 보는 싱어는 윤리적 삶이란 결국 '자신의 이익을 넘어선 목표를 추구하는 삶'일 뿐이라고 강조한다.[14] 자신의 이익을 추구하는 삶은 인간의 이기적 본능에 충실하는 삶으로 그 자체로는 문제될 것이 별로 없다. 주로 식욕과 성욕에 기반을 둔 이기적 욕구를 충족시키지 않는 삶이란 가능하지 않기 때문인데, 문제는 그 충족의 수준 또는 적절성의 지점에서 제기될 수 있을 뿐이다.

동양윤리사상사에서 고자논변(告子論辯)을 통해 이 문제가 본격적으로 다루어진 이후 사단칠정론(四端七情論)이나 인물성동이론(人物性同異論) 등을 통해 꾸준히 전개되어 왔지만, 그것이 우리의 현대 윤리학사를 통해 수용되지 못한 채 이기주의나 공리주의 윤리설이라는 서양윤리사상사적 맥락으로 바뀌어 전개되고 있다. 인간의 본성 속에 이기성(利己性)이 포함되어 있다는 사실 자체는 이제 부정할 길도 없고 또 부정할 필요도 없지만, 문제는 본성 속에 이기성만이 있다고 강변하거나 믿어버리는 경향이 있다는 점이다. 인간의 본성 속에 타자의 고통에 공감하는 능력 또한 포함되어 있고 이 공감력에 기반한 배려와 보살핌이 윤리의 본질이라는 주장이 본격적으로 제기되면서 윤리학이 '자신의 이익을 넘어서는 삶'에 대한 탐구가 되어야 한다는 싱어의 주장 또한

---

13) 피터 싱어, 『이렇게 살아가도 괜찮은가?』, 노승영 역 (서울: 시대의창, 2014), p.37.
14) 같은 책, p.45.

설득력을 얻을 수 있는 기반이 강화되고 있다고 볼 수 있다.

도덕심리학자 하이트(J. Haidt) 또한 싱어와 유사한 방식으로 윤리를 정의하고자 한다. 그는 윤리를 '이기심을 억제하거나 규제하면서 사회생활을 가능하게 하는 것으로 가치와 관행, 제도가 상호 연결된 일련의 체계'로 정의한다.[15] 인간 본성 속 이기심과 사회생활이라는 두 초점을 가지고 윤리를 설명하고 있는 하이트는 윤리학이 무엇인지에 대해서는 정확한 정의를 내리지는 않고 있지만, 유추해 보자면 그러한 일련의 체계로서의 윤리에 관한 학문적 탐구가 곧 윤리학일 것이다. 그 맥락에서 보면 윤리학은 인간의 본성에 관한 탐구와 서로 연결된 가치와 관행, 제도에 관한 탐구라는 두 출구를 갖게 될 것이다.

그렇다면 이제 이러한 윤리학의 자연주의적 경향 또는 윤리적 자연주의에 토대를 두면 도덕교육을 바라보는 관점에 어떤 변화가 있을지를 고민해볼 차례이다. 우리 도덕교육은 인간의 본성 속에 선함이 내재되어 있다는 전제를 갖고 실시되어 왔다. 그 직접적인 뿌리는 맹자의 성선설이지만 불교가 유입된 이후에도 불성론(佛性論)이라는 형태로 정착하면서 도덕교육은 그 선함의 단서를 키워가는 일이거나 연기적 고리를 극복하고 자신의 내면에 있는 불성을 직시할 수 있는 힘을 길러주는 일로 받아들여졌다. 그런 점에서 우리 교육계에서 통용되고 있는 인성교육(人性教育)은 도덕교육과 쉽게 구분되기 어렵다. 그 인성이 바로 인간의 선한 본성을 지칭하는 것으로 받아들여져 왔기 때문이다.[16]

---

15) Jonathan Haidt, "Moral Psychology and the Misunderstanding of Religion." http://edge.org, 2014. 10. 02. 검색.

16) 물론 현재 우리의 인성교육은 이런 전통적 개념으로서의 인성과 주로 성격(personality)을 의미하는 교육심리학적 개념으로서의 인성이 혼재되어 전개되고 있다. 두 개념 사이의 연계가 불가능한 것은 아니지만, 그 연계의 전제 조건은 개

윤리적 자연주의에서 이러한 선함의 존재성 자체를 부정할 필요는 없다. 그것이 존재하고 있음을 경험적으로 검증할 수 있으면 되고, 실제로 하이트와 같은 도덕심리학자들에 의해 인간 본성 속에 이기심뿐만 아니라 공감과 협력을 가능하게 하는 도덕성의 요소가 존재하고 있다는 사실이 밝혀지고 있기도 하다. 물론 그 경험적 증거가 아직 불충분하고, 연구 결과의 불일치 가능성 또한 남아있어 뒤집힐 수도 있는 가설 수준을 벗어나지 못하다고 볼 수 있지만, 역으로 뇌과학과 같은 도구학문들이 지속적으로 발달할 가능성이 충분히 열려있기 때문에 더 풍부하고 정확한 근거들을 찾아낼 가능성이 더 높다는 예측이 설득력을 지닌다.

여기서 우리가 자연주의적 관점에서 입각해서 문제삼아야 할 것은 선함의 단서나 불성의 배경이 되는 천명(天命) 또는 다르마[法]와 같은 형이상학적 전제들이다. 그런 개념들이 존재한다는 주장은 검증이 불가능한, 일종의 믿음의 영역에 속하는 것이기 때문에 자연주의적 관점에서는 당연히 인정할 수 없다. 그렇다면 이제 우리는 그런 형이상학적 전제를 제거하고서도 인간의 본성 속에 선함이 있다는 전통적인 관념이 계속 살아남을 수 있는지를 물어야 한다. 결론부터 말한다면 살아남을 수 있지만, 그 전제는 경험적인 탐구를 통해 실제로 그 선함이 인간의 본성 속에 존재한다는 사실을 확인할 수 있어야 한다는 것이다. 만약 이 결론을 수용한다면, 그렇게 살아남은 선함은 무엇이고 그 선함을 길러주는 것을 목적으로 삼는 전통적인 의미의 도덕교육은 여전히 유

념 구분과 그 배경을 이루는 사상적 전통에 관한 명료한 인식일 것이다. 좀 더 상세한 논의는 박병기 외, 『도덕수업을 활용하여 초등학교 인성교육 살리기』(인간사랑, 2011), 1장 「우리 아이들의 행복한 미래를 위한 인성교육」 참조.

효한 접근일 수 있을까?

자연주의적 배경 속에서 살아남은 '선함'은 생존욕구와의 긴밀한 연계성 속에서 그 생존을 지향하는 이기성과도 연결되어 있는 본능 또는 본성일 가능성이 높다. 더 나아가 그것은 몸의 생존 욕구에서 유래하는 마음의 지향으로 해석될 가능성도 높다. 몸과 마음의 관계를 바라보는 다양한 관점들이 제시되고 있지만, 플래나간(O. Flanagan)의 지적과 같이 마음을 바라보는 두 개의 버전이 공존하고 있다는 사실을 부정할 수는 없다. 그 두 버전은 각각 전통적인 휴머니즘적 마음과 몸에 기반을 둔 자연주의적 마음이다.[17)]

전통적이고 휴머니즘적인 마음은 플라톤의 경우와 같이 마음의 독자성을 전제로 해서 몸과 대립하는 것이거나, 유교의 경우와 같이 최소한 몸의 유혹을 견뎌내면서 함양해가야 하는 독립성을 지닌 것으로 받아들여져 왔다. 자연주의적 마음은 몸과 마음의 미분리를 전제로 하여 '신체화된 마음'(embodied mind), 즉 몸에 의해 매개된 경험의 양상으로서의 마음이다. 몸의 경험으로서의 체험을 중심에 두는 이 마음은 '나에게는 몸이 있다. 그러므로 나는 존재한다.'와 같은 체험주의의 기본 명제로 이어질 수 있다.[18)]

---

17) Owen Flanagan, *The Problem of the Soul: Two Visions of Mind and How to Reconcile Them* (New York: Basic Books, 2002), pp.8-11 참조, 그는 우리가 마음과학(mind science)의 시대에 살고 있다고 전제하면서 '우리 시대의 철학은 과학의 영향을 적극적으로 수용하면서 전통적인 영원의 철학을 수정하거나 필요하다면 대체할 필요가 있다.'고 강조하기도 한다. 같은 책, p.7.

18) 노양진, 『몸이 철학을 말하다』, p.67 참조.

3. 몸의 습관화와 마음, 우리의 도덕교육

3.1. 우리 도덕교육 역사에서 몸의 위상

도덕교육은 그 사회에서 통용되고 있는 규범으로서의 도덕을 구성원들에게 전달하여 내면화시키는 도덕사회화와 그렇게 내면화된 규범을 대상으로 하는 비판적 성찰의 과정을 통해 자율적인 인격으로서의 마음을 지향하는 자율적 도덕성 발달이라는 두 축으로 이루어진다. 이 두 축은 일정한 시간적 층차성을 전제로 전자가 앞서고 후자가 최종적인 목적으로 설정되는 관계로 이어지지만, 그 과정에 '습관화의 뜰을 지나야만 이성의 궁전에 이를 수 있다.'는 이른바 도덕교육의 역설을 넘어서야 하는 아포리아가 숨겨져 있다.[19)]

도덕교육의 이러한 아포리아에는 몸의 습관화와 이성적 성찰이라는 두 목표를 서로 다른 차원의 것으로 상정하는 심신이원론적 전제가 깔려 있다. 우리의 도덕교육 전통 속에서는 그 구분이 명확하지 않았을 뿐만 아니라, 오히려 수신(修身)이나 수행(修行) 같은 유교와 불교의 도덕교육 개념에서 볼 수 있는 것과 같이 몸과 마음 사이의 긴밀한 연계성에 주목하는 경향이 강했다. 도덕교육에서 몸과 마음의 분리는 개화기 이후 '수신(修身)' 교과로 이어졌던 그러한 전통이 일제 강점기 경험에 의해 왜곡되고, 미 군정기에 사라졌다가 다시 교과로 복원되는 1970년대 초반 대한민국의 역사 속에서 그 이론적 배경으로 받아들인 도덕심리학자들에 의해 본격적으로 이루어졌다.[20)]

---

19) 이와 관련된 보다 상세한 논의는 박병기·추병완, 『윤리학과 도덕교육 1』, 개정증보판 (인간사랑, 2009), 3장 「도덕교육의 목표로서의 사회화와 발달」 참조.

20) 도덕교육 중심의 전통 교육이 개화기를 맞으면서 '수신(修身)' 교과로 재편되는

피아제(J. Piaget)의 도덕성 발달론과 롤즈(J. Rawls)의 정의론을 근간으로 삼아, 도덕성의 발달 단계를 전 생애주기로 확장하고 이 단계를 경험적으로 확인하는데 주력했던 콜버그(L. Kohlberg)는 도덕성의 핵심 요소를 '가치 갈등 상황 속에서의 판단 능력'으로 규정짓고자 했다. 그의 이론이 전 세계적인 영향력을 발휘하던 1970년대에 우리 도덕 교과가 다시 독립함으로써 자연스럽게 도덕 교과의 이론적 배경으로 받아들이게 되었고, 그것은 판단력 중심의 도덕교육으로 이어졌다. 왜곡된 충효교육 중심의 국민윤리교육 속에서 이러한 자율적인 판단력 중심의 도덕교육 강조는 시대적 적실성을 지니는 것이지만, 그 과정에서 우리 도덕교육은 몸의 경시라는 치명적인 결함을 함께 지니게 되었다.[21)]

이 몸의 경시 문제는 사실 좀 더 복잡한 양상을 지닌다. 유신정권기의 교육은 국사와 국민윤리, 국방체육, 교련 등과 같은 이른바 국책과목 위주의 교육과정을 통해 이루어졌고, 그 교육과정의 중점 사항 중 하나가 바로 군대형 몸의 단련과 정신교육의 연결이었기 때문이다.[22)]

과정에 대해서는 김민재, 『학교 도덕교육의 탄생: 1894~1910년 근대계몽기의 수신교과서를 중심으로』 (서울: 케포이북스, 2014) 참조.

21) 독립된 도덕 교과에 대한 뿌리 깊은 오해의 하나는 '세계 어디에도 없고 단지 우리나라에만 있는 교과'라는 것이다. 유교문화권의 공통된 교육 현상에 대한 무지와 함께 유럽 중심 서양의 최근 교육 동향, 즉 그리스도교를 전제로 하는 종교교육으로부터 벗어나 '종교', '또는 '윤리'를 가르치는 현상에 대한 무지에서 비롯되는 것이다. 현재 도덕 교과가 독립되어 있는 나라는 한국과 일본, 중국, 대만 등 대부분의 유교문화권 국가들이다.

22) 3차 교육과정의 현장 적용은 1973년부터 시작되었다. 이 교육과정은 1969년 공포된 '국민교육헌장'에 기반을 두고 그 정신을 구현한다는 명분으로 개정된 '유신교육과정'이라고 부를 수 있다. 실제로 국사와 국민윤리 교과서에 '유신만이 살 길이다.'와 같은 구호가 담겨 있기도 했고, 그 시기에 중학교와 고등학교를 다닌 발표자에게는 군대식 제복을 입고 교련교육을 받았을 뿐만 아니라 거수경례를

이러한 억압적인 몸 교육은 또 다른 형태의 몸의 억압일 뿐이다. 마치 중국여인들에게 강요되었던 전족과 같은 형태의 억압이라고 할 수 있고, 그렇게 단련된 몸과 그것에 기반을 둔 힘에 대한 무조건적 굴종의식은 절차적 정당성을 확보하지 못한 권력에 대한 무조건적 굴복과 복종이라는 신민문화(臣民文化)의 지속으로 이어져 현재에 이르고 있다.

현대적 형태의 도덕 교과가 등장한 1970년대 이후 우리 도덕교육은 이러한 왜곡된 몸의 억압과 자율적인 도덕판단 능력의 증진이라는 이원화된 목표 속에서 상당 부분 표류할 수밖에 없었다. 학교 현장의 도덕적 분위기 자체가 권위적인 상황 속에서 형식적인 이론적 배경으로 자율적 도덕성 발달론이 채택된 것은 한편으로 보면 도덕교육 담당자들, 즉 도덕 교사들의 인지부조화를 불러와 자발적인 도덕수업 개선 노력을 이끌어내는 요인으로 작동하기도 했다.[23] 또한 사회 전반적인 민주화 분위기 속에서 그 왜곡의 역사를 극복하고자 하는 다양한 노력들이 더해져 2007년 교육과정 개정 때에는 도덕교육의 주요 배경 학문으로 도덕심리학과 함께 윤리학을 설정하는 성과를 거두었다.[24]

하면서 '유신'이라는 구호를 붙였던 기억이 새겨져 있다.

23) 그런 교사들이 전국적인 모임을 만들어 활동하기 시작했고, 그 대표적인 모임이 전교조 산하의 전국도덕교사모임이다. http://cafe.naver.com/moraledu/ 참조. 이 인터넷 카페의 창에는 '전국도덕교사모임이 전국의 도덕선생님과 협력적 소통을 위한 공간을 마련하였습니다. 이 카페는 단순히 자료의 공유를 넘어 협력적 공동 작업의 장으로 활용하고자 합니다. 도덕선생님들과 행복한 소통과 공동작업을 기대합니다.'라는 안내문이 걸려 있다.

24) 이 극복의 과정에서 중요한 계기를 마련한 책 중의 하나는 김상봉, 『도덕교육의 파시즘: 노예도덕을 넘어서』 (서울: 도서출판 길, 2005)이다. 김상봉은 유신 이후 도덕교육의 역사를 노예교육의 역사로 규정함으로써 다양한 논란과 함께 깊은 공감을 불러일으켰다. 그는 도덕 교과서 분석을 통해 "한국의 도덕 교과서는 학생들에게 거의 아무 것도 스스로 생각하고 느끼고 또 결단할 수 있는 여지를 허락하지 않는다."라고 지적하면서 언제나 가르치고 지시하려고만 하고 촘촘하게

2015년 현재 다시 도덕과 교육과정을 개정해야 하는 시점에서도 여전히 그 주요 배경 학문은 윤리학과 도덕심리학일 수밖에 없고, 그 윤리학이 도덕심리학을 포용하는 자연주의적 경향이 강화되고 있는 추세 속에서 우리는 도덕교육에서 몸의 위상을 재점검해야 한다는 강한 요청과 마주하고 있다. 다시 말해서 윤리사상사의 다양한 전통을 도덕교육의 내용으로 삼을 수밖에 없다는 현실적 요청과 함께 '도덕심리학을 포함하는 광의의 윤리학'이라는 최근 학문적 동향을 적극적으로 수용해야 한다는 이중적인 요청과 마주하고 있는 셈이고, 그 초점이 바로 도덕교육에서 몸의 위상을 어떻게 재설정할 것인가의 문제인 것이다.

3.2. 몸의 습관화로서의 도덕교육

몸의 경험을 전제로 하지 않는 마음의 존재를 부정적으로 바라보는 윤리적 자연주의를 배경으로 삼아 전개될 수 있는 도덕교육은 당연히 몸에서 출발할 수밖에 없다. 마음이 몸과 분리되어 몸 위에 머무는 것이 아니라 몸을 통해 확산되는 것일 뿐이라는 일반 원칙에 토대를 두고 전개할 수 있는 도덕교육은 그럼 구체적으로 어떤 것일 수 있고 또 어떤 것이어야 할까?[25)]

모범답안을 먼저 제시함으로써 스스로 생각할 수 있는 여지를 봉쇄하고 있다고 강하게 비판하고 있다. 같은 책, p.41. 그의 주장이 일정한 과장과 왜곡을 포함하고 있기는 하지만, 그가 분석 대상으로 삼은 제 7차 교육과정에 근거한 도덕교과서가 이런 한계를 지니고 있었다는 사실을 부정할 수는 없을 뿐만 아니라 그 이후의 도덕교과서를 개선하게 하는 촉매제 역할을 했다는 사실 또한 기억해 둘 만하다.

25) 이 일반 원칙은 아서 프랭크, 『몸의 증언』, 최은경 역 (서울: 갈무리, 2013), p.40에서 인용하는 것이다. 저자는 '우리가 자신의 몸에 얼마나 의존하는가'의 문제를 '몸의 우연성'이라는 개념을 사용하면서 몸의 사회학을 전개하고 있는 미국의 사

우리 도덕교육의 역사 속에서 몸의 습관화에 주목하는 전통이 없었던 것은 아니다. 동양의 경우 불교 도덕교육론이 훈습(薰習)과 자비행(慈悲行)이라는 실천 위주의 도덕교육 방법을 강조해 왔고, 유교 도덕교육론 또한 주변 정리 정돈과 인사 예절의 습관화를 출발점으로 하는 '소학(小學)'의 교육 방법을 통해 몸의 습관화가 도덕교육, 더 나아가 모든 교육의 출발점임을 충분히 강조해 왔다.[26] 서양 도덕교육 전통 속에서는 용기 있는 사람이 되기 위해서는 용기 있는 행동을 하는 경험을 해야만 한다는 아리스토텔레스적 도덕교육 방법이 몸의 습관화와 체험을 강조한 대표적인 사례이고, 이 방법은 덕윤리학에 대한 새로운 조명과 함께 새롭게 주목받고 있기도 하다.[27]

문제는 몸의 습관화를 강조하는 이런 전통적인 도덕교육 방법들이 모두 일정한 형이상학적 전제를 지니고 있다는 데서 생긴다. 불교와 유교의 경우 각각 다르마와 천명(天命)으로 상징되는 형이상학적 전제를 갖고 있고, 아리스토텔레스의 경우에도 다이모니아라는 보편적인 목소리의 원천을 전제하고 있다. 그런 전제들을 제거해버리고도 몸의 습관화라는 도덕교육 방법은 여전히 유효하게 작동할 수 있을까?

이 물음에 관한 답을 찾는 과정은 결코 쉽지 않다. 우선 그 형이상학

회학자이다. 같은 책, p.69 참조.

26) 불교와 유교의 도덕교육론에 관한 보다 상세한 논의는 졸저 『동양 도덕교육론의 현대적 해석』 (서울: 인간사랑, 2009), 7장 「불교 도덕교육론의 쟁점과 현재적 의미」, 9장 「도덕교육의 목표로서의 군자(君子)와 시민」 참조.

27) 아리스토텔레스 자신의 언급은 다음과 같다. "용기의 경우 또한 비슷하다. 두려운 것들을 대수롭지 않게 보면서 그것들을 견뎌내는 습관을 들이는 일을 통해 우리는 용감해지며, 용감한 사람이 되면 두려운 것들을 가장 잘 견딜 수 있을 테니까." 아리스토텔레스, 『니코마코스 윤리학』, 이창우 외 역 (서울: 이제이북스, 2008), p.56(1104b).

적 전제들이 고유의 이상적 인간상을 포함하고 있다는 데서 어려움이 생긴다. 불교의 경우 붓다[佛]를 정점으로 삼아 아라한과 보살이라는 이상적 인간상이 전제되어 있고, 유교의 경우도 성인(聖人)을 정점으로 삼아 군자(君子)와 선비[士]라는 이상적 인간상이 전제되어 있다. 아리스토텔레스의 경우에도 실천적 지혜와 성격적 탁월성을 지닌 폴리스의 시민(citizen)이라는 이상적 인간상을 전제로 하여 자신의 도덕교육론을 전개하고 있다. 이런 이상적인 인간상들은 그것을 지탱하는 형이상학적 전제를 받아들이지 않을 경우 무너질 수밖에 없는 의존성을 지니고 있다.

그렇다면 이제 우리는 자연주의에 기반을 둔 새로운 삶 또는 인간상을 모색하면서 도덕교육에 임해야 한다는 요구와 직면하게 되는 셈이다. 그런 인간상 설정이 가능한 일인지부터 물어야 하는 지난한 이 과제는 쉽게 답을 찾을 수 없는 중첩된 아포리아를 우리에게 던진다. 그럼에도 일상적 수준에서 논의를 전개하는 일이 불가능한 것은 아니기 때문에 여기서는 시론적 성격의 담론을 펼쳐보는 수준에서 만족하고자 한다.

우리 시대는 새로운 의미의 시민(市民)의 시대이다. 이 시민을 어떻게 규정지을 수 있는지는 다양한 논의가 가능하고 또 필요하지만, 우리가 상식적으로 동의할 수 있는 시민은 자유로운 삶을 평등한 관계망 속에서 펼쳐나가는 인간'이다. 그 또한 인간(人間)인 이상, 다른 사람들과의 관계망을 벗어나서 살아가는 일은 불가능하지만, 그렇다고 해서 그 관계망이 자유와 자율의 영역을 쉽게 침범할 수는 없다. 침범할 수 있는 경우는 이른바 로크적 단서(Lockean Proviso)로 표현되는 지점, 즉 다른 사람에게 영향을 미칠 수 있는 경계를 넘어선 경우이다. 그것 또한 보다 엄밀하게 해석하여 '타인에게 해악을 미칠 수 있는 경계'를 넘어서는 경우, 즉 해악금지의 원칙을 위반할 수 있는 가능성이 생긴 경우일 뿐이다.

이러한 자유주의적 전제를 엄밀하게 지키면서 이루어져야 하는 공교육 체제 속 도덕교육은 그 해악금지의 원칙을 제대로 인식하게 하는 최소도덕 차원의 인식 능력과 함께 의도하지 않으면서 해악을 미칠 수 있는 가능성을 사전에 차단할 수 있는 몸의 습관화를 목표로 삼는다. 실제로 이 목표들은 시민사회가 유지되기 위한 기본 요건을 갖추는 일에 기여하기 때문에 중요한 목표이자 시민교육의 핵심 내용이 되어야 마땅하다. 최소도덕 차원의 인식 능력은 다시 도덕적 민감성과 판단 능력, 실천 능력 등으로 확장되고, 이런 목표는 이미 우리 도덕교육의 장에서 상당한 정도로 구현되고 있다고 볼 수 있다.

우리 도덕교육이 제대로 구현하지 못하고 있다고 비판받는 목표는 몸의 습관화이다. 이른바 도덕 점수의 딜레마, 즉 도덕 점수가 높다고 도덕적 행동 지수가 높은 것은 결코 아니라는 광범위한 비판과도 연결되어 있는 이 목표는 특히 타자에 대한 배려 측면에서 중요한 과제로 등장하고 있다.[28] 배려와 같은 실천지향을 포함하는 가치를 내면화하기 위한 몸의 습관화는 어떻게 가능할 수 있을지가 이어지는 과제로 연결되는데, 우리는 이 지점에서 행위의 반복을 통한 습관화와 자신도 모르게 몸에 배이게 하는 훈습(薰習)의 방법을 재음미해 보고자 한다.

---

28) 2015 도덕과 교육과정 시안을 마련하는 과정에서도 이 목표는 매우 핵심적인 논의로 부각되고 있는 중이다. 타인과의 관계 영역에서 '배려'를 핵심가치로 선정하고 그것을 내면화할 수 있는 내용 요소를 찾아 교육과정 내용으로 구성하고자 한다. 졸고 「2015 문·이과 통합형 도덕과 교육과정 개정 방향과 시안 개발」, p.3 참조.

이 두 방법은 모두 혼자서도 할 수 있는 것이지만, 보다 효과적인 접근을 위해서는 일정한 도덕적 권위가 전제될 필요가 있다. 몸이 지니고 있는 욕망 구조로 인해 지속적으로 방해받는 상황과 직면했을 때 도덕적 권위를 가진 교사 또는 부모의 존재는 그것을 유지할 수 있게 하는 강력한 토대로 작동할 수 있다. 특히 훈습의 경우, 그런 권위가 전제된 가정이나 학교 같은 도덕공동체 속에서 동행(同行)의 과정을 공유하거나, 함께하는 친구들과의 동반자 관계에 서로 의지하는 과정을 통해 구현될 수 있다. 물론 친구들과의 관계망은 당연히 비도덕적인 상황으로 이어질 수 있는 가능성 또한 열려 있기 때문에 서로가 서로에게 스승의 역할을 하는 도반(道伴) 관계로 설정될 필요가 있다.

이런 과정을 통해 내면화되어 한 인간의 몸과 마음에 새겨진 습관은 사회적 규범으로서의 도덕 질서 유지와 자신의 일상을 유지하게 하는 기제로 작동할 가능성이 높지만, 동시에 자신이 속한 관계망과의 적절한 긴장 관계 유지가 자율적인 삶의 영위를 통해 요구되는 자유주의적 시민에게는 올바른 삶을 향하는 열망을 역으로 억압하는 기제로 작동할 수 있는 가능성 또한 열려 있다. 바로 이 지점이 도덕교육의 역설이 등장하는 현실적 계기이고, 이 계기 속에서 우리는 그 습관을 반성적 성찰의 대상으로 세울 수 있어야 한다. 그것은 자신의 일상과 일정한 거리를 유지하면서 한 발 물러서는 윤리적 성찰(倫理的 省察)의 과정이고, 이 과정 속에도 몸과 마음의 유기적인 연계성이 포함되어 있다.

여기서 습관화와 성찰이라는 두 목표 사이의 자연스런 전이(轉移)가 또 하나의 중요한 과제로 등장하는데, 그 과제를 달성하기 위한 하나의 방법을 제안하면서 논의를 마무리하고자 한다. 그것은 바로 호프만(M. Hoffman)이 강조하고 있는 '이끌어 주는 훈육'(inductive discipline)의 방법이다. 다른 사람의 곤경과 고통에 공감하는 능력을 기르기 위한 방법으로 호프만이 강조하고 있는 이 방법은 부모나 교사 같은 권위자가 고통 받고 있는 사람의 처지를 설명해 주고 왜 그를 도와주어야 하는지를 설득력 있게 제시해줌으로써 아동의 공감 능력을 증진시키는 것을 가리킨다. 이러한 과정에 참여하여 얻는 '아동의 경험은 결과적으로 아동 내부의 욕구와 다른 사람의 요구 사이의 갈등을 조성하고, 그 갈등의 경험은 다시 아동의 행동 변화를 이끄는 방식으로 전개된다.'는 것이다.[29]

몸의 습관화 과정에서 이러한 이끌어 주는 훈육이 중요한 이유는 부모나 교사의 권위에 근거하여 학생들에게 반복적으로 행동하도록 유도해야 비로소 가능한 몸의 습관화 과정에서도 그 학생의 발달 수준에 맞는 합리적 설득이 병행되어야 함을 부각시킴으로써 몸과 마음의 단계적인 연결고리 확보 및 몸의 마음으로의 확장을 가능하게 해 주는 연결고리 역할을 할 수 있기 때문이다. 이러한 '이끌어 줌'의 과정은 한편으로 권위에 의존하면서도 다른 한편으로는 지속적으로 그 몸의 습관화 과정과 연결될 수 있는 이성적 설득의 영역을 확보해 줄 수 있다. 그러면서 점차적으로 도덕성 발달 단계에 맞게 그 이성적 설득의 영역을 확장해감으로써 도덕적 습관과 자율적 도덕 판단 능력이라는 두 목표를 상호적으로 연결하는 고리로 작동할 수 있게 된다.

29) M. L. Hoffman, *Empathy and Moral Development* (New York: Cambridge University Press, 2000), pp.143-44.

4. 맺음말

도덕교육은 사회적 규범으로서의 도덕과 함께 그 도덕과 상호작용하면서 판단과 행동의 준거점 역할을 하는 내면의 도덕성을 대상으로 삼는 모든 교육적 노력을 가리키는 개념이다. 전자를 주요 대상으로 하는 도덕사회화와 후자를 주요 대상으로 삼는 자율적 도덕성 발달 촉진 과정으로서의 도덕교육은 모두 기본적으로는 몸에 기반을 둔 것일 수밖에 없다. 몸의 습관화와 그것의 확장과 심화로서 마음의 함양이라는 두 과제는 서로 분리될 수 없는 도덕교육의 목표들이다.

우리 도덕교육의 역사는 도(道)나 법(다르마) 같은 형이상학적 궁극 개념을 토대로 삼아 그것을 인간의 삶 속에서 어떻게 하면 보다 완전하게 구현할 수 있는가를 문제 삼는 방식으로 이루어져 오다가 개화기 이후 근대식 학교 체제 속에서는 '수신(修身)'이라는 교과로 독립된 이후 도덕 교과 중심의 총체적인 인성교육을 강조하는 현재와 같은 형태를 유지해오고 있다. 이 과정에서 한편으로는 전통적인 도덕교육이 전제로 하고 있는 형이상학이 지속적으로 해체되거나 신뢰의 기반을 잃어가고 있고, 다른 한편으로는 자유주의를 전제로 삼아 최대한의 자유와 최소한의 공공성을 지향하는 시민성으로서의 도덕성을 길러주는 시민교육의 일환으로서의 도덕교육 영역이 강화되고 있다.

그런데 이 두 방향 모두 소홀히 하고 있거나 놓치고 있는 부분이 바로 '몸의 습관화' 같은 실천 영역의 목표이고, 2015 교육과정 개정이 진행되고 있는 현 시점에서도 이 문제는 도덕교육이 회복해야 하는 주요한 목표 지점으로 떠오르고 있다. 몸의 습관화는 그 몸을 가진 주체가 스스로 해내야 하는 과제이기는 하지만, 몸의 욕구가 지니는 강력한 힘과 발달 단계상의 특성을 고려할 때 권위를 매개로 삼는 강제적 반복 또는 실천의 과정이 필요할 수밖에 없고, 그 권위의 담지자는 대체로 부모이거나 교사이다.

우리와 같이 국가 수준의 성문화된 도덕과 교육과정을 지니고 있고 그 과목을 담당할 수 있는 전문적인 교사가 존재하고 있는 경우에는 도덕 교사가 중심이 되는 도덕교육을 시도하는 것이 적절한 접근 방법이고, 그 도덕교사의 전문성은 주로 도덕심리학을 포함하는 넓은 의미의 윤리학에 관한 지속적인 공부와 그 공부를 현장의 도덕수업 및 일상적 도덕교육의 장과 연결시키고자 하는 실천적 노력을 통해 확보되고 확장될 수 있다. 현재의 윤리학은 몸의 경험에 기반을 둔 마음 영역의 확장이라는 윤리적 자연주의를 중심으로 전개되고 있고, 도덕교육의 관점에서 보면 그것은 '도덕심리학을 포함하는 윤리학'일 수밖에 없다는 점에서 바람직한 현상이기도 하다.

형이상학을 전제로 하는 윤리학의 경우에도 도덕교육에서는 한 세계관으로의 입문과 그 세계관에 대한 비판적 성찰을 통한 극복 과정이라는 관점에서 충분히 활용할 수 있지만, 윤리적 자연주의는 그 형이상학적 전제가 지닐 수밖에 없는 비경험성의 절대적 한계에 대해서는 늘 유의하는 자세를 보여야 한다는 요청으로 재해석될 수 있다. 이 논의에서 살펴본 반복적인 실천과 훈습, 그리고 그 과정에서의 이끌어 주는 훈육과 같은 몸의 습관화 방법 또한 그 배경에 있는 형이상학적 전제에 관한 비판과 유의가 함께 요구되는 것들일 뿐이다. 이제 도덕교육의 주된 과제는 몸의 습관화를 중심으로 하는 마음의 확장을 어떻게 가능하게 할 수 있을지를 이론과 실천의 연계성 속에서 고민하는 일이 되었다.

제7장

음악적 제스처의 체험적 토대에 관한 인지학적 해명*

정혜윤

1. 서론

슈베르트(F. Schubert, 1797~1828)의 『즉흥곡 D. 899, No. 2』의 첫 부분을 떠올려 보자(〈예 1〉 참조). 서구 음악 문화권 안의 대부분의 청자들은 이 음악에서 선율이 마치 무언가가 아래쪽에서 잡아당기기라도 하듯 달음박질쳐 '내려갔다가', 방향을 바꾸어 다시금 유려하게 뻗어 '올라가는' 것을 듣는다. 이처럼 음악에서 제스처를 경험하는 것은 비단 슈베르트의 『즉흥곡 D. 899, No. 2』에만 국한된 것이 아니다. 우리는 일상적 담화나 음악비평문에서 음악적 제스처에 대한 묘사를 흔히 발견하곤 한다. 음악에서 제스처를 듣는 것은 실로 너무나 자연스럽고 생생한 일이어서 음악에 대한 경험에서 이를 제거하기란 불가능해 보일 정도이다.

---

* 이 글은 「음악적 제스츄어: 영상도식에 의한 해명의 시도」, 『서양음악학』 15/3 (2012): 133-67을 수정하여 재구성한 것이다.

그런데 막상 음악적 제스처의 실체가 과연 무엇인지 냉정하게 고찰해 보자면 우리는 곧 당혹감에 빠지게 된다. 슈베르트의 『즉흥곡 D. 899, No. 2』의 처음 여덟 마디에서 과연 움직이는 것은 무엇인가? 쉽게 떠올릴 수 있는 대답은 피아니스트의 손이다. 우리가 거침없이 아래쪽으로 달려가는 선율의 움직임을 들을 때 확실히 피아니스트의 손은 건반 위의 물리적 공간 안을 부지런히 움직인다. 하지만 음악 '안'에서 우리가 듣는 선율의 움직임은 건반 위 손의 움직임으로 결코 환원되지 않는다. 실제로 우리가 아래로 내려가는 선율을 들을 때 피아니스트의 오른손은 아래로 움직이는 대신 피아노 건반의 오른쪽에서 왼쪽으로 움직인다. 혹자는 움직이는 것은 음악 그 자체라고 말할지도 모르겠다. 그러나 공중에 포물선을 그리는 야구공처럼 그 동일성이 유지된 채 움직이는 개체가 움직이는 선율 안에는 없다. 여기에는 단지 서로 다른 주파수를 가진 음들의 연속적인 울림이 있을 뿐이다. 그렇다면 음악적 제스처에 대한 우리의 경험은 단지 환상에 불과한 것일까?

20세기 중반 이래 오늘날까지 커다란 영향력을 행사해 온 많은 음악적 형식주의자들, 혹은 논리실증주의자들은 이러한 질문에 '그렇다'고 답할 것이다. 음악적 진술들에 만연해 있는 음악적 제스처에 대한 묘사들은 자신의 음악적 경험을 전문적인 음악 용어를 사용하여 적절하게 기술할 능력이 없는 음악적 문맹들에게나 어울리는 것이며 전문적인 음악용어들에 대한 습득을 통해 완전히 극복될 수 있다는 것이 이들의 생각이다. 그러나 통상 전문적인 음악이론가나 음악학자들을 대상으로 하는 음악분석문에서도 음악적 제스처에 대한 기술들이 필요불가결하게 나타난다는 사실은 음악적 제스처에 대한 묘사가 다른 더 적확한 표현을 대체하는 것이 아니라 그 자체 음악적 경험의 본질적 측면을 직접 반영하는 것일 수 있음을 시사한다. 다시 말해 음악적 제스처에 대한 기술은 음악을 제스처로서 이해하는 경험이 언어적으로 드러난 결과라는 것이다.

〈예 1〉 슈베르트 『즉흥곡 D. 899, No. 2』

그렇다면 음악을 제스처로 이해하는 것이 음악적 경험의 본질적 부분일 수 있다는 가정은 어떻게 입증될 수 있을까? 모든 것을 소위 객관적으로 확인 가능한 실체들로 환원하여 설명하기 좋아하는, 우리 시대에 넘쳐나는 음악적 형식주의자 혹은 실증주의자들은 음악을 제스처로서 경험한다는 것은 지극히 주관적이고 개인적이며 따라서 전혀 신뢰할 만하지 않은 청취 방식이라고 강력히 주장할 것이다. 그렇기에 이들의 주장을 반박하기 위해서는 음악을 제스처로서 이해하는 것을 가능하게 해 주는 근본적인 기제가 있으며, 이러한 기제는 동일한 생물학적 조건과 문화적 배경을 가진 사람들 사이에서 보편적으로 작용함을 보여야만 할 것이다. 이에 이 글은 인지학이 제공하는 '영상도식(image schemata)'이라는 개념이 바로 이러한 근본적인 기제의 토대가 될 수 있다고 제안하며, 이에 따라 음악을 제스처로서 듣는 경험을 영상도식 개념에 의해 분석할 것을 시도한다. 영상도식 개념은 오늘날 언어학과 철학을 필두로 심리학, 신경과학, 인류학 등 많은 분야에서 연구가 이루어지고 있는 개념으로서 음악분야에서도 최근 이와 관련하여 주목할 만한 연구들이 축적되고 있는 중이다.[1] 그러나 음악적 제스처와 영상도식을 직접 접목시킨 연구는 아직까지 눈에 띄지 않는다.

2. 영상도식

'영상도식'이라는 개념은 1987년 철학자 존슨(M. Johnson)과 언어학자 레이코프(G. Lakoff)에 의해 처음 제안되었다.[2] 영상도식이란 "우리

---

1) Cadace Brower, "Pathway, Blockage, and Containment," *Theory and Practice* 22-23 (1997-8): 35-54; "A Cognitive Theory of Musical Meaning," *Journal of Music Theory* 44 (2000): 323-79; Janna K. Saslaw, "Forces, Containers, and Paths: The Role of Body-derived Image Schemas in the Conceptualization of Music," *Journal of Music Theory* 40/2 (1996): 217-43; "Life Forces: Conceptual Structures in Schenker's Free Composition and Schönberg's The Musical Idea," *Theory and Practice* 22-23 (1997-8): 17-33; Lawrence M. Zbikowski, "Metaphor and Music Theory: Reflections from Cognitive Science," *Music Theory Online* 4/1 (1998), Zbikowski, *Conceptualizing Music: Cognitive Structure, Theory, and Analysis* (New York: Oxford University Press, 2002).

2) Mark Johnson, *The Body in the Mind: The Bodily Basis of Meaning, Imagination, and Reason* (Chicago: Universitry of Chicago Press, 1987), 『마음 속의 몸』, 노양진

의 지각적 상호 작용들과 신체적 경험들, 인지작용들의 반복적 구조"[3]로서 세계에 대한 우리의 이해를 위해 "주로 공간 안에서 우리의 신체적 운동과 대상 조작, 지각적 상호작용의 수준에서 우리에게 의미 있는 구조들로서 창발한다."[4] 이처럼 근본적으로 신체화된 도식으로서 영상도식은 비명제적이고 전(前)개념적인 성격을 띠는 반면, 구체적이고 풍부한 심적 영상들을 형성하는 수준보다 더 일반적인 수준에서 우리의 정신적 표상들을 조직화하는 구조들이라는 점에서 구체적이고 개별적인 영상과 동일하지 않다.[5]

또한 영상도식은 비록 확정적인 구조이긴 하나 "우리가 이해할 수 있는 방식으로 우리의 경험을 조직화하는 '활동'"의 구조로서 "다양한 맥락에서 무제한적인 수의 구체적인 사례를 가질 수 있다는 점에서 유연하다."[6] 영상도식은 "추상적 개념화와 추론을 위해 소집될 수 있는 '감각-운동 경험의 구조'"[7]로서 추상적 개념화를 가능케 하는 수단일

역 (서울: 철학과현실사, 2000). George Lakoff, *Women, Fire, and Dangerous Things: What Categories Reveal about the Mind* (Chicago: University of Chicago Press, 1987).

3) 존슨, 『마음 속의 몸』, pp.182-83. (이하 번역서의 페이지 제시.)
4) 같은 책, pp.104-105.
5) 특히 유의해야 할 점은 보통 '시각'에 관련되는 바로 이해되는 '영상'이라는 용어가 여기에서는 시각에만 국한되지 않고 우리의 모든 감각양상을 포괄하는 동시에 초월하는 의미에서 사용되고 있다는 점이다. 레이코프와 존슨의 저서에서 빈번히 출현하는 시각적 다이어그램들은 영상도식이 시각적인 본성을 가진다는 오해를 불러일으키기 쉬운데, 다이어그램들은 영상도식 그 자체가 결코 아니며 그저 영상도식의 시각적 표현일 뿐이다.
6) 존슨, 『마음 속의 몸』, p.105. (작은따옴표는 필자의 강조.)
7) Johnson, "The Philosophical Significance of Image Schemas," in Beate Hampe, ed., *From Perception to Meaning: Image Schemas in Cognitive Linguistics* (Mouton de Gruyter: Hague, 2005), p.23. (작은따옴표는 필자의 강조.)

뿐 그 자체 추상적인 것은 결코 아니라는 것이다. 영상도식은 결코 "우리의 경험, 이해, 사고의 체험적 특질들(felt qualities)로부터 단절된, 살 없는 해골"[8]처럼 인식되어서는 안 된다는 것이 존슨의 강력한 주장이다.

영상도식의 한 예인 「경로」(Path) 도식을 살펴보자. 경로에 관한 경험은 우리의 일상생활 곳곳에 깊숙이 뿌리내려 있다. 거실을 가로질러 화장실까지 걸어가면서, 팔을 뻗어 물건을 건네주면서, 또는 떨어지는 폭포수나 달리는 자동차를 보면서 우리는 경로에 따른 움직임을 체험한다. 이러한 경험들은 실상 제각각이지만 우리는 이들 모두에 무언가 공통적인 것이 있다고 느끼는데, 이는 이 경험들 안에서 대상들이 모두 「경로」 도식에 의해 이해되고 있기 때문이다. 즉 이 경험들은 모두 출발점과 종착점, 그리고 이들 사이의 경로를 추적하는 벡터라는 세 가지 요소와 출발점으로부터 종착점으로 운동하는 힘 벡터로 명시되는 하나의 관계를 갖는다.

그런데 이들이 공유하는 요소와 관계가 선험적으로 미리 주어진 추상적 틀이 아니라는 점이 매우 중요하다. 「경로」 도식은 우리의 출생 이래 무수히 반복된, 경로에 대한 우리의 신체적 경험으로부터 자연스럽게 창발된 것이며, 따라서 근본적으로 신체적이다. 한편 그렇다고 해서 영상도식이 오직 물질적인 대상에만 적용되는 것은 아니다. 영상도식은 추상적 개념에 확장 적용될 수 있다.[9] 가령 「경로」 도식은 '승진

8) Beate Hampe, "Image Schemas in Cognitive Linguistics: Introduction," in Beate Hampe, ed., *From Perception to Meaning: Image Schemas in Cognitive Linguistics* (Mouton de Gruyter: Hague, 2005), p.7.

9) 이러한 확장 적용을 레이코프와 존슨은 '개념적 은유'라 부른다. Lakoff and Johnson, *Metaphors We Live By* (Chicago: University of Chicago Press, 1980);

의 경로'나 '사람을 사귀는 경로'와 같은 추상적 개념에 대해서도 작동한다.

〈그림 1〉「경로」 도식

레이코프와 존슨은 우리의 신체적 경험으로부터 비롯된 체험적 도식으로서 정의되는 영상도식이 세계에 대한 우리의 모든 경험과 이해의 근본적인 토대를 제공한다고 주장한다. 이는 정신과 독립적으로 존재하는 고정되고 확정적인 객관적 실재를 가정하는, 의미에 관한 객관주의적 이론을 완전히 부정하는 것이다. 레이코프와 존슨은 "우리가 전형적으로 고정된 의미라고 간주하는 것은 우리의 이해 안에서 반복적 패턴으로 창발하는 구조들을 퇴적시키고 안정시킨 것에 불과"[10]하며, 추상적 개념은 우리의 체험적 지식이 확장된 결과라고 주장한다. "이해는 우리가 '세계를 갖는' 방식이며, 세계를 하나의 이해 가능한 실재로 경험하는 방식"[11]이라는 것이 이들의 생각이다.

Philosophy in the Flesh: The Embodied Mind and Its Challenge to Western Thought (New York: Basic Books, 1999). 우리의 지각과 신체적 움직임의 반복적 패턴 가운데 창발하는 영상도식이 추상적 개체들과 그 작용에 관한 추론의 토대가 되는 방식에 대한 자세한 설명은 다음의 문헌에서 찾아볼 수 있다. Lakoff and Johnson, *Philosophy in the Flesh*; Lakoff and Rafael Nunez, *Where Mathematics Comes From: How the Embodied Mind Brings Mathematics into Being* (New York: Basic Books, 2000).

10) 존슨, 『마음 속의 몸』, p.316.

11) 같은 책, p.211.

레이코프와 존슨이 영상도식 개념을 주창한 이후, 영상도식은 다양한 분야의 많은 학자들의 주목을 끌었고, 그 결과 지난 수십 년 간 괄목할만한 연구 성과가 축적되었다. 영상도식 개념의 도입 당시 주된 방법론이었던 언어 분석과 이에 대한 철학적 숙고는 이 분야의 전통적인 연구방법론으로 자리 잡아 풍성한 결실을 보았고, 인지심리학과 발달심리학, 컴퓨터 과학, 그리고 신경과학의 연구들은 영상도식에 대한 실제적인 근거를 제공함으로써 전통적인 언어학적 연구의 결과들을 수정, 보완하는 한편 강화하였다. 또한 인지 인류학 분야의 연구결과들은 영상도식 개념을 더욱 확장하고 섬세화하는 데에 기여하였다.[12] 물론 영상도식은 아직도 많은 연구를 요하는 개념이며, 사실 현재로서는 영상도식 개념의 정의에 대해서조차 완벽한 합의가 이루어지지 않은 상태이다.[13] 하지만 개념 정의의 어려움이 곧바로 개념 자체에 대한 부정으로 이어지는 것은 결코 아니다. 가령 '예술'의 경우에도 예술의 정의에 대한 합의가 부재하는 채로 우리는 다양한 예술 활동들을 하고 있다. 분명한 사실은 오늘날 영상도식이 많은 다양한 분야의 학자들에게 매우 유용하고 가능성 있는 개념으로 받아들여지고 있고 이에 따라 그에 대한 다양한 연구결과들이 계속 축적되고 있다는 것이다.

---

12) 구체적인 성과물들에 대한 정보는 다음을 참고하시오. Hampe, "Image Schemas in Cognitive Linguistics," pp.4-8.

13) 영상도식 개념에 대한 정의들 사이의 불일치에 대해서는 그래디(J. Grady)에 의해서도 이미 잘 지적된 바 있다. Joseph E. Grady, "Image Schemas and Perception: Refining a Definition," in Hampe, ed., *From Perception to Meaning*, pp.21-34.

3. 음악적 제스처

영상도식을 통해 음악적 제스처를 본격적으로 분석하기에 앞서 먼저 확인되어야 할 것이 있는데, 그것은 바로 음악적 제스처의 본성이다. 음악을 제스처로서 듣는 경험은 매우 흔하고 자연스러우나 그러한 경험이 정확히 어떤 요소들로 구성되어 있는지 기술하기란 막상 쉽지 않다. 음악적 제스처의 본성에 대한 접근을 좀 더 용이하게 하기 위해 이 글에서는 제스처 일반의 특징을 먼저 살펴본 후 이를 음악에 적용해 보도록 하겠다. 음악적 제스처에 관한 대표적인 학자들 중 하나인 리도프(D. Lidov)는 제스처를 오직 "표현 혹은 의사소통"을 목적으로 하는, "단일한 자극에 의해 개시된, 움직임의 한 단위"로서 정의하며,[14] 또 다른 대표적인 학자인 해튼(R. S. Hatten)은 제스처를 "[그 통로나 운동감각적 원천에 독립적인] '의사를 전달하며 …… 표현적인, 시간을 통해 전개되는 정력적인 형태화(shaping)'"로 정의한다.[15] 이러한 정의를 통해 먼저 주목할 점은 모든 제스처는 움직임이지만, 모든 움직임이 제스처인 것은 아니라는 것이다. 즉 제스처는 움직임 이상의 것이며, 이때 제스처를 움직임 이상의 것으로 만들어 주는 것은 그것이 전하는 의미이다. 이처럼 제스처가 움직임인 동시에 의미의 전달자라는 것은 그것이 신체적 토대를 지닌 심적 작용으로서 몸과 마음의 전통적 경계를 가로질러 있음을 뜻한다.

---

14) David Lidov, *Is Language a Music?: Writings on Musical Form and Signification* (Bloomington, Ind.: Indiana University Press, 2005), 132.

15) Robert S. Hatten, *Interpreting Musical Gestures, Topics, and Tropes: Mozart, Beethoven, Schubert* (Bloomington, Ind.: Indiana University Press, 2004), 109.

제스처가 갖는 표현적 특성은 신체적 움직임과 연계된 것인데, 음악에서 이것이 갖는 의의는 특히 크다. 이는 통상 언어적 차원에서의 의미론을 결여하고 있다는 점에서 부정적인 인식적 평가를 받곤 하는 음악에 음악 고유의 새로운 의미론의 가능성을 열어 주는 것이기 때문이다. 제스처가 음악에서 경험될 때, 그것은 보통 긴밀하게 결합된, 식별 가능한 악구로서 나타난다. 그런데 시간적 흐름을 통해 계속되는 소리의 연쇄들 가운데 어느 한 덩어리를 음악적 제스처라는 하나의 단위로 구획해 낼 수 있는 것은 오직 그것이 의미의 한 단위로 경험되기 때문이다. 비트겐슈타인(L. Wittgenstein, 1889~1951)과 랭어(S. Langer, 1895~1985) 등 많은 학자들의 직관이 읽어냈듯, 이때 음악이 전하는 의미의 내용은 언어로 번역되기 어렵지만,[16] 이러한 어려움을 이유로 의미 자체를 부정하는 것은 타당하지 않다. 우리는 음악의 의미를 언어로 기술하지 못하는 채로 소리의 연속체를 여전히 의미의 덩어리들로서 지각해가며 음악을 듣기 때문이다. 음악적 제스처가 갖는 의미의 본성에 대한 단서는 해튼의 설명으로부터 찾을 수 있다.

제스처의 한 하위 범주로서 음악적 제스처는 해튼에 의해 "그 자체로 그 제스처(혹은 그러한 제스처를 취하고 있는 사람이 구현하고 있는 인물이나 페르소나)에 대한 정보를 전달하는 (암시되거나 가상적인, 혹은 실현된) 움직임"[17]으로서 정의된다. 해튼은 음악적 제스처가 전하는 정

16) Ludwig Wittgenstein, *Tractatus Logico-Philosophicus*, trans. D. F. Pears and B. F. McGuinness (New York: Humanities Press, 1961); Susanne Langer, *Philosophy in a New Key: A Study in the Symbolism of Reason, Rite, and Art* (Cambridge, Mass.: Harvard University Press, 1942); Susanne Langer, *Feeling and Form: A Theory of Art Developed from Philosophy in a New Key* (New York: Charles Scribner's Sons, 1953).

17) Hatten, *Interpreting Musical Gestures, Topics, and Tropes*, p.125.

보 혹은 의미를 퍼스(C. S. Peirce, 1839~1914)의 기호학에 따라 세 가지 범주로 세분화하는데, 이 글의 관심과 직접적으로 맞닿는 것은 그중 첫 번째 범주, 즉 "제스처를 취하는 사람의 태도, 양상, 혹은 정서적 상태에 관여한다는 점에서 질적인" 범주이다.[18] 음악적 제스처가 갖는 이러한 질적인 특성은 물론 제스처 일반에 적용되는 것으로, 이것은 언어에 앞서 발전되며 출생 시부터 유아와 양육자 간의 반복적인 상호작용을 통해 간주관적으로 형성되어 나가는 것이다.[19]

이처럼 음악적 제스처는 표현적이며 의사소통에 관여한다는 점에서 근본적으로 '상호작용적' 개념이다. 다시 말해 음악을 하나의 제스처로서 지각한다는 것은 음악을 나와 분리된 채 나의 무관심적 관찰을 요하는 과학적 탐구의 대상이 아니라 나와 뒤얽혀 있는 가운데 나의 이해를 요청하는 하나의 환경으로서 바라본다는 것을 뜻하며, 더불어 그것을 '나에게 의미 있는 행위'라는 관점에서 구조화 한다는 것을 뜻한다.

음악적 제스처가 음들의 특정한 배열이 형성해 내는 하나의 통합된 단위로 이해될 때 음악적 제스처는 음악적 '게슈탈트(Gestalt)'와 동일시되기 쉽다. 그러나 본래 대상의 특정한 구조적 속성을 지목하는 데 사용되는 '게슈탈트' 개념은 음악적 제스처가 갖는 구조적 속성들은 잘 포착해 내는 반면 음악적 제스처의 비구조적 속성들은 잘 포착하지 못한다. 음악적 제스처가 갖는 표현적 속성은 구조적 속성 이외에 가령 음색이라든가 미묘한 긴장감, 역동성, 강도, 그리고 텍스처와 같은 비구조적인 특질들을 반드시 포함하게 마련인데, 이러한 특질들은 게슈탈트의 원개념 안에 포함되지 않는다. 그렇기에 음악적 제스처는 언제나

18) 같은 책, p.125.
19) 같은 책, p.109.

게슈탈트 이상의 것이다. 한편 게슈탈트 개념은 음악적 제스처가 갖는 표현적 속성과 매우 밀접한 관련을 갖는 음악적 제스처의 또 다른 본질적 속성, 즉 시간성 역시 잘 포착하지 못한다. 음악적 제스처가 갖는 비구조적인 표현적 특질들과 시간성은 사실상 음악적 제스처를 비로소 음악적 제스처가 되게끔 해 주는 가장 핵심적인 요소들이며, 따라서 음악적 제스처를 구조적이며 무시간적인 게슈탈트와 동일시하는 것은 음악적 제스처로부터 그 생명을 제거하는 것이나 마찬가지이다.

한편 음악적 제스처는 제스처 일반이 갖는 핵심적 특성을 공유하는 동시에, 오직 그것에만 고유한 독특한 특성 또한 갖고 있다. 앞서 언급했듯이 음악적 제스처는 시공간을 배경으로 이루어지는 물리적 실체의 실제 움직임이 아니다. 연속되는 소리의 울림 가운데 움직이는 것이란 아무 것도 없으며, 거기에는 그저 차례대로 울리는 상호 독립적이며 단절된 여러 개의 소리들이 있을 뿐이다. 그것이 하나의 연속적인 움직임이 되는 것은 오로지 듣는 이의 지각 안에서이다. 그렇다면 듣는 이의 지각 안에서 움직이는 것의 실체는 과연 무엇일까? 이에 대한 해답의 실마리는 스크루튼과 리도프의 논의에서 찾을 수 있다.

스크루튼은 소리와 음악을 구별하여 지각되는 소리는 '물질적 대상'으로, 그리고 듣는 이가 소리 안에서 듣는 음악은 '지향적 대상'으로 간주한다. 스크루튼에 따르면 '지향적 대상'은 우리가 세계를 우리에게 의미 있는 방식으로 이해해 나갈 때 우리의 이해의 대상이 되는 것을 가리킨다. 그렇다면 지향적 대상으로서 음악은 우리가 소리를 우리에게 의미 있는 방식으로 이해해 나갈 때 우리가 소리 안에서 지각하게 되는 대상을 가리킨다. 한편 스크루튼은 소리는 단순한 지각적 대상인 '2차적 대상'으로, 그리고 음악은 단순한 감각 지각적 분별력 이상의 능력,

즉 상상력과 의지를 요구하는 '3차적 대상'으로 규정하는데, 이러한 구분에 따르면 우리가 '2차적 대상'인 소리 안에서 '3차적 대상'인 음악을 듣는 것은 우리의 상상력과 의지가 개입한 결과이다.[20] 음악에 관한 스크루튼의 이러한 논의는 '음악적 제스처'에 관한 논의에 곧바로 이식될 수 있다. 즉 음악적 제스처는 소리 안에서 상상적으로 지각되는 표현적 움직임의 한 단위이며, 이 때 연속적인 움직임으로 경험되는 것은 음악적 경험의 '지향적 대상'이라는 것이다.

음악적 제스처가 갖는 독특한 특징들에 대한 또 다른 예리한 통찰은 세계를 '신체외적(exosomatic) 세계'와 '신체내적(endosomatic) 세계'의 두 범주로 나누어 설명하는 리도프의 논의에서 찾을 수 있다.[21] 그에 따르면 '신체외적 세계'는 "우리가 보는 세계"로서 고정된 대상들을 갖는, "매우 밀접하게 관련된, 3차원적 기하학"이 지배하는 세계이다. 반면 '신체내적 세계'는 "우리가 느끼는 세계"로서 "끊임없는 변화와 작용"으로 구성된 비분절적 세계이며 "계속 변화하는 상태들"로 구성되어 있다.

하지만 그렇다고 해서 '신체내적 세계'가 어떠한 구별되는 개체도 가질 수 없는 것은 아니다. 가령 신체내적 세계의 거주자인 '배고픔'이나 '갈증'은 신체외적 세계의 거주자인 '책상' 만큼이나 뚜렷하게 경험된다. 3차원적 공간의 규제를 초월하는 음악적 제스처는 '신체내적 세계'의 존재자로서 적절히 설명될 수 있다. 음악적 제스처는 특정한 자리를

20) Roger Scruton, *The Aesthetic Understanding: Essays in the Philosophy of Art and Culture* (South Bend, Indian: St. Augustine's Press, 1988), pp.88-115; *Aesthetics of Music* (Oxford: Oxford University Press, 1997), pp.1-79.

21) David Lidov, "Mind and Body in Music," *Semiotica* 66, no.1/3 (1987): 66-97.

점유하지도 않고 공간적 경계를 갖지도 않는다. 앞서 살펴 본 슈베르트의 『즉흥곡 D. 899, No. 2』의 첫 부분의 경우 우리는 선율선이 아래로 달려가는 것을 듣지만 그 출발점과 종착점이 정확히 어디인지 말할 수 없으며 선율선이 정확히 얼마만큼의 거리를 이동했는지 측정할 수도 없다. 그럼에도 불구하고 선율선은 우리의 지각 안에서 '정말로' 아래로 달려 내려가며 이러한 경험은 너무나 생생하여 실로 부정되기 힘들다.

4. 음악적 제스처에 대한 영상도식적 해명

2절에서 제시된 영상도식의 특성들과 3절에서 소개된 음악적 제스처의 특징들을 종합해 볼 때 이 둘이 만날 수 있는 가능성은 매우 높아 보인다.

첫째, 이들 사이에서 가장 쉽게 포착되는 공통점은 이들이 그려내는 구조적 윤곽이다. 하나의 고도화된 게슈탈트라는, 영상도식이 갖는 구조적 특성은 하나의 통합된 게슈탈트로서 음악적 제스처가 갖는 구조적 측면과 맞아 떨어진다. 이러한 구조적 대응은 영상도식과 음악적 제스처의 구조적 측면이 부각되도록 영상도식과 음악적 제스처의 윤곽을 시각화하여 나타낸 그림에서 곧 확인된다.

둘째, 음악적 제스처가 갖는 움직임으로서의 본성은 신체적 경험에 그 근본적인 바탕을 둔 영상도식의 특성과 잘 조응한다.

셋째, '신체내적 세계'의 '지향적 대상'으로서 음악적 움직임이 갖는 심적 실체성은 반복되는 신체적 활동으로부터 형성된 심적 패턴이라는 영상도식의 본성과 공명한다.

넷째, 영상도식이 의식적 자각 아래에 놓여있는, 전(前)개념적 패턴이라는 사실은 음악적 제스처가 갖는 의미의 비언어적 본성과 상통한다.

무엇보다 중요하게 다섯째, 음악적 제스처가 갖는 인식적 기능은 영상도식의 인식적 역할과 맞아 떨어진다. 영상도식과 음악적 제스처 모두는 우리가 어떤 대상을 우리에게 의미 있는 방식으로 이해하기 위한 통로의 역할을 한다. 영상도식은 인간이 세계를 자신에게 의미 있는 방식으로 이해해 나가기 위해 출생 시부터 반복적으로 경험된 신체적 움직임을 통해 형성해 낸 체험적 틀이며, 음악적 제스처는 연속적으로 제시되는 소리의 울림들을 듣는 이가 자신에게 의미 있는 방식으로 이해하기 위해 하나의 분해 불가능한 단위로 구획해 낸 결과이다.

이제 이러한 설명을 바탕으로 음악적 제스처의 사례들을 영상도식을 통해 직접 분석해 보겠다. 아래 〈악보 1〉은 쇼팽(F. Chopin, 1810~1849)의 『연습곡 Op. 10, No. 8』의 시작 부분이며, 〈악보 2〉는 슈베르트(F. Schubert, 1797~1828)의 『즉흥곡 D. 899, No. 2』의 시작 부분이다. x와 y로 표시된 부분은 각각의 곡에서 흔히 하나의 제스처로서 지각되는 부분을 가리킨다. 서양음악의 관습에 익숙한 대부분의 감상자들은 아마도 x와 y 모두를 '위에서 출발하여 아래를 향해 진행되는 움직임으로 구성된 하나의 제스처'로서 들을 것이다. 이는 감상자들이 x와 y를 위에서 아래로 진행되는 「수직」(Verticality) 도식(〈그림 2〉 참고)과 「경로」 도식(〈그림 1〉 참고)에 의해 지각하기 때문이다. x와 y가 「수직」 도식과 「경로」 도식에 의해 지각된다고 말할 수 있는 것은 x의 제스처와 y의 제스처 모두가 출발점과 종착점, 그리고 이들 사이의 경로를 추적하는 벡터라는 세 가지 요소와 출발점으로부터 종착점으로 운동하는 힘 벡터로 명시되는 하나의 관계를 수직적으로 갖기 때문이다. x의 제스처와 y의 제스처가 이 관계를 수직적으로 갖는다고 말할 수 있는 것은 물론 피아노 건반의 보다 오른쪽에서 울리는 음들을 '높은'음으로, 그리고 피아노 건반의 보다 왼쪽에서 울리는 음들을 '낮은' 음으로 지각하는 투사에 기초한다.22)

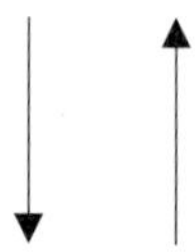

〈그림 2〉「수직」도식

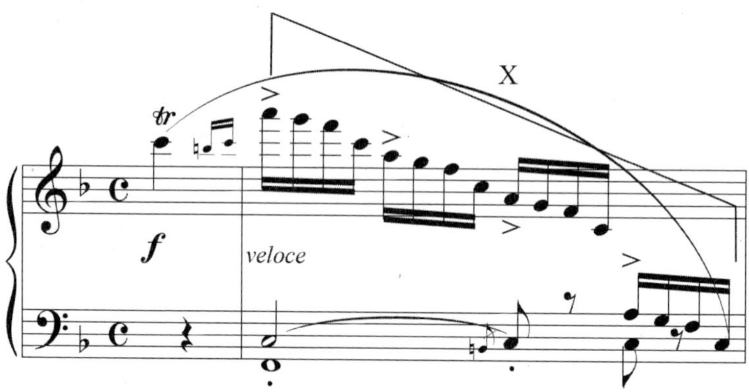

〈악보 1〉

22) 물론 이러한 투사가 모든 문화권을 막론하고 보편적인 것은 결코 아니다. 고대 그리스 이론가들이 '높은'과 '낮은' 대신 'oxys'(날카로운, 뾰족한)와 'barys'(무거운)를 사용했음은 잘 알려져 있다. Andrew Barker, ed., *Harmonic and Acoustic Theory: Greek Musical Writings*, Vol. 2 (Cambridge: Cambridge University Press, 1989), p.69.

〈악보 2〉

사실 '출발점과 종착점, 그리고 이들 사이의 경로를 추적하는 벡터라는 세 가지 요소'와 '위로부터 아래'라는 요소는 x의 제스처와 y의 제스처, 그리고 「수직적 경로」 도식이 공유하는 구조적 윤곽으로서 이 둘 사이에서 표면적으로 가장 두드러지는 공통적 특징이다. 물론 x의 제스처와 y의 제스처는 '신체내적 세계'의 '지향적 대상'으로서 그 출발점과 도착점이 우리 의식 안의 정확히 어느 지점을 점유하고 있는지 확실히 기술하기 어렵다. 우리는 출발점과 도착점, 그리고 이 둘을 잇는 경로 위 지점들의 위상을 그저 느슨한 방식으로 인식할 뿐이다.

이처럼 x의 제스처와 y의 제스처가 「수직적 경로」 도식에 의해 구조화되었다고 말할 수 있는 일차적인 근거는 그것들 사이에 공유되는 구조적 윤곽에서 찾을 수 있겠으나 그것만으로는 부족하다. x의 제스처와 y의 제스처, 그리고 「수직적 경로」 도식 모두는 구조적 윤곽 이상의 것이며, 그것을 훨씬 넘어서는 것이기 때문이다. x와 y가 게슈탈트를 넘어 하나의 제스처로서 인식될 수 있는 것은 그것들이 갖는 표현적 의미 때문인데, 이러한 표현적 의미는 구조적 윤곽만으로는 설명될 수 없다. 「수직적 경로」 도식 역시 그 비구조적 특성을 제거한 채로는 결코 그

정체성을 유지할 수 없다.

사실 x의 제스처와 y의 제스처는 모두 「수직적 경로」 도식에 의해 인식될 수 있지만, 이 둘에 대한 감상자의 경험은 현저히 다르다. x의 제스처와 y의 제스처 사이의 경험을 질적으로 분기시키는 것은 아마도 셈여림과 그것에 의해 비롯되는 타건(打鍵)감의 차이, 박자와 리듬감의 차이, 왼손의 반주가 만들어내는 호흡의 차이 등일 것이다. x와 y 모두는 분명 수직적으로 하강하고 있지만, x의 제스처가 '질주'로 느껴진다면 y의 제스처는 보다 '유희적'으로 느껴진다. 우리는 이러한 차이가 바로 x의 제스처와 y의 제스처가 갖는 표현적 의미의 차이라고 말할 수 있겠다. 그런데 이러한 차이는 구조적 분석에 의해서는 포착되기 어렵다는 데 대부분의 사람들은 동의할 것이다.[23)]

혹자는 x의 제스처와 y의 제스처가 영상도식을 공유하는 한편 그 실제적 경험에서는 현격하게 분기되는 현상은 영상도식을 추상적 개념으로, 그리고 x의 제스처와 y의 제스처 각각은 영상도식의 상이한, 구체적 현현으로 판정함으로써 깔끔하게 설명될 수 있다고 주장할 지도 모르겠다. 하지만 영상도식은 추상적 개념이 결코 아니며 언제나 구조적 측면뿐만 아니라 비구조적 측면도 갖기에 우리는 상황을 이런 방식으로 정리할 수 없다. 대신 우리는 x의 제스처와 y의 제스처는 모두 「수직적 경로」 도식에 의해 경험되지만, 각각을 통해 경험되는 것으로서의 「수직적 경로」 도식은 '오로지 x의 제스처와 y의 제스처를 통해서만' 경

---

23) 비구조적 특질에 따라 달라지는 음악적 제스처의 경험은 편곡된 작품을 통해서도 분명히 확인된다. 원곡과 편곡된 곡 사이에 공유되는 선율선은 동일한 구조를 가지겠지만 각각의 곡에서 그것이 전하는 표현적 의미는 분명 의미심장하게 달라질 것이다. 같은 곡에 대한 서로 다른 연주자의 연주들 역시 비구조적 특질에 따라 달라지는 음악적 제스처의 경험을 잘 드러내는 또 다른 예이다.

험 가능하다고 주장함으로써 영상도식을 추상적 개념과 동일시하지 않은 채로 문제를 해결할 수 있다. x의 제스처와 y의 제스처 각각은 각각이 갖는 비구조적 요소들이 필요불가결하게 존재할 때라야만 각각 「수직적 경로」 도식으로서 경험될 수 있다는 것이다. 바꿔 말하면 x의 제스처와 y의 제스처에서 각각이 갖는 비구조적 요소들을 제거하면 각각은 더 이상 온전한 의미에서 「수직적 경로」 도식으로서 경험될 수 없다는 것이다. 구조적 윤곽만에 의해서는 포착되지 않는, x의 제스처와 y의 제스처가 갖는 표현적 의미의 차이를 설명해 줄 수 있는 것은 바로 「수직적 경로」 도식이 갖는 비구조적 측면, 혹은 질적인 측면의 차이다. 「수직적 경로」 도식은 x의 제스처와 y의 제스처에 공통적으로 적용되면서도 각각을 통해 사뭇 다른 질적 특성을 띤 채 구현됨으로써 둘 사이의 표현적 의미를 창출한다.

x의 제스처와 y의 제스처가 갖는 구조적 유사성과 이들 사이의 질적인 차이는 이처럼 추상적 개념도 아니고 구체적 영상도 아닌 바로서 영상도식이 갖는 존재론적 위상과 영상도식의 유연성을 잘 나타낸다. 영상도식 개념을 주창한 존슨은 영상도식에 의한 대부분의 분석이 재발하는 구조들이나 패턴들에 배타적으로 집중하고 있는 현상에 강한 우려를 표명한다. 구조에 집중하다보면 감정적, 가치판단적 측면과 같은, 의미와 사고의 비구조적인 측면들이 간과되기 십상인데, 이러한 비구조적 측면들이야말로 영상도식에 피와 살을 부여하는 것이기 때문이다. 가령 '방에서 화장실로 걸어가는 것' '결승점을 향해 달려가는 것' '비가 추적추적 떨어지는 것,' 그리고 '배가 강물을 가로지르며 유유히 나아가는 것'은 모두 「경로」 도식에 의해 경험되지만, 각각의 경험은 분명한 질적 차이를 갖는다. 그러나 안타깝게도 현재로서는 영상도식이 갖는

이 느낌의 국면들을 적절히 기술할 방도가 없다는 것이 존슨의 지적이다. 영상도식의 작용에 대한 현재의 설명들은 신체화된 인간 이해의 느껴진, 질적인 부분을 충분히 포착하고 있지 않다는 것이다.[24] 그런데 영상도식의 비구조적 측면들을 가장 직접적으로 드러내 주는 것들 중 하나가 바로 음악적 제스처라는 것이 이 글의 주장이다. 이러한 주장은 음악적 제스처를 영상도식에 의해 해명하는 것이 음악을 제스처로서 이해하는 경험에 대한 근거를 밝힐 뿐만 아니라 더 나아가서 영상도식 자체의 정체성을 확인하는 작업이 될 수 있음을 뜻한다.

이제 논의의 초점을 조금 바꾸어 x의 제스처와 y의 제스처 사이의 구조적 유사성을 다시 한 번 검토해 보자. x의 제스처와 y의 제스처의 구조는 과연 얼마나 '비슷한가?' x의 제스처와 y의 제스처는 물론 「수직적 경로」 도식이 필수적으로 포함하는 요소들과 관계를 공유하고 있다. 그러나 이것들은 x의 제스처와 y의 제스처에서 생각보다 상당히 다른 방식으로 구조화되어 나타나는데, 이러한 차이는 '신체내적 세계'의 '지향적 대상'으로서 음악적 제스처가 갖는 독특한 성격과 맞물려 더욱 강화된다. x의 제스처의 출발점은 어디이며, 종착점은 어디인가? A6와 C3으로 표시되는 음들의 물리적 대응점은 우리의 지각적 세계의 출발점과 종착점을 대변하지 못한다. y의 제스처도 마찬가지이다. 이처럼 x의 제스처와 y의 제스처 각각의 구조적 정체를 정확히 기술하지도 못하는 형편에서도 우리가 이들 사이에 구조적 유사성이 존재한다고 말하는 것은 이들이 「수직적 경로」 도식이 최소한으로 요구하는 요소들과 관계를 공유하기 때문인데, 실상 x의 제스처와 y의 제스처 각각의 구조가

24) Johnson, "The Philosophical Significance of Image Schemas," pp.15, 27.

우리의 지각 안에서 경험되는 양상은 매우 다르다.

아래 〈악보 3〉은 슈베르트의 가곡 『물 위에서 노래함, D. 774』의 시작 부분이며, 〈악보 4〉는 역시 슈베르트의 가곡 『물레질하는 그레첸, D. 118』의 시작 부분이다. 〈악보 3〉에서 α로 표시된, 피아노 반주의 오른손 부분의 제스처와 〈악보 4〉에서 β로 표시된, 피아노 반주의 오른손 상성부의 제스처는 모두 「주기」(Cycle) 도식'(〈그림 3〉 참조)에 의해 이해될 수 있을 것이다. 그런데 「주기」 도식에 의해 공통적으로 나타내질 수 있는 α의 제스처와 β의 제스처 간의 구조적 유사성의 정도는 x의 제스처와 y의 제스처 간의 구조적 유사성의 정도에 비해 훨씬 떨어지는 것처럼 느껴진다. 가장 쉽게 포착되는 차이는 주기의 길이, 혹은 크기의 차이이다. α의 제스처가 보다 작은 원을 그리며 상대적으로 빠르게 진행된다면, β의 제스처는 보다 큰 원을 그리며 상대적으로 느리게 진행된다. 이 경우에도 물론 α의 제스처와 β의 제스처 각각이 구현하는 주기의 출발점 혹은 도착점, 그리고 주기의 정확한 크기는 정확히 기술될 수 없다. 이처럼 영상도식의 구조적 측면은 사실 그렇게 고정적이거나 확정적이지 않으며, 이런 점에서 봐도 영상도식의 주된 정체성을 그 추상적 구조에서 찾는 것은 정당하지 않다.

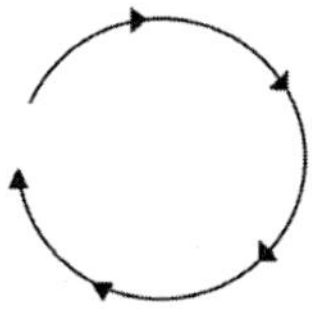

〈그림 3〉 「주기」 도식

〈악보 3〉

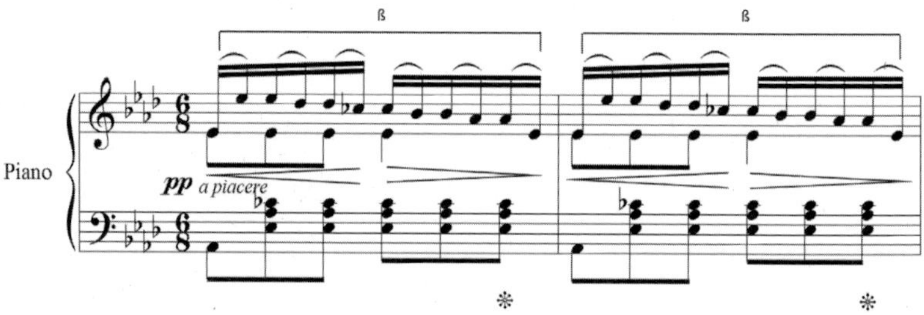

〈악보 4〉

지금까지 4절에서는 음악에서 제스처를 경험하는 것이 가능한 것은 듣는 이가 소리의 연속적인 울림을 영상도식을 통해 의미 있는 하나의 단위로 지각해 내기 때문이라는 주장을 위해 음악적 제스처와 영상도식이 공명하는 지점들을 하나하나 검토해 보았다. 지금까지의 논의는 음악에서 지각되는 제스처의 뿌리가 영상도식에 있다는 데에 상당한 무게를 실어 주며, 이러한 무게는 음악적 제스처가 우리의 신체적 경험을 통해 창발한 영상도식이 음악에 적용된 결과라는 주장을 이끌기에 충분한 것으로 보인다.

5. 결론

영상도식의 관점에서 음악적 제스처를 해명하고자 하는 시도를 마친 지금, 우리가 서론에서 언급했던 음악적 형식주의자 혹은 실증주의자들은 이에 대해 어떻게 생각할 지 궁금하다. 우리의 고집스런 실증주의자는 퉁명스럽게 이런 말을 내뱉을 지도 모른다. "결국 이 모든 논의의 성패는 영상도식의 실체에 달려 있는 듯한데, 난 영상도식이라는 것 자체에 좀처럼 믿음이 가지 않소. 영상도식이라는 것의 정체가 내게는 도무지 확실해 보이지 않는단 말이지! 난 영상도식의 실체를 내 눈으로 확인해야 직성이 풀리겠소." 맞는 말이다. 영상도식 개념을 정의하기의 어려움은 앞에서도 언급된 바 있다. 하지만 만약 우리의 실증주의자에게 필요한 것이 영상도식의 존재에 대한 실증적 근거라면 그에게 들이밀 수 있는 연구 성과들이 없지 않다. 최근 인지과학자들 사이에는 우리가 갖고 있는 개념들이 우리의 신체적인 경험에 그 뿌리를 두고 있다는 데 대한 합의가 더욱 증가하고 있으며, 그에 따라 영상도식에 대한 심리학적・신경학적・생리학적 연구들이 계속 축적되어 가고 있기 때문이다.[25)]

물론 우리의 실증주의자가 이 모든 연구 성과들에 의해서도 만족하지 않을 가능성은 얼마든지 있다. 그러나 그렇다면 그에게 단연코 확

---

25) Raymond W. Gibbs, Jr., "The Psychological Status of Image Schemas," in Hampe, ed., *From Perception to Meaning*, pp.137-64. Tim Rohrer, "Image Schemata in the Brain," in Hampe, ed., *From Perception to Meaning*, pp.165-97, Ellen Dodge and George Lakoff, "Image Schemas: From Linguistic Analysis to Neural Grounding," in Hampe, ed., *From Perception to Meaning*, pp.35-56, Vittorio Galles and George Lakoff, "The Brain's Concepts: The Role of the Sensory-motor System in Conceptual Knowledge," *Cognitive Neuropsychology* 22 (2005): 455-79.

실한 것이란 과연 무엇인가? 쇼팽의 『피아노 소나타 제 2번』의 1악장이 B♭단조로 되어 있다는 사실 혹은 바흐의 『두 대의 바이올린을 위한 협주곡, BWV1043』의 1악장 시작 부분이 푸가 형식을 따르고 있다는 사실 따위뿐인가? 선율선이 '올라가고' '내려가는' 것은 어떤가? 그는 어쩌면 우물쭈물하며 "선율선의 상행과 하행은 흔한 착각일 뿐"이라고 말할 지도 모른다. 그렇다면 그가 말하는 '흔한 착각'을 제외한 후에 남는 음악적 경험이란 도대체 무엇인가? 그의 어법을 따르자면 우리의 음악적 경험은 온통 '흔한 착각'뿐이 아니던가. 우리가 음악에 관해 참되게 말할 수 있는 것이 그가 말하는 식의 확실한 것뿐이라면, 우리가 물리적 음향이 아닌 음악에 대해 말할 수 있는 것이란 거의 없어 보인다.

음악적 제스처에 대한 경험이 우리의 신체적 조건에 뿌리를 둔 영상 도식에 의한 것임을 주장하는 이 글의 주장으로부터 우리는 음악을 제스처로서 경험하는 것, 음악을 제스처로서 묘사하는 것이 결코 자의적이거나 주관적인, 그리고 우연적인 일이 아니라는 결론에 자연스럽게 도달한다. 음악을 특정한 제스처로서 이해하는 것은 동일한 생물학적 조건과 문화적 토대를 가진 사람들 사이에서 간주관적으로 공유될 수 있다는 것이다. 물론 이 글은 모든 음악이 제스처로서 경험되어야만 한다거나 경험될 수 있다고 주장하는 것은 결코 아니다. 제스처로서 지각되기를 거부하는 음악도 얼마든지 존재한다. 제스처로 의미화되지 않은 채 소리의 연쇄로서만 머무르는 음악, 그렇게 머무르도록 의도된 음악을 찾기란 그리 어렵지 않다. 가령 불레즈(P. Boulez, 1925～)의 『두 대의 피아노를 위한 구조』는 쇼팽의 연습곡이나 슈베르트의 즉흥곡에 비교해 볼 때 제스처로서 지각되기가 상대적으로 훨씬 힘들다. 이 글이 주장하는 것은 음악을 제스처로서 이해하는 것은 '적어도 음악을 전문적인 형식적 어휘들에 의해서 이해하는 것만큼은' 충분히 정당할 수 있다는 것이다.

참고문헌

Barker, Andrew, ed. *Harmonic and Acoustic Theory: Greek Musical Writings*. Vol. 2. Cambridge: Cambridge University Press, 1989.

Brower, Cadace. "Pathway, Blockage, and Containment." *Theory and Practice* 22-23 (1997-8): 35-54.

______. "A Cognitive Theory of Musical Meaning." *Journal of Music Theory* 44 (2000): 323-79.

Grady, Joseph E. "Image Schemas and Perception: Refining a Definition." In Beate Hampe, ed. *From Perception to Meaning: Image Schemas in Cognitive Linguistics*. Mouton de Gruyter: Hague, 2005.

Hampe, Beate. "Image Schemas in Cognitive Linguistics: Introduction." In Beate Hampe, ed. *From Perception to Meaning: Image Schemas in Cognitive Linguistics*. Mouton de Gruyter: Hague, 2005.

Hatten, Robert S. *Interpreting Musical Gestures, Topics, and Tropes: Mozart, Beethoven, Schubert*. Bloomington, Ind.: Indiana University Press, 2004.

Johnson, Mark. *The Body in the Mind: The Bodily Basis of Meaning, Imagination, and Reason*. Chicago: University of Chicago Press, 1987. / 『마음 속의 몸』. 노양진 역. 서울: 철학과현실사, 2000.

______. "The Philosophical Significance of Image Schemas." In Beate Hampe, ed. *From Perception to Meaning: Image Schemas in Cognitive Linguistics*. Mouton de Gruyter: Hague, 2005.

Lakoff, George. *Women, Fire, and Dangerous Things: What Categories Reveal about the Mind*. Chicago: University of Chicago Press, 1987.

Lakoff, George and Mark Johnson. *Metaphors We Live By*. Chicago: University of Chicago Press, 1980.

______. *Philosophy in the Flesh: The Embodied Mind and its Challenge to Western Thought*. New York: Basic Books, 1999.

Lakoff, George and Rafael Nunez. *Where Mathematics Comes From: How the Embodied Mind Brings Mathematics into Being*. New York: Basic Books, 2000.

Langer, Susanne. *Philosophy in a New Key: A Study in the Symbolism of Reason, Rite, and Art*. Cambridge, Mass.: Harvard University Press, 1942.

______. *Feeling and Form: A Theory of Art Developed from Philosophy in a New Key*. New York: Charles Scribner's Sons, 1953.

Lidov, David. "Mind and Body in Music." *Semiotica* 66/1 (1987): 66-97.

______. Is Language a Music?: W*ritings on Musical Form and Signification*. Bloomington, Ind.: Indiana University Press, 2005.

Saslaw, Janna K. "Forces, Containers, and Paths: The Role of Body-derived Image Schemas in the Conceptualization of Music." *Journal of Music Theory* 40/2 (1996): 217-43.

______. "Life Forces: Conceptual Structures in Schenker's Free Composition and Schoenberg's The Musical Idea." *Theory and Practice* 22-23 (1997-8): 17-33.

Scruton, Roger. *The Aesthetic Understanding: Essays in the Philosophy of Art and Culture*. South Bend, Ind.: St. Augustine's Press, 1988.

______. *The Aesthetics of Music*. Oxford: Oxford University Press, 1997.

Wittgenstein, Ludwig. *Tractatus Logico-Philosophicus*. Trans. D. F. Pears and B. F. McGuinness. New York: Humanities Press, 1961.

Zbikowski, Lawrence M. "Metaphor and Music Theory: Reflections from

Cognitive Science." *Music Theory Online* 4/1 (1998).

______. *Conceptualizing Music: Cognitive Structure, Theory, and Analysis*. New York: Oxford University Press, 2002.

http://www.mtosmt.org/issues/mto.98.4.1/mto.98.4.1.zbikowski_frames.html. (2015년 4월 15일 접속.)

제8장

왜 고양이와 개는 우리와 영화를 보지 않을까?

몸, 두뇌, 환경, 그리고 영화

이상욱

"왜 고양이와 개는 우리와 영화를 함께 보지 않을까?"

영화는 인간에게 가장 친숙하고 오래된 영상 매체이다. 비록 120여 년의 짧은 역사이지만 문화·예술·사회적 측면에서 각광을 받으며 우리 삶에서 주요한 커뮤니케이션 매체로 활용되고 있다. 많은 이들이 영화를 통하여 자신의 삶을 돌아보기도 하며, 위안을 받고, 타인의 삶과 생각을 엿본다. 한편 인간은 도시화된 삶 속에서도 인간 이외의 동물들을 우리 곁에 가까이 둔다. 애완동물, 특히 개와 고양이는 '반려동물'이라는 호칭을 사용하며 가족보다 더 가족 같은 삶의 구성원으로 받아들이고 있다. 영화는 인간의 과학기술로 만든, 반려동물은 자연이 우리에게 선물한 동반자라고 할 수 있다.

그러나 이 두 동반자는 서로 친하지 않다. 우리가 영화를 즐기고 영위하는 동안 우리의 반려견, 반려묘는 별 관심을 보이지 않는다. 스크린과 TV에서 박진감 넘치는 액션영화가 나오든, 심오한 주제의 예술영화가 나오든 우리의 친구들은 시큰둥하거나 묵묵히 우리 곁을 지킬 뿐이다. 아무리 재미있는 영상이 나오더라도 별 흥미를 느끼지 않는 듯하다. 개인적 경험을 보더라도 고양이의 경우는 마우스 포인터 같이 화면에 무언가 빠르게 움직이는 작은 물체가 있거나 다른 동물의 울음소리가 나오는 경우 잠시 관심을 가지기는 하지만 일반적으로는 번쩍이고 스쳐 지나가는 그림과 시끄러운 소리들에 상관없이 자신들의 시간을 보낸다. 우리 인간의 가장 친숙한 두 존재가 서로 친하지 않다는 것은 둘을 모두 아끼는 입장에서 조금 아쉬움을 남긴다.

과연 영화라는 매체는 개나 고양이들에게 갇힌 세상을 열어 보이고, 즐거움을 선사하며, 삶의 가치를 다시 생각해 보기까지 이르는 다양한 경험을 못 느끼게 해 주는 것인가? 만약 이것이 가능하다면 그들도 우리 때문에 잃어버린 야생에 대한 상실감을 조금이나마 위로하고 우리와 공유되는 삶을 더 풍요롭게 영위할 수 없을까? 조금은 황당하지만 그들이 영화를 우리와 함께 즐기게 된다면 그들이 더욱 영리해져 우리와 삶과 사회에 대한 진지한 토론을 할 수도 있지 않을까?

다소 황당한 상상은 잠시 접어두고 '영화를 개와 고양이가 즐기지 않는 까닭'을 찾아가 보자. 이러한 질문에 답을 찾는 과정은 우리 인간이 영화나 영상미디어를 영위하는 과정과 의미를 잘 드러나게 해 줄 것이다. 특히 기존의 영화에 대한 미학적·철학적 논의나 사회적·문화적 가치에 대한 분석들이 잠시 접어두었던 '동물로의 인간'을 논의의 시작점으로 삼는다면 영화에 대한 가치를 새롭게 해석하고 변화된 시각을 제시할 수 있을 것이다. 영화가 탄생했던 19세기말부터 현대사회에 이르는 기간 동안, 인간은 많은 과학적·철학적 진보를 거듭해 왔던 것과 동시에 그 발전들 사이의 장벽을 높이 세워 왔고, 영화 연구에 있어서도 그런 현상들은 반복되었다. 그런 이유로 영화 연구에서도 자유롭고 새로운 아이디어는 공유되지 못하였고, 작은 걸림돌도 잘 넘지 못하는 경우가 많았다. 나아가 최근 학계에서 다양하게 논의되고 있는 인지적 패러다임, 특히 체화된 인지(embodied cognitive) 관점은 영화 연구에도 새로운 시각을 제시하고 기존의 논의에 돌파구를 열어 줌으로써 학문적 발전을 유도하는 좋은 자극제가 될 것이라고 믿는다. 이런 입장에서 이 글은 '개와 고양이가 영화를 즐기지 않는 까닭'을 찾아보며 다양한 인지주의 연구를 접목시켜 보고자 한다.

본격적인 논의를 시작하기에 앞서 "영화를 본다"라는 표현을 정리하고 논의의 방향을 확인할 필요가 있다. 우선 우리가 '본다'는 생물학적으로 눈이라는 신체기관을 활용하여 외부 정보를 받아들인다는 지각의 의미로 이해하고 논의할 수 있다. 그러나 지각된 외부 자극은 상황에 따라 더 깊은 처리가 되어야 하며 이 과정에서 '본다'라는 말은 '이해하다'라는 의미로 받아들여질 것이다. 나아가 '(영화를) 본다'라는 말에는 그 매체를 즐기고, 활용하며, 영위한다는 의미도 포함될 것이다. 이런 점에서 개나 고양이가 영화를 보지 않는다는 문제는 눈과 귀를 활용하는 지각의 차원, 두뇌를 활용하는 이해의 차원 나아가 이 인지적 작용이 모여 형성되는 환경과의 관계에서 살펴보아야 할 것이다. 이 글에서는 '신체와 영화', '두뇌와 영화' 그리고 영화가 확장되어 집단화되고 사회의 구성물로 작용하는 관계를 살펴보는 순서로 논의를 진행하고자 한다. 이를 위하여 인지심리학과 신경생리학의 관련된 연구를 소개하고 지각, 정서, 서사라는 요소들이 영화에서 형성되고 활용되는 과정을 소개하고자 한다.

1. 신체와 영화

인간의 눈은 지각의 가장 주요한 통로이며 매우 고차원적으로 외부 정보를 잘 받아들이도록 유전적으로 발전해 왔다. 어두운 곳에서 밝은 곳까지 동시에 볼 수 있는 범위도 넓으며, 순간적으로 가까운 곳에서 먼 곳으로 초점을 이동할 수도 있으며, 세밀한 광학적 변화도 정확히 인식해서 시각의 작은 범위에서도 의미를 도출할 수 있다. 또 수 만 가지의 색도 구분해 볼 수 있으며 두 눈의 시차를 이용하여 입체감을 인식하는 능력도 뛰어나다.

이런 능력은 우리 눈의 유전적 발달에 기인한다. 인간의 눈은 유전학적 발달 과정에서 환경에 적응하며 매우 고도로 발달되어 왔다. 물론 개나, 고양이의 눈 역시도 여러 의미에서 고도로 발달되어 있다. 그들의 눈은 작은 동물들을 사냥하기 좋도록 움직이는 사물에 대한 지각 능력이 인간보다 더욱 발달되었다. 고양이의 경우 망막 뒤편에 휘막(tapetum lucidum)을 가지고 있어 망막세포를 통과한 빛이 다시 휘막에 반사되어 망막세포를 자극하도록 유전적으로 설계되었다. 그 결과 인간에 비하면 어두운 곳에서 지각 능력이 월등히 높다.

그러나 동시에 고양이와 개의 눈은 인간의 눈에 비하여 몇 가지 제약을 가지고 있다고 알려져 있다. 우선 개와 고양이의 눈은 인간에 비하여 매우 낮은 시력을 가지고 있다. 그렇기 때문에 개나 고양이는 자신의 주인이나 먹잇감을 알아보기 위하여 후각이나 청각 등 다른 능력을 더욱 적극적으로 활용한다. 또 고양이는 망막에 원추세포(cone cell)가 인간에 비하여 숫자나 종류가 떨어져 색을 지각하는 데 제한적이다.

이렇듯 지각의 생물학적 차원에서 인간과 차이가 나기 때문에 영화를 즐기는 과정에 약간의 문제를 가지고 있다고 볼 수 있다. 같은 영화를 보더라도 세밀한 형태를 완전히 인식하거나 똑 같은 색을 본다고 할 수는 없다. 그러나 이 정도가 영화를 지각하는데 전적으로 불가능하다고 보기는 힘들다. 화면을 조금 흐리게 보거나 일부 색체에 대한 감각이 떨어진다고 해도 인간 중에서 시력약자나 색맹, 색약자의 경우와 비슷하기 때문이다. 그렇다면 지각의 차원에서 고양이나 개가 영화를 즐기지 못하는 것은 아닐 것인가?

지각의 차원에서 영화를 '본다'라는 사실을 검토하기 위해서는 감상자의 신체 말고도 다시금 살펴보아야 할 대상이 있다. 영화는 우리가 논의하는 감상자들의 진화 이후에 만들어진 매체이기에 매체 자체의 지각물로서의 특성을 살펴봐야 하는 것이다. 그런 점에서 영화의 기술적 발명 발달 과정은 중요한 시사점을 가지고 있다.

움직임을 재현하는 영화의 기술적 발명이 이루어지기 위해서는 선행되는 몇 가지 발명이 필요로 했다. 우선 현실을 사실적으로 재현하는 사진술이 필요했으며 이 단일한 프레임들을 연속적이고 빠르게 연결시키는 기술, 그리고 이를 적절한 방식으로 상영하는 상영 기술까지 일련의 요소들이 필요했다. 다게르(L.-J.-M. Daguerre)의 원시적 사진술을 넘어 습판사진, 건판사진이 완성되고 마침내 이스트만 코닥(Eastman Kodak)의 롤필름이 규격화되며 반복적이고 충분한 속도의 사진술의 반복적 재현이 가능했으며, 이를 기반으로 미국의 에디슨(T. Edison), 프랑스의 뤼미에르 형제(Auguste Marie Louis Nicholas Lumière) 등이 '움직임의 재현'이라는 기술적 성취를 동시 다발적으로 이루었다.

이 일련의 기술적 발전에서 지속적으로 확인되는 사실들은 기술적 발명의 기준이 인간의 지각 능력이었으며, 지각적 충족을 기준으로 경험적으로 발전되었다는 사실이다. 즉, 이론적, 과학적 연구에 앞서 '이렇게 하면 이렇게 보이더라.'라는 경험적 방법론으로 기술들을 개발해 왔다는 것이다. 대표적인 예로 영화에 기술 발달에서 중요한 문제인 초당 제시되는 프레임의 수(Frame per Second: FPS)를 들 수 있다. 초창기 영화에서 얼마나 자주 프레임을 보여 주는가의 문제는 기술적인 문제뿐만 아니라 사용되는 필름의 양과도 관련이 있었기 때문에 경제적인 부분을 고려하지 않을 수 없었을 것이다.

우리는 초창기의 카메라와 영사기가 전기 모터나 태엽 등이 아닌 사람 손으로 직접 돌렸다는 점을 중요하게 생각해 보아야 한다. 즉 얼마나 자주 새로운 프레임을 보여 줄지 상영기술자가 직접 화면을 보면서 움직임을 그때그때 결정했었던 것이다. 움직임이 사실적으로 보이도록 자신의 눈을 기준으로 너무 느리지도, 너무 빠르지도 않은 속도로 순간순간 조정할 수밖에 없었고, 그 결과 무성영화 시대의 상영 FPS는 20-26fps로 가변적이었다. 이런 역사적 장면은 영화의 기술이 사람의 감각, 특히 시각을 기반으로 수정 발전되어 온 과정을 대표적으로 보여준다. 또한 에디슨이 축음기의 완전한 완성을 위하여 '움직이는 그림'을 연구했듯이 사운드 재현 기술과 영화의 접목 역시도 완전한 지각적 재현이라는 목적에 의해 영화 역사의 초기부터 노력되어 왔다는 점에서 지각은 영화 기술 발달의 중요한 근거가 되었다고 할 수 있다.

이런 현상은 영화의 기술적 발명을 넘어서는 순간에도 관여한다. 즉 영화 편집이 형성되고 법칙으로 정립되어 오는 과정에서도 인간의 경험적, 지각적 특성이 영화에 반영되는 현상을 다시 관찰할 수 있다. 뤼미에르 형제의 초기영화는 대부분 편집이 없이 한 번에 연속적으로 촬영한 1분 이내의 짧은 형태였다. 그러나 이후 영화의 발전은 연속되지 않은 여러 개의 영상들을 모아 동일한 움직임이나 시공간, 이야기가 전달되는 방식으로 발전했다. 이 과정에서 자연스럽게 편집가들 사이에 여러 경험적 지식들이 형성되었으며 이런 과정에 대하여는 인지주의 영화학자 앤더슨(J. Anderson)은 저서 The Reality of Illusion: An Ecological Approach to Cognitive Film Theory에서 능동적 지각 연구에 집중한 깁슨(J. J. Gibson)의 생태적 지각이론을 적극적으로 받아들여 설명하였다. 그는 컷(cut)과 컷의 연결의 원리를 다음과 같이 설명한다.

> 우리는 한 대상을 한 번에 보지 않는다. 우리는 둘러보고, 탐험하고, 우리의 눈으로 탐색한다. 우리의 눈을 움직이고, 우리의 고개를 돌리고 우리 몸 전체를 움직이고 걸어가면서 우리 환경의 대상물을 지각한다. …… 영화의 지각도 이런 방식을 따른다.[1)]

그는 깁슨의 생태적 시각을 받아들여, 인간은 분할된 시각을 통하여 일련의 대상과 사건을 적극적이고 능동적으로 지각한다고 주장한다. 그리고 영화에서의 편집이 가능한 것은 현실의 분할된 지각의 방식이 영화 편집에 적용되고 있기 때문이라고 설명한다. 우리의 눈은 안와(fovea)[2)]구조에 의하여 필연적으로 선택적 시각을 지니는데 이런 선택

---

1) J. D. Anderson, *The Reality of Illusion: An Ecological Approach to Cognitive Film Theory* (Carbondale, Ill.: Southern Illinois University Press, 1996), p.93.

2) 안와는 안구 망막의 중심부로 시각범위의 중앙부의 2~3도로 매우 좁은 부분이다. 색을 인지하는 원추세포가 이곳에 거의 전적으로 집중되어 있으며 망막을 덮는 신경절세포들 얇아지는 특징을 가지고 있다. 이런 구조는 우리에게 비록 좁지만 아주 세밀하고 정교한 시각을 가능하게 해 준 유전적 진화 결과이다. 안와 구조로 인하여 우리는 전체를 빠르게 훑어보고 안구를 움직여 원하는 부분을 세밀하게 관찰하는 방식으로 대상을 '분할하여' 지각한다.

적 시각 현상이 하나의 시각대상물을 분할하고 분리해서 본다고 설명하고, 이것이 영화의 편집에도 그대로 적용되었다고 본 것이다. 그는 대표적인 영화 편집의 경험적 법칙 4가지를 다음과 같이 제시하면서 이를 인지심리학 연구를 활용해 해석하였다.

1) 30° 법칙: 카메라 앵글과 이미지의 크기는 연속되는 두 컷에서 최소한 30°변해야 한다.
2) 180°의 법칙 혹은 가상선(imaginary line) 법칙: 화면의 방향성은 유지시키기 위하여 촬영 시 주요 대상의 연결직선의 한쪽 면에서만 촬영해야 한다.
3) 동작 중 편집 법칙: 동작의 편집은 움직임의 최고점에서 이루어져야 한다.
4) 1-2frame 중첩 법칙: 연결된 동작은 약 두 프레임 중첩되어야 한다.

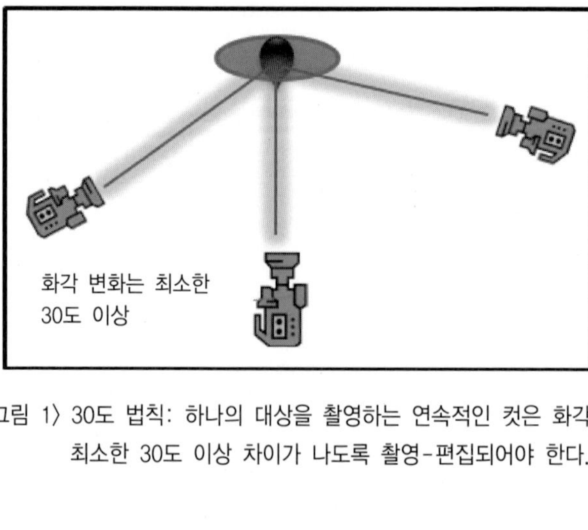

〈그림 1〉 30도 법칙: 하나의 대상을 촬영하는 연속적인 컷은 화각이 최소한 30도 이상 차이가 나도록 촬영-편집되어야 한다.

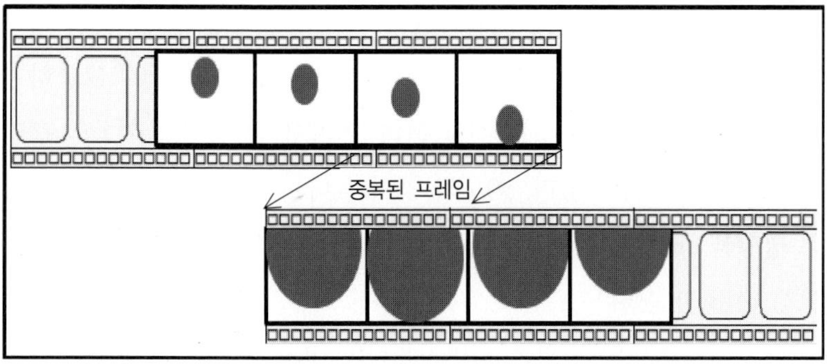

〈그림 2〉 프레임의 중첩 법칙: 공이 튀어 오르는 두 개의 연속된 컷의 편집에서 1-2 프레임 중복되는 것이 연속적으로 볼 때 더 자연스럽게 편집된다.

이 법칙들은 오랜 기간 편집자들에 의해서 경험적으로 발견되고 법칙(rule)이라고 할 정도로 옹호된 것들이다. 그러나 영화제작자들(filmmaker)뿐만 아니라 영화학자들에게도 이 법칙들에 대한 과학적인 답은 없었으며, 지각심리학적 이해가 없이 교조적으로 받아들여지던 것이다.[3)]

앤더슨은 첫 번째 법칙의 해석을 위해 우리의 시각 체계에서는 같은 사물을 그대로 크기만 변화해서 보는 경우는 관찰자의 신체적 이동 없이는 불가능하고, 움직임 즉 가까이 가거나 떨어지는 듯한 동작이 있어야 한다는 점을 지적한다. 신체의 움직임에 대한 정보와 시각적 변화가 통합되어 인지되어야 하는데 영화에서 두 화면 사이에 신체 이동에 대한 정보가 없이 크기만 커진다면 이는 현실적으로 일어날 수 없는 현상이기에 비 생태적인 지각 현상이 일어난다고 주장한다. 그에 비하여 약 30도 이상의 시차를 두는 경우는 움직임에 대한 정보가 부족하더라도

3) Anderson, *The Reality of Illusion*, p.100.

촬영 대상의 배경이 같이 변화하면서 우리가 움직였다는 충분한 정보를 시각적으로 전달한다고 설명했다. 지각심리학의 측면에서 보충하면 30도 법칙은 우리에게 정보 전달 특히 '어디'에 대한 정보 획득의 측면에서 장점을 지니고 있다. 30도씩 차이가 나는 앵글은 배경에 대한 여러 방향을 표현해 주고, 공간에 대한 정보를 더 많이, 효율적으로 인지되게 하기 때문이다.

두 번째 180도의 법칙은 라마찬드란(V. Ramachandran)과 앤티스(S. Antis)가 주장한 시각체계의 '지름길(shortcut)법칙'을 적용해 설명한다. 그들은 시각체계의 기초적 차원에서는 작용을 돕기 위하여 물리적 세계에 대해 '가정(assumption)'이 이루어진다고 제안하였다. 그들은 세 가지 가현 운동에 대한 일련의 시험으로부터 다음과 같은 세 가지 가정을 확인하였다.

1) 물체는 계속 존재하려고 한다.
2) 물체가 움직일 경우 물체는 고정적인 것이므로 물체의 모든 부분들은 같은 속도로 함께 움직이려고 한다.
3) 움직이는 물체는 점진적으로 배경의 일부분을 가리거나 가리지 않게 될 것이다.

이 세 가지 법칙에 의하여 고정된 영화의 스크린에서 우리의 시각, 정확히는 카메라의 화각이 변화하더라도 각 사물과 사건의 방향성은 일정하게 유지되어야 한다는 것이 앤더슨의 주장이다. 즉 하나의 대상을 나누어서 촬영하는 경우라도 이런 가정이 우리 지각체계에서 일어나기 때문에 이런 가정을 변화시키면 안 된다고 설명한 것이다. 영화에서 관객들은 화면 내의 정보 이외에는 얻을 수가 없기에 대상의 방향 전환, 카메라의 움직임에 의한 화각 변화 등이 없다면 이런 가정을 변형시키는 것이 불가능하다. 그러므로 그렇기 때문에 방향을 일치시키는 것이 연결된 컷과 컷의 기본 법칙이 되었다고 주장한다.

세 번째 움직임이 가장 강한 순간에 같은 방향과 속도로 두 컷을 연결해야 한다는 법칙에 대하여 앤더슨은 우리의 시각에서 '움직임'은 색채와 '무엇'이라는 형태에 대한 인식 이전에 빠르게 일어난다는 점을 들어 설명한다. 우리가 움직임이 강한 순간 연결된 두 컷을 접하면 새로운 컷의 대상에 대한 판단 이전에 하나의 움직임으로 판단하게 된다고 주장한다. 이는 '무엇' 시스템의 계산과 분석 그리고 기억의 역할이 작용하기 이전에 '움직임'이라는 시각적 자극이 더 먼저 처리되며 두 대상이 같은 사물로 인식하게 해 준다고 해석한 것이다.

네 번째 법칙인 약 두 프레임의 중첩이 필요하다는 점은 새로 획득된 정보가 기존의 정보에 우선한다는 지각심리학 연구를 활용해 설명한다. 특이한 정보가 기존의 정보보다 생존에 더 중대한 요소로 작용하는 진화의 과정을 거쳤기 때문에 기존의 것과는 다른 물체에나 정보에 대한 집중이 일어난다고 본 것이다. 영화에서 하나의 장면 이후 다른 장면이 연결되었을 때도 새로운 정보 즉 연결된 컷에 더 집중하게 작용하고 이로 인해 정확한 지점에서 편집한다면 앞에 위치한 컷의 약 두 프레임 정도가 정확히 인지되지 않을 것이라고 설명했다. 그러므로 자연스러운 두 동작을 연결시키기 위해서는 1-2 프레임 움직임이 중복되는 편이 더 적절하다고 설명했다.

앤더슨의 이런 일련의 연구는 인지심리학의 연구를 적극적으로 영화의 해석 특히 현실적이고 기술적인 부분에 적용했다는 점에서 큰 의의를 지닌다. 기존의 관습처럼 내려오던 영화 편집의 법칙을 비록 그 법칙들이 형성되고 한 세기가 지나갈 무렵에나 해석해 냈다는 시간적 격차는 있지만 기존 영화연구에서는 행하지도 않았고, 행할 수도 없었던 차원에서 시도했던 것이다. 이런 시간적 격차는 영화 연구에서 역사적, 미학적 차원의 연구와 기술적 현실적 연구 사이에 장벽이 놓여 있었기 때문이다. 또한 앤더슨이 그 장벽이 새로운 인지주의 연구방법론에 의하여 흔들릴 수 있음을 보여 준 것이나. 나아가 영화에서 인간의 인지적 능력이 어떻게 반영되는 과정을 구체적으로 밝힘으로 영화에 대한 새로운 인지적 패러다임의 접근을 가능하게 해 주었다.

위의 편집 법칙에 대한 앤더슨의 해석에서 볼 수 있듯 영화의 발전에는 언제나 인간의 신체적 지각 능력에 대한 반영이 끊임없이 이루어졌다. 최신의 영상기술의 발전에서도 언제나 기준은 인간의 평균적인 지각 능력이다. 입체적 사운드의 발달이나 소위 3D영화의 발전 역시도 인간의 지각 능력에 충실하도록 발전되고 있다. 이런 점에서 영화는 인간의 지각을 습득하였다고 말할 수도 있을 것이다.

그렇다면 지각의 차원에서 '왜 고양이나 개가 영화를 보지 않는가?'라는 질문에 답한다면 그들의 신체적 한계뿐만 아니라 영화 그 자체에서도 찾아볼 수도 있다. 영화적 창작 형식이 인간에게 적합한 지각 방식을 따르기에 개나 고양이가 이해하기 힘든 지각적 특성을 가지고 있을 수도 있기 때문이다. 불행히도 우리는 개나 고양이의 시각을 완전히 경험할 수는 없다. 다만 인간과 동물들이 공유하고 있는 유전적 환경에서 유사한 생태를 가진다고 가정한다면 둘 간의 지각적 차이는 적어질 것이라고 유추할 수 있다. 그러나 인간과 동물은 유전학적으로 다른 길을 걷고 있으며 인간의 경우 시각적 도구를 적극적으로 활용하고 있다는

점을 고려하면 영화의 지각에서도 둘은 일정 정도 차이점을 보일 것이라고 유추해 볼 수 있다.[4)]

정확한 판단은 불가능하겠지만 질문 해결의 아이디어는 2012년 LG에서 "Can dogs see in 3D?"라는 영상[5)]에서 찾아볼 수 있을 것이다. 이 영상에서 개에게 3D 최신기술의 3D 텔레비전을 통하여 음식, 다른 동물, 움직이는 사물 등을 보여 주고 이에 반응하는 모습을 보여 주었다. 상업적 광고이기에 진위 여부는 더 엄밀하게 검토해야겠지만 1차적인 지각의 차원에서는 개나 고양이가 영상을 받아들이는 문제를 해결할 수도 있다는 가능성을 보여 준다.

편집에 관해서도 앞서 소개한 앤더슨의 해석에 따르면 일정 정도는 개나 고양이도 인간과 공유되는 지각 체계를 가지고 있으므로 인식하는데 큰 문제가 없을 것으로 판단된다. 그렇다면 고양이나 개들이 영화를 즐기지 않는 이유는 영상을 1차적 시지각이 아니라 이를 해석하는 2차적인 문제일 가능성이 높아진다. 그러므로 우리는 영화의 내용의 측면과 그 반응으로 관심을 옮겨 갈 필요가 있다. 각 개인의 경험과 지식, 사고 체계 등에 의하여 같은 영화에 대한 반응도 달라지고, 선호하는 영화 장르가 갈리듯 인간과 동물 간의 차이에서도 경험, 지식, 학습이나 사고 체계 등이 영향을 미칠 것이기 때문이다. 이 글의 질문에 답하기 위해서 우리가 다시 탐구해 봐야 할 영역은 우리의 신체 일부이지만 다른 모든 기관을 통제하고 우리의 사고와 행동, 다양한 인지활동을 지

4) 이춘길.「고양이 시각신경계에서 보는 민감도-세감도의 균형」,『인지과학』, 8-4 (1997): 11-18. 이 논문은 고양이의 시각체계에 대한 유전학적 발전 관계에 대한 적절한 정보를 정리해 제시하고 있다.
5) https://www.youtube.com/watch?v=nkCFuSGUODA, (2015년 4월 18일 참조)

배하는 두뇌이다.

2. 두뇌와 영화

동물과 인간의 두뇌는 어떤 차이가 나는 것일까? 그리고 그 차이는 개나 고양이와 인간이 영화를 함께 즐기지 못하는데 결정적인 차별점을 줄 것인가? 그 차이가 혹시 극복 가능해서 영화의 이해의 차원이 조금 다르게 되는 정도의 것은 아닐까? 이런 질문의 답을 찾기 위한 연결고리를 '이야기'와 '정서' 두 가지를 제안한다. 이 두 가지 요소는 현대 영화를 지금과 같이 중요하고 대중적으로 활용하게 한 주요한 특징이면서 우리가 영화를 인지적 패러다임으로 분석하는 데에도 중요한 역할을 해 줄 수 있을 것이다. 특히 영화에서 서사와 정서는 매우 긴밀하고 유기적인 관계를 맺으며 작용되기에 더욱 흥미롭다.

우선 영화에서 '이야기', 즉 서사의 역할에 대하여 지각의 차원에서 역할을 논의해 보자. 영화에서는 각 컷은 기계적으로 연속적인 움직임을 재현하고, 각 컷들은 지각의 일관성을 유지하는 방향으로 편집되어 있다. 그러나 여기에서 나아가면 경우에 따라 이런 일관성 이상의 사고를 요구하며 이것을 영화에서는 서사로 대처하는 경우가 많다. 물론 실험영화나 다큐멘터리 영화의 경우 서사체계를 완화하거나 완전히 해체하는 경우도 있으나 일반적으로는 서사의 영향을 통하여 우리는 더욱 적극적으로 영화에 몰입하고 감상하게 된다. 한편 우리는 하나의 대상을 지각하는데 단순히 정보의 전달과 분석이 아닌 맥락적 이해를 하는데 그 역할이 두뇌에서 처리된다. 이야기는 영화에 있어서 이런 맥락형성에 관여 된다는 것이 다양한 저술활동으로 유명한 미국의 영화학자 데이비드 보드웰(David Bordwell)을 위시한 여러 인지주의 영화학자들의 의견이다.

이러한 논의의 근거로는 앞서 설명한 분할된 시각 선택에 우리의 의도와 목적이 결합된다는 야버스(A. Yarbus)의 1967년 연구가 주로 차용된다. 야버스의 이론에 따르면 어른의 시각적 주의 집중은 의도, 흥미, 기존지식, 움직임, 무의식적 동기 그리고 맥락 등에 의해서 주도된다. 그는 초기의 실험을 통해서 인간이 하나의 시각 대상을 볼 때 전체 중 일부를 선택적으로 보는데 각 세부 특징에 할당되는 시간이 세부 특징에 포함된 정보에 비례하여 증가한다는 것을 확인했다.

그는 러시아 화가인 레핀(I. Repin)의 그림을 보여 주고 안구 움직임을 관찰한 결과 특정한 의도에 따라서 안구 운동이 차이가 난다는 것을 확인했다. 아래 첫 번째 그림을 관찰자들에게 보여 주었을 때 가운데 그림은 의도를 전해 주지 않고 관찰한 사람들의 의도대로 보라고 제시했을 때의 안구 운동이다. 그러나 참가자들에게 등장인물들의 경제 수준을 추정해 보라고 의도를 주었을 경우 세 번째 그림의 형태로 안구운동이 이루어 졌다. 즉 관찰자의 의도에 따라 신체적 지각의 영역인 안구 운동이 변화되었다는 사실을 발견한 것이다.

〈그림 3〉 가운데 사진은 관찰자의 의도대로 보라고 제시한 경우의 안구운동이다. 세 번째는 경제수준을 측정하라는 과제에서 안구 운동이 변한 것을 보여 준다. A. L. Yarbus, *Eye Movements and Vision*, trans. Basil Haigh (New York: Plenum Press, 1967Z). (Original Russian edition published in Moscow in 1965.)

이런 연구는 우리의 지각이 단순히 외부의 자극이나 신체반응에 의해 일방적으로 결정되지 않는다는 것을 증명한다. 나아가 지각 현상을 이해하는데 있어 자극, 그리고 그 자극을 받아들이는 신체와 함께 우리의 사고, 기억, 지식, 문화 등 두뇌에서 처리되는 다양한 작용을 고려해야 한다는 점을 시사한다. 보드웰(D. Bordwell)은 위의 야버스의 연구를 소개하면서 능동적인 우리의 지각 능력은 능동적이며 그 능동성을 제공하는 것이 '이야기(story)라고 제시한다.[6] 그는 이야기가 우리가 지각해야 하는 시각적 정보들의 틀을 제공하고 맥락적 사고를 가능하게 해 주는 연결고리로 본 것이다.

같은 입장에서 앞서 소개한 앤더슨도 서사를 영화에 있어서 필수적인 요소로 여기며, 이를 기반으로 한 서사적 연결성인 컨티뉴이티(Continuity)를 강조하는 미국식 서사 편집 체계를 옹호한다. 그는 서사

6) 개인 웹사이트(http://www.davidbordwell.net/blog/2011/02/06/the-eyes-mind/, David Bordwell's website on cinema, 2015년 4월 18일 참조)

가 'if-then'형식으로 연결하며 절차지식의 형성 구조를 따른다고 이야기하면서 이것이 인간의 능동성을 가장 강조하는 형태이기 정보를 제공하고 습득하는 가장 강력하고 효과적인 방식이라고 주장한다. 이런 영화에서 서사를 강조하는 입장은 영화 역사에서 증명된다. 영화의 발명 이후 뤼미에르 형제의 경우 이야기보다는 사실의 재현이라는 영화의 기술적 가능성에 집중을 하였고, 같은 이유로 영화가 곧 대중에게 익숙해지고 흥미거리가 되지 못할 것이라고 생각해서 영화제작을 중단하였다. 그러나 많은 영화제작가들은 이야기를 가진 영화형식과 편집체계를 발전시키며 영화를 기술에서 커뮤니케이션 매체로 격상시켰다. 현실적으로 많은 관객들은 기차가 단순히 다가오는 모습에 두려워하기를 멈추었으며, 더 흥미롭고 재미있는 이야기를 보기 위하여 영화관에 몰려들었으며, 산업적으로도 문화적으로도 서사영화가 중심부를 차지하게 했다. 그런 점에서 지각의 차원에서 이야기의 역할을 강조하는 미국중심의 인지주의 영화이론가들의 주장을 일견 타당하다.

그러나 그들은 때로 유럽 중심의 현대 영화이론에 대한 반대 입장을 고수하기 위하여 서사를 강조하는 경향도 있다. 그들이 주로 논의하고 해석하는 강력한 영화 형식으로의 '이야기', '서사체계'는 한 씬의 분석에서는 맥락적 사고를 가능하게 해 주는 역학을 수행하지만 한편 전체에서는 능동적 이해와 감상을 제한하는 또 다른 제한으로 작용하기 때문이다. 그들이 간과하고 있듯 서사가 영화의 감상과 이해에 가지는 역할은 서사체계만을 강조하거나 한편의 영화에만 적용한다면 오히려 능동성을 제한하는 해석을 하게 하는 양면을 가지고 있다. 오히려 인지의 능동성을 강조하고 역할을 확장적으로 이해한다면 미국 중심의 서사영화 체계 이외의 해석도 인지적으로 가능하다.

대표적으로 프랑스 누벨바그(Nouvelle Vague)에서 활용한 점프컷(Jump cut)이나 과도하게 길어지는 롱테이크(Long take) 등은 지각의 차원에서 과도한 능동성 혹은 극단적인 수동성을 강조하여 자연스러운 지각이 아닌 의도적인 지각을 유도하는 예라고 할 수 있다. 이런 변형된 편집들은 지각의 차원이 아닌 더 깊이 있는 인지적 처리 측면에서 이해할 필요가 있다.

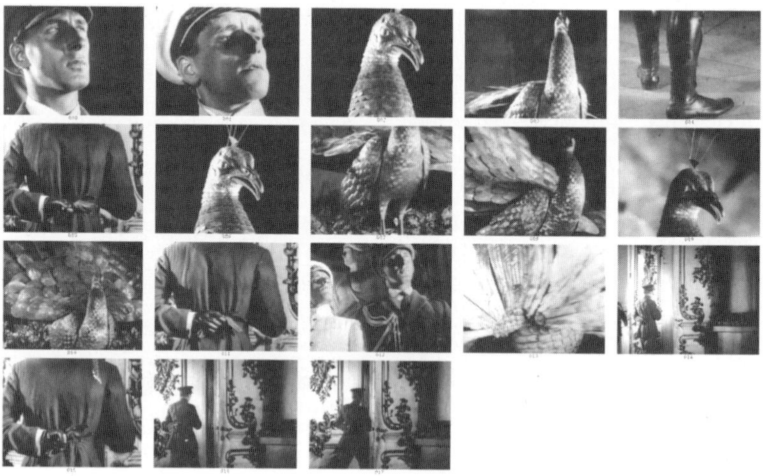

〈그림 4〉 세르게이 에이젠슈타인(Сергей Михайлович Эйзенштейн), 『10월』(*Oktyabr*). 화면의 컷과 컷의 연결에서 신체 지각적 차원에서 불가능하고 타당하지 않는 인물과 공작새 교차가 반복적으로 이루어진다. 이를 이해하기 위해서는 지각의 차원을 넘어 내용적 연결을 요구하는 상위 차원의 인지작용이 필요하게 된다.

한편 서사는 우리가 영화를 받아들일 때 느끼는 정서에도 큰 영향을 미친다. 즉 단순히 시각 정보를 받아들이는 수준이 아닌 이를 느끼고 감상하는 차원이라고 할 수 있는 정서에서도 이야기의 유무와 형태 그리고 그에 따르는 영화적 창작 전략도 차이가 발생하는 것이다.

논의를 발전시키기 앞서 고양이나 개가 속한 포유류의 뇌와 인간의 뇌를 비교해 볼 필요가 있다. 이를 위하여 신체와 마찬가지로 두뇌 역시 유전적 발전과정을 거쳤으며 이 단계에 따라 그 작용을 개념적으로 구분한 맥랜(P. MacLean)의 설명을 소개하고자 한다. 그는 1990년 '삼위일체 뇌(Triune Brain)'라는 개념으로 뇌의 부위와 기능을 진화론적인 생성 순위로 구분하여 설명했는데 인간의 뇌는 척추동물의 진화 과정을 거치면서 3개 층으로 된 기관으로 진화하였다고 설명했다.[7] 이 층들은 서로에 대해 고도로 연결이 되어 있음에도 불구하고 이들이 진화적으로 다른 기원에 의해 구분된다는 것이다. 특히 인지와 정서의 관계에서 그런 기능적 분리를 찾아볼 수 있고 맥랜은 주장했다.

그에 따르면 인간의 뇌 중 가장 오래된 층은 파충류 뇌라 불린다. 이는 뇌간(연수, 교뇌, 소뇌, 중뇌, 담창구, 후각구 등 뱀과 도마뱀의 뇌에서 우월한 구조들)으로 구성된다. 이 단계의 뇌는 경험으로부터 배우는 것이 적으며, 고정된 방식으로 본능적인 행동을 반복하도록 되어 있다고 설명한다. 사람에서 뇌의 이 부위는 호흡, 심박률, 신체 균형을 조절한다. 다음 층위는 포유류 뇌로 표현되며 파충류 뇌 위에 덮여 있고 그것은 변연계(limbic)라고 부르는 뇌 부분들의 한 시스템으로 주로 구성된다. 이 부위는 대뇌의 가장 안쪽에 위치하며 외부 정보의 무조건적인 처리나 중계 역할을 한다. 또한 변연계는 인간 정서에서 주된 역할을 하며, 이 중 편도체(amygdale)는 정서에 가장 원초적으로 관여하는 것으로 학자들은 인정한다.[8] 편도체가 손상된 환자들의 사례 연구에서

7) B. J. Baars and N. M. Gage.『인지 뇌 의식: 인지신경과학 입문서』(서울: 교보문고, 2010), p.363.

이들은 공포스럽거나 성난 소리뿐만 아니라 무서운 얼굴 표정을 알아채는 것도 어려워하였다는 점에서 이는 증명된다. 그 외에도 변연계는 위험, 생식 욕구, 애정 욕구, 음식 획득과 같은 포유류의 진화적 필요성에 의하여 여러 개의 뚜렷한 체계들을 갖는다고 알려져 있다.

마지막으로 유전적으로 형성된 신피질 또는 영장류 뇌는 대뇌 반구의 주름진 덮개로 구성되며, 영장류와 사람에서 다른 포유류에 비해 급격히 발전하였다. 신피질은 우리의 복잡한 인지, 언어, 운동, 감각, 사회능력, 기억, 학습 등 생존에 필요하거나 더 고차원적인 인지작용에 필요한 역할을 수행한다고 여겨진다. 또 신피질에 의해 변화무쌍한 환경에 적응하는 유연성과 창의력이 담당된다고 맥랜은 설명한다. 피질은 변연계에서 유래되는 정서적 표현을 사회화 하고 조절하는 기능을 하기도 하며 더 고차원적이고 복합적인 정서를 처리한다. 또한 타인의 정서를 사회적으로 공유하는 능력을 가진다. 이런 세 층위로 뇌를 묘사하는 것은 우리 두뇌의 작용을 간결하게 표현할 뿐만 아니라 그 기능적인 이해를 쉽게 한다. 또한 정서반응에서 동물적이고 신체적인 반응에 관여하는 기능과 고차원적이며 사고를 필요 로하는 인지작용 사이 소통관계를 실증적으로 보여 준다.

이런 개념적 설명에 의하면 우리가 논의 대상으로 삼은 포유류인 개나 고양이는 인간과 원초적 정서를 느끼고 처리하는 부분은 일정 정도 공유하지만 사회적이고, 조절되는 정서 그리고 타인과 공유하는 능력에서 차이를 지닌다고 유추할 수 있다. 또 복잡한 인지에 해당하는 언어, 사회능력, 기억, 학습 등의 신피질의 능력 역시 인간이 고양이와 개

8) B. T. Banich, 『인지 신경과학과 신경심리학』, 제2판 (서울: 시그마프레스., 2008), p.523.

와 차별되는 부분이라는 것도 확인할 수 있다. 다른 한편으로는 인간도 포유류의 원초적 정서를 내제하고 있으며 이것이 더 근원적으로 작용할 것이라고 해석도 가능하다.

다른 신경생리학자인 르 두(J. Le doux)는 앞서 설명한 편도체를 포함하고 있는 두 가지 중요한 경로가 정서를 처리하는 뇌 영역(안와전두엽 피질)의 연결망에 감각정보를 전달하기 위해서 존재한다고 주장했다. 첫 번째 경로는 빠르고, 본능적인 정서적 반응에 중요하게 작용하기 위하여 외구 전측 시상(anterior thalamus)에서 편도체로 곧장 투사한다. 이를 '정서반응 지름길'로 표현하기도 한다.[9] 이 경로는 신체적 반응을 일으키는 편도체에 직접 자극을 전달함으로 신체의 반응을 무조건적이고 빠르게 정서반응으로 연결시킨다. 두 번째 경로인 피질-편도체 투사(corticoamygdala projections)는 신피질의 감각 영역과 편도체를 연결한다. 이 경로는 정서적 정보 처리에 더 광범위한 맥락을 제공하는 것으로 여겨진다. 이 경로는 시각자극을 시상을 거쳐 바로 편도체로 투사하지 않고 시각피질(visual cortex)로 전달하여 시각처리과정을 거친 후 다시 편도체로 자극을 전달한다. 그런 과정에서 정서 자극을 이해하기 위한 여러 가지 기억, 판단 작용이 적용되어 정서적 반응을 더욱 다양한 양상으로 변화시키게 되는 것이다.

앞서 설명한 '지름길', 시상-편도체 회로(thalamoamygdala pathway)는 자극의 가공하지 않은 기본적 특징을 지닌 예비적인 윤곽(sketch)을 전달하는데, 이것은 대상이 무엇인지 확실하게 인식하는 데에는 충분하지 않지만 반응을 빠르고 신체적으로 반응하는데 적합하다.

---

9) 이정모, 『인지과학: 학문 간 융합의 원리와 응용』 (서울: 성균관대학교 출판부, 2009), p.609.

대조적으로 더 많은 시냅스들이 포함되어 있어서 더 느린 피질-편도체(corticoamygdala pathway)는 상황의 복잡성과 세부 내용을 고려한 정서적 반응을 일으키는 충분한 정보를 전달한다.[10] 이렇게 두 채널로 작동하는 정서의 이유를 진화론을 고려해 유추해 본다면 인지작용의 효율성과 뇌의 발전과정이 반영된 것으로 여겨진다. 즉 빠른 지름길은 다른 동물들과 마찬가지로 생존과 관련된 빠른 신체적 변화를 위해 오래 전부터 형성되어 온 방식이고, 이런 정서반응은 인간 진화의 초기에 이루어진 것으로 볼 수 있다. 반면에 느리지만 복잡하고 사고적인 정서반응은 더 고차원적인 정신작용을 가능하게 하는 비교적 새로운 진화의 결과인 것이다. 즉 빠른 정서반응 통로는 우리가 동물적으로 생존하는데, 느린 정서반응 통로는 고차원적인 영장류로 존재하기 위해 활용된다고 볼 수 있다.

여기에 더하여 판크세프(J. Panksepp)는 뇌에서 정서적 체계의 기능적 정의를 제시했다. 그의 정리는 다음과 같다.

1. 기본 회로는 유전적으로 미리 결정되어 그 종이 직면한 진화적 압력을 나타내는 자극들에 대해 무조건적으로 반응한다.
2. 회로는 운동 프로그램과 자율적, 호르몬적인 변화를 조직화하여 당장의 환경적 도전 또는 기회에 반응한다.
3. 회로는 감각계의 민감도를 조정하여, 유발된 감정과 연관된 자극들에 반응하도록 한다.
4. 신경 활동의 양성 피드백(feedback)에 의해 다급한 상황에 대한 정서적 각성이 오래 계속된다.

---

10) Banich, 『인지 신경과학과 신경심리학』, p.524.

5. 정서 회로는 인지적 조절 하에 놓일 수 있다.
6. 정서 회로들은 더 높은 의사 결정체계와 평가 체계 의식과 상호적으로 영향을 주로 받는다.
7. 회로는 뚜렷이 차이 나는 주관적 느낌을 정교하게 만들 수 있다.[11)]

그의 정리에 따르면 우리의 정서는 신체적인 반응뿐만 아니라 인지적인 차원에서 발생할 수 있다. 또한 다른 방향에서 유발된 정서도 피드백 작용에 의하여 순환구조를 형성한다. 특히 영화가 언어나 사고의 차원이 아니라 구체적인 지각작용을 바탕으로 한다는 점에서 이런 신체와 두뇌의 작용이 정서에 순환구조를 형성하고 있다는 것은 중요한 점을 시사한다.

다만 이러한 두 정서 중 신체적 각성이 우선인지, 인지작용이 먼저인지에 대해서는 여러 학자들 간에 차이는 있다. 샥터(D. Schacter)와 싱어(J. E. Singer)의 '인지평가 정서이론'은 신체적 각성을 우선시하는 대표적인 경우이다. 그들의 의견에 따르면 생리적 각성이 일어나고 이를 사고와 기억에 의존하여 평가하는 순서로 정서가 일어나며, 어떤 정서가 경험되는 가는 개인이 처해 있는 상황에 대한 인지적 평가에 따라서 결정된다고 본다.

또 정서의 신경생물학적 연구를 적극적으로 주도한 학자인 다마지오(A. Damasio)는 정서와 인지는 독립적인 것이 아니라 서로 밀접히 연결되어 있고 이성적인 판단과 사고는 정서적 기반 위에 서 있다고 주장한다. 특히 그는 인지판단 이전에 정서적 반응이 깔려 있고, 정서적 특성

11) Baars and Gage, 『인지 뇌 의식: 인지신경과학 입문서』, p.365.

이 먼저 개입되어 판단을 내린다고 보았다. 그는 이런 관점에서 정서적 반응의 신체성에 주목하고 넓게는 마음의 형성, 좁게는 정서의 형성과 발달에서 몸이 차지하는 중요성을 강조했다. 그러나 다른 학자들의 주장 중에는 정서의 인지적 요소에 더 중심을 두어야 한다는 의견도 있다.

레벤탈(H. Leventhal)의 '정보처리 모형'은 정서에는 해석체계, 표현체계, 행동체계, 생리적 반응 등이 관여된다고 본다. 그의 의견은 정서반응은 정서적 경험과 관련된 지각적 기억의 가동이 중요하며, 개념적, 의미적 추상적 기억체계 가동 측면에서 다루어져야 한다는 것이다.

정서에 대한 여러 모델들은 정서를 신체와 뇌가 공동으로 관여하는 인지적 상태와 행위로 본 것이며 이런 순환관계 중에서 때로는 신체적 반응을, 때로는 인지적 반응을 우선시한 것이다. 그렇지만 이런 두 가지 입장에서 공통적인 것인 정서행위가 신체와 뇌의 작용이 모두 작용하는 것이라고 인정하고 있다는 점이다. 닭이 먼저인지 달걀이 먼저인지의 문제와 같이 정서의 신체적 반응과 인지적 판단 어느 행위가 먼저 일지는 서로 다른 의견을 보이지만 정서는 신체와 뇌의 연합관계 속에서 존재하며 이 상관관계를 연구하자는 것이 인지심리학자들의 공통된 합의점이다. 이에 이정모는 "학자들마다 다르기는 하지만 대체로 정서가 인지에 영향을 주고, 인지가 정서에 영향을 준다는 양방향적인 입장을 수용하고 있다"[12]고 정리하였다.

정서작용이 이렇게 두 가지 방식으로 작동한다는 것은 인지주의 심리학과 신경심리학적 연구에서 인정되고 있다. 즉 빠르고 자동적으로 신체적 반응을 유도하는 '신체적 정서'와 느리지만 판단, 기억, 학습이

---

12) 이정모, 『인지과학』, p.605.

연계되어 해석되는 '인지적 정서' 두 가지가 존재하고 이 둘은 서로 상호보완적이며 순환구조로 형성되어 있다고 보는 것이다. 영화에서 정서적 반응이 다양한 가치가 있고, 그 과정과 결과는 영화 창작과 감상 비평에 중요한 근거가 되므로, 영화 정서를 인지적으로 살펴보는 작업은 중요하다. 그리고 이런 작용에는 앞서 설명한 서사가 다시 한 번 중요한 역할을 하게 된다.

이런 과정을 살펴보기 위해 봉준호 감독의 2003년작 『살인의 추억』의 한 장면을 참고해 보자.

〈그림 5〉 봉준호 감독, 『살인의 추억』(2003) 중에서

이 장면을 보면서 우리는 어둡고, 빗소리 가득하여 주변에 대한 정확한 정보가 차단된 채 걷고 있는 한 여자를 본다. 우리는 그 여인의 얼굴을 보며 우리가 가진 타인의 정서를 인지하는 유전적이고 선천적인 능력으로 그녀의 감정을 우리에게 투사한다. 즉 우리의 지각 능력과 뇌의 거울뉴런(mirror neuron)[13]이 작동하여 우리는 그 공간으로 들어가 그 여인의 감정을 우리의 감정으로 '사실적'으로 느낀다. 영화 속에서 갑자기 어두움에서 어떤 물체 혹은 사람이 튀어 나올 때 우리는 정서적으로 급격한 변화를 겪는다. 갑자기 튀어나온 물체와 사물을 직접 지각했을 때와 마찬가지로 우리는 신체적으로 공포의 정서를 일으킨다. 심장은 빨라지고, 신체 활동이 증가되며 땀이 증가하며, 뇌파는 긴장할 때 나타나는 감마파, 30Hz 범위로 올라갈 것이다. 이런 반응은 우리의 신체적 정서를 처리하는 '빠른 길'을 통하여 우리에게 피하는 동작이나 비명을 유발한다. 영화 속의 정서도 지각의 과정을 통하여 이런 신체적 정서를 유발한다.

그러나 앞서 설명한 인지적 즉 사고에 의한 정서도 사건이 일어나기 전부터 존재한다. 『살인의 추억』을 처음부터 보던 사람들 혹은 전에 관람하여 이야기를 머릿속에 이야기의 흐름을 이해하고 있는 이들은 영화 속 공간이 지방의 어느 소도시 주변이며 얼마나 많은 잔인한 살인 사건이 일어나고 있는지를 미리 알고 있다. 그리고 지금 관객들이 스크린에서 보고 있는 인물은 남성이 아니고 범죄 대상인 여성이며, 시간적

13) 1990년대 말 이탈리아 신경과학자들에 의해 발견된 두뇌의 특정 신경세포들로 타자가 행동하는 것을 보는 것만으로도 같은 신경반응을 보여 '거울 뉴런'으로 명명되었다. 여러 논의가 있으나 동물의 모방과 정서 공감 등에 많은 영향을 보인다고 인정받고 있다.

으로도 사건이 공통적으로 일어나는 비가 오는 밤이다. 관객들은 영화 속에서 이미 제시된 사실로도 남편을 마중 가는 여인에게 사건이 날 수 있다는 예측을 할 수 있고, 우리두뇌는 머릿속에서 일어날 사건을 시뮬레이션해 보며 배경 정서를 형성시킨다. 만약 이 영화의 전체를 보지 않고 이 씬 만을 보았다 하더라도 충분히 우리는 신체적 정서를 느낄 것이다. 그러나 비극적인 사건을 예상하거나 마지막의 비명소리가 무엇을 의미하는지를 완전히 파악할 수는 없다. 그러나 앞서 이어지는 이야기에 연결하여 이 씬을 보게 된다면 우리는 기억된 정보들과 유추 작용에 의하여 더 복잡한 정서적 반응을 불러일으키게 될 것이다.

위의 분석에서 볼 수 있듯이 우리의 영화는 정서작용을 위하여 일반적인 서사 영화는 두 가지 분리된 전략을 사용하고 있다. 첫 번째 전략은 우리의 감정이 신체적으로 유발되도록 하는 방식이다. 이런 방식은 주로 지각, 그 중에서도 사고의 판단이 필요하지 않은 신체 중심의 상향처리 지각에 의존한다. 영화 형식에서 미술-촬영-편집의 시각적 기법과 음향, 음악, 사운드 편집에 의한 청각적 방식 등에 의하여 직접적이고 신체적인 반응을 유도한다.

두 번째 전략은 우리의 감정이 인지적으로 유발되게 하는 방식이다. 이런 인지적 정서는 기억, 판단, 학습, 맥락 등 다양한 요소들의 고려 끝에 이루어지기에 간접적이지만 한편으로 더 고차원적이고 복잡한 정서를 불러일으킬 것이다. 이런 방식은 지각을 직접적으로 수용하기 보다는 지각의 하향처리과정을 활용하거나 이야기라는 간접적이지만 능동성을 가진 방법론을 주로 활용한다. 서사는 다양한 논리와 사고에 적합하도록 정보를 제공하거나 통제하는 방식으로 인지적 정서를 유도할 수도 있으며 정서라는 자동적이고 순간적인 작용이라고 보이는 장면에도 중요한 영향을 미친다. 나아가 인지적 정서 유도 전략은 이는 각 관람자 개인의 문화적, 사회적, 정서적 차이 등에 의하여 변형될 가능성도 있다. 서사 이외에도 각 개인의 경험, 학습, 기억, 지식, 문화 사고체계 등이 적용될 틈이 존재하기 때문이다.

이런 두 가지 전략은 장기적인 효과에서 차이를 보여 줄 것이다. 신체적 정서는 빠르고 신속하게 이루어지며 단기적이고 즉각적인 정서효과에 작용할 것이며 이는 관람자들에게 그 순간의 즐거움, 두려움, 분노 등을 유발할 것이다. 그러나 인지적 정서는 사고와 인지작용의 결과가 필요하기 비록 느리지만 더욱 오랜 기억과 반복적인 회상, 인지적 판단 변화까지도 이끌어 낼 것이다.

이렇게 우리의 두뇌는 영화의 일차적 지각뿐만 아니라 정서 반응에 있어서도 다른 인지적 결과를 유도할 수 있다. 두뇌에 의해 하나의 장면의 다르게 이해고 감상되는 맥락적 사고가 이루어지는 것이다. 나아가 학습, 사고 등 각자의 개인차는 영화의 형식과 내용이 더욱 고도화될수록 큰 영향을 미칠 것이다. 인간의 영화를 대하는 개나 고양이의 인지적 능력에 차이, 특히 두뇌의 여러 가지 능력을 고려한다면 왜 영화를 즐기지 않을까에 대한 해답의 실마리를 찾을 수 있을 것이다. 만약 그들에게 지각적인 차원의 문제가 없다 해도 같은 내용을 보고도 그 해석과 판단이 인간과는 달라질 것이기 때문이다.

하나의 종이상자를 본다면 인간들은 무엇을 담아두거나 포장하는 용도 혹은 재활용 쓰레기로 여길 것이다. 그러나 많은 고양이들은 안락하고 포근한 안식처로 인식하는 경우가 많다. 이런 현상이 영화에서도 일어날 것이므로, 영화의 내용이 바뀌지 않는 한 개나 고양이들은 우리와 영화를 함께 관람하기는 힘들 것이다. 실제로 TV에서 동물의 소리가 나는 프로그램을 관심 있게 집중하는 개나 고양이가 많다는 점을 고려하면 우리가 영화를 선택하게 되는 주된 이유인 '이야기'는 그들에게 별 관심이 가지 않는 형식이나 내용일 것이며 그들과 영화를 즐기기 위해서는 무언가 다른 노력들이 필요하다고 볼 수 있다. 그들을 위해서 영화를 만든다면 인지적 정서보다 신체적 정서를 유발하는, 이야기 보다는 더 원초적인 정보처리에 집중하도록 새로운 영상문법을 만들어야 할 것이다.

3. 개와 고양이가 영화를 즐길 수 없는 이유 그리고 또 다른 질문들

"왜 고양이와 개는 우리와 영화를 보지 않을까?"라는 질문에 어느 정도의 답안은 만들어졌다. 앞서 보았듯이 영화는 보고, 능동적으로 해석하는 과정을 필요로 하고 이 과정이 인간의 지각 능력과 사고 체계를 따르기 때문에 인간에게 더욱 친숙한 존재일 수밖에 없다. '인간에 의한, 인간을 위한 영화', 그 자체로 인간지향적인 매체인 것이다. 개와 고양이들이 영화를 즐기지 않는 것은 영화의 기술적 발전과 형식적 발전이 인간에게 더 적합하게 이루어졌기 때문일 것이다. 언젠가 그들을 위한 영화제작이 연구된다면 모르겠으나 현재 우리의 영화는 그들에게 인지적으로 적합하지 않다. 그러나 여기서 새로운 질문이 떠오른다. 과연 영화는 이런 이유로만 대중적이고 주요한 예술 형식으로 자리 잡았을 것인가? 영화가 단순히 감정을 자극하는 재미있는 이야기에 불과한가? 영화가 영화 이외의 사회와는 어떻게 소통하고 발전했는가? 인지적으로 영화의 능동성은 어떻게 형성되는가?

새로운 질문에 답하기 위해서는 영화에서 인지의 논의를 더욱 확장시킬 필요가 있다. 즉 영화 한편이나 고정된 하나의 형식이 아닌 영화의 집합적 활용과 사회와의 연계 나아가 우리 인지체계 전반과의 연관관계를 찾아보아야 할 것이다. 그런 점에서 영화에 대한 '체화된 인지'(embodied cognition) 패러다임의 적용이 필요하다. 최근의 '체화된 인지' 혹은 '확장된 인지'(extended cognition)의 관점은 기존의 두뇌 혹은 정보 중심의 인지주의 연구를 신체-뇌-환경의 세 요소의 연합과정으로 바라보아 인지 현상을 단지 현상적, 과학적 연구가 아닌 인간과 환경, 사회, 문화의 종합적 분석도 가능하도록 발전되었다. 이 새로운 관점은 영화가 사회적, 문화적, 미학적으로 가지는 다양성과 끊임없이 소통하는 매체적 능동성을 이해할 개념적 틀을 제시할 수 있을 것이다.

최근 영화의 가치와 의의를 확장시키는데 참고할 만한 여러 의견들이 인지주의의 연구흐름에서 자주 언급되고 있다. 그 중 논의가 활발하고 적용시켜 볼 것은 개념혼성(conceptual blending theory) 이론이다. 개념혼성 이론은 언어 표현의 의미 구성 방식을 분석하는 인지언어학의 시도방안 중 하나로 인지언어학의 일반론은 의미가 구성된다는 생각, 즉 주어진 언어표현에 불변의 의미(invariable meaning)가 언어에 이미 존재하고 있으며, 언어를 사용한다는 것은 그 불변의 의미가 화자에게 출발해 청자에게 전달된다는 전통적 언어학에 반대한다.

언어가 실제로 사용될 때는 문맥적 요인, 배경지식 등에 상당히 유연하게 반응하여 다양한 의미로 변화 가능하다는 점을 들어 일련의 학자들은 언어는 문맥 의존적이라고 여기며, 의미는 언어 속에만 존재하지 않는다고 주장한다. 대신 의미가 인간의 인지능력 혹은 인지과정에 의해 구성되는 것으로 간주한다. 그리고 그 인간의 인지능력을 두 개의 다른 공간의 개념에 서로 연결-혼합되며 새로운 의미공간을 형성한다는 '개념혼성' 능력이 언어 능력의 핵심이라고 주장한다. 즉 다른 의미공간으로 표현되는 두 개 이상의 개념들이 서로 만났을 때, 공유하는 특징들이 서로 소통(공간횡단) 되면서 새로운 의미공간인 혼성공간이 형성된다는 것이다. 그리고 그 혼성공간은 발현 구조를 갖추며 합성(composition), 완성(completion), 정교화(elaboration) 과정을 거치게 된다. 이 과정을 통해 두 가지의 다른 개념이 새로운 다른 개념으로 혼성된다는 것이다.

그러나 이 이론의 주창자인 질 포코니에(Gilles Fauconnier)와 마크 터너(Mark Turner)는 그것을 언어학 측면으로만 국한하지 않는다. 그들의 주장에 따르면 이러한 '개념혼성' 능력은 인간의 사고능력과 그에 따르는 다양한 인간 인지의 현상의 가장 기초적인 작용이자 구성 원리로 작용한다. 이들은 『우리는 어떻게 생각하는가』(*The Way We Think*, 2008), 『문자적 마음』(*The Literary Mind*, 1998) 등을 통하여 언어, 허구적 내러티브, 창조성, 예술 등이 이런 개념혼성의 법칙을 따르며 발전하였다고 주장했다.

한편 이런 설명은 신경생리학에서도 논의되고 있다. 대표적인 신경과학자인 빌라야누르 라마찬드란(Vilayanur Ramachandran)은 거울뉴런이 모방의 기능을 넘어 상대방의 의도와 심적 상태를 자신에게 직접적으로 투사시킨다고 설명하였다. 그리고 그는 언어의 능력도 기초적으로 모방의 능력에서 시작되었다고 주장한다. 그는 거울뉴런의 발견자인 이탈리아 신경학자 지아코모 리졸라티(Giacomo Rizzolatti)의 주장을 받아들여 거울뉴런은 타인의 입술과 혀의 운동을 흉내 낼 수 있게 하고 이것이 구두 발성 진화의 기초를 제공했을 것이라고 주장한다. 이 타인의 의도를 읽는 능력과 발성을 흉내내 언어를 따라 할 수 있게 되는 두 가지 능력이 모두 거울뉴런에 의해 이루어졌다고 본 것이다. 그 증거로 그는 거울뉴런이 풍부한 주요 영역 중 하나가 언어의 담당하는 브로카 영역(Broca's area)이라는 사실을 든다.[14] 비록 브로카 영역이 모든 언어의 중추는 아니고 다른 뇌 부위들도 언어에 관여하고 있지만, 브로카 영역인 좌측 하부두정엽은 확실히 단어의 의미 표현에 특히 중요하게 관여하는 영역 중의 하나라는 점에서 언어에 거울뉴런이 밀접하게 작동한다고 설명한다. 그는 이런 모방과 언어의 기능이 연결되는 것은 우리의 공감이 타인과의 소통을 위한 기초 기능으로 작용하며, 이 소통능력이 문화와 사회를 형성하는 기초가 되었다고 주장한다.

이와 같은 인지주의 연구들은 영화에서도 적극적으로 활용되는 서사의 위치도 다시 살펴보게 해 주었다. 개념혼성 이론을 주장했던 마크 터너나 브라이언 보이드(Brian Boyd)는 서사가 단순히 재미나 여가 활동을 위한 것이 아니라 정보를 다른 이들에게 잘 전달하기도 하고, 사회적 활동을 위하여 학습의 기능으로 작동하며 발전한다고 주장한다. 브라이언 보이드는 "스토리텔링은 우리의 사회적 지능에 호소한다. 스토리텔링이 생겨난 이유는 우리가 서로를 관찰하려는 강렬한 관심을 가지고 있고, 정신 이론을 통해 남을 이해하는 능력이 진화되었기 때문이다"[15]라고 설명한다.

이와 같은 모방과 서사의 인지적 능력에 관심을 두는 노력들은 영화의 인지적 현상을 확장시켜 바라보는 데에도 좋은 관점을 제시한다. 우선 영화는 그 자체로 현실과 허구의 혼합이 이루어지는 매체적 특성을 가지고 있기 때문이다. 영화의 사진적 재현은 어떤 매체보다 더욱 현실

---

14) V. S. 라마찬드란, 『명령하는 뇌 착각하는 뇌』 (서울: 알키, 2012), p.189.
15) 브라이언 보이드, 『이야기의 기원』, 남경태 역 (서울: 휴머니스트, 2013), p.122.

적인 재현을 경험하게 해 준다. 기존의 언어나 회화에서 가능하게 해 주었던 현실감과 비교하면 그 격차는 더욱 극명하다. 영화 속에서 우리는 허구의 영화적 공간과 시간을 경험하지만 그 양상은 매우 사실적이다. 이런 매체적 특성은 영화적 세계와 우리 현실세계를 관객 스스로 혼합하도록 하는 개념혼성의 장을 제공해 준다. 특히 기존의 매체가 불가능했던 지각적이고 직접적인 방식이기에 영화의 모방과 혼성은 때로는 강력하고 보편적인 특성을 지닌다.

영화의 역사 속에서 이 강력함은 자주 정치적 목적에서 사용되었다. 1920년대 소비에트 영화이론가들은 문맹률이 높았던 러시아에서 영화는 혁명의 의미를 농노들에게 가장 잘 전달하는 매체라고 판단했다. 농노들에게 글보다 영화는 더욱 직접적이면서 효과적인 현실과 혁명이라는 두 공간의 '개념혼성'을 가능하게 했던 것이다. 이런 맥락에서 영화는 그 자체로 혼성적 매체이며 현실에 대한 매우 강력하고 효과적인 '은유법'이라고 할 수 있다.

한편으로는 영화는 서사를 적극적으로 사용한다는 점이 이런 특성을 강화한다. 서사는 마크 터너의 주장에 따르면 개념혼성이 이루어지게 하는 효과적인 서술 방식이다. 이런 서사는 많은 상업영화와 대중영화에서 매우 적극적으로 활용되고 있다. 물론 개념혼성은 구체적이고 사실적인 화면에서만 형성되지 않을 것이다. 서사와 사실성이 배제된 실험영화들에서도 개념혼성은 형성될 수 있다. 그러나 이를 위해서는 공간 횡단이 더 특수하고 추상적인 차원에서 이루어져야 할 것이다. 현실적으로 많은 이들이 서사를 활용한 영화 속에서 즐거움과 슬픔, 공포와 사랑의 감정을 다양하게 느끼며 타인의 삶을 엿봄으로 자신의 삶에 새로운 의미를 획득하게 된다. 이것은 영화, 특히 서사를 활용하는 영화가 가지는 인지의 보편성과 대중성을 가짐을 의미한다. 이런 이유로 영화는 단순한 정보의 전달과 습득행위에 국한되지 않는다. 영화는 인간의 인지체계를 강화하는 학습도구로 작용할 것이다. 또 재현되거나 허구로 만들어진 시간과 공간 그리고 사건을 통하여 인간의 사회적, 문화적 현실세계에 적극적으로 개입한다.

이런 영화의 예로 1980년 광주를 다룬 두 편의 영회를 비교해 볼 수 있다. 1980년대 5·18 광주 민주화 사태를 직접 경험하지 못한 사회 구성원들은 제한된 정보로 인하여 광주의 상황을 이해하지 못하거나 잘못된 정보로 인지적 오류를 겪을 수밖에 없었다. 그러나 독일 제1공영방송의 특파원 위르겐 힌스페터(Jürgen Hinzpeter)가 찍은 다큐멘터리 영상이 국내에 다시 밀반입되어 상영하면서 상황은 달라졌다. 그가 찍은 영상은 시각적으로 사실을 재연하였으며, 그 사실적 영상은 관객에게 그 상황을 직접적이고 사실적으로 받아들였으며, 역사적 현실 속에서 사회적 변화의 필요성을 도출하고 행동하도록 새로운 공간을 형성시켰다. 그 결과는 마치 광주를 직접 목격한 바와 같은 인지적 반향을 일으켰고 그것은 1980년대 후반 한국 사회의 민주적 변화를 이끌어 내는 큰 원동력이 되었다.

한편 2007년 김지훈 감독의 『화려한 휴가』는 서사에 의한 모방을 더 적극적으로 활용하여 1980년의 광주를 영화화했다. 동시대 사람들이 아닌 다음 세대의 젊은이들에게, 사실이 아닌 허구가 진실을 경험하고, 자신의 이야기로 받아들이게 하는 공간 횡단이, 모방이, 혼성이 가능했을까? 『화려한 휴가』가 2007년의 한국사회에 큰 반향을 불러일으키며 700만 관객을 모았다. 『화려한 휴가』의 서사는 비록 17년의 시간과 다음 세대라는 특히 민주화가 이루어졌으며, 인터넷과 다양한 문화적 ·

사회적 변화가 이루어진 시대적 간극을 넘어서도 1980년과 2007년의 시간을 횡단시켰으며, 당시의 감정을 모방시켰고, 우리의 사회에 대해 고찰하게 하는 새로운 혼성을 이루었다. 이 두 영화 모두 사회적·역사적 사실을 모방하는 영화의 능력을 활용하여 사회를 반영하고, 다시 사회는 영화에 의하여 변환된 '영화와 사회의 소통'의 예가 된다. 영화 서사의 강력한 모방과 혼합 능력은 이를 가능하게 해 준 가장 큰 힘이었다.

4. 정리하며

우리의 삶의 동반자인 개와 고양이들에게는 미안하다. 우리는 영화를 우리만을 위해서, 우리에 적합하게 만들어 왔으며 이를 통하여 시간도, 세대도, 사회적 문화적 제약도 넘을 수 있는 능력을 갖추게 되었다. 만약 그들에게 적합한 영화를 창작하기 위해 노력한다면 어떨까? 아마 그런 영화가 만들어진다면 다른 문제가 발생할 것이다. 그 영화는 너무 화면이 어둡거나 색이 자연스럽지 않아 인간에게 지각되는데 적합하지 않거나 너무 단순한 구성과 화면들의 조합으로 지루하기 짝이 없을지도 모른다. 그러므로 우리가 고양이와 개와 함께 영화를 보기는 매우 어려운 문제일 것이다.

이런 다소 엉뚱한 질문과 답 찾기 속에서 영화에 대한 여러 인지적 측면을 살펴보았다. 현재 영화이론 분야에서 인지주의적 접근은 다양한 방식으로 시도되고 있으나 기존의 데이비드 보드웰을 중심으로 신형식주의 이론과 유럽학자들을 중심으로 한 정신분석-기호학-대서사 이론들에 비해서 상대적으로 소수에 속한다. 기존의 두 이론분파 들은 영화의 다양한 측면을 놓고 서로 다른 의견과 해석을 내며 경쟁적으로 자신들의 영역을 넓혀 왔었다. 그러나 그들은 정작 영화제작의 기초 원리인 '움직임 지각'문제를 해결하지 못하거나 1920년대의 초기 심리학 이론이나 정신분석이론을 교조적으로만 받아들이는 한계를 보여 왔다.

이런 두 거대 흐름 사이에 인지주의 영화이론은 새로운 흐름을 이끌어 내거나 혹은 이들을 통합하는 데 일조할 것이라고 믿는다. 특히 최근의 체화된 인지이론은 영화의 종합적인 분석에 매우 적합하며 기존의 학문적 성과들에 대한 새로운 자극을 낳는 데 좋은 원천을 제공할 것이다. 앞으로 여러 영화학, 미디어, 인지주의 연구자들의 지속적이고 다양한 연구를 기대하는 바이다.

참고문헌

Baars, B. J. and N. M. Gage. 『인지 뇌 의식: 인지신경과학 입문서』. 서울: 교보문고, 2010.

Banich, B. T. 『인지 신경과학과 신경심리학』. 제2판. 서울: 시그마프레스, 2008.

라마찬드란, V. S. 『명령하는 뇌 착각하는 뇌』. 서울: 알키, 2012.

보이드, 브라이언. 『이야기의 기원』. 남경태 역. 서울: 휴머니스트, 2013.

이정모. 『인지과학: 학문 간 융합의 원리와 응용』. 서울: 성균관대학교출판부, 2009.

이춘길. 「고양이 시각신경계에서 보는 민감도-세감도의 균형」. 『인지과학』, 8-4 (1997): 11-18.

Anderson, J. D. *The Reality of Illusion: An Ecological Approach to Cognitive Film Theory*. Carbondale, Ill.: Southern Illinois University Press., 1996.

필자 소개

(가나다 순)

■ 강신익

서울대학교 치과대학을 졸업하고 인제대학교에서 신경생리학 분야의 연구로 의학박사학위를, 영국 스완지의 웨일즈대학교에서 의철학 분야의 연구로 문학석사를 받았다. 현재는 부산대학교 치의학전문대학원 의료인문학 교실에서 배우고 가르친다. 저서로 『몸의 역사, 몸의 문화』『몸의 역사』『불량 유전자는 왜 살아남았을까』 등이 있다.

■ 강태경

서울대학교 심리학과와 법학과를 거쳐 동 대학원 법학과에서 법철학으로 법학박사학위를 받았다. 현재는 이화여자대학교 생명의료법센터 박사후과정 연구원이고, 서울대학교 법과대학에 출강 중이다.

■ 김동환

경북대학교 영어영문학과 대학원을 졸업하고 인지언어학으로 영어학박사학위를 받았다. 현재는 해군사관학교 영어과 교수다. 저서로 『개념적 혼성 이론』『인지언어학과 의미』『인지언어학과 개념적 혼성 이론』이 있다. 역서로 『은유와 도상성』(공역) 『은유와 문화의 만남』『우리는 어떻게 생각하는가: 개념적 혼성과 상상력의 수수께끼』(공역) 『은유와 감정』(공역) 『인지언어학 옥스퍼드 핸드북』『몸의 의미』(공역) 『과학과 인문학: 몸과 문화의 통합』(공역) 등이 있다.

■ 박병기

서울대학교 윤리교육과와 동 대학원을 졸업하고 윤리학 및 도덕교육으로 교육학 박사학위를 받았다. 현재는 한국교원대학교 윤리교육과 교수이다. 저서로 『윤리학과 도덕교육』(공저), 『의미의 시대와 불교윤리』가 있고, 역서로 『보살의 뇌』(공역) 등이 있다.

■ 이상욱

한양대학교 연극영화학과와 동 대학원을 졸업하고 영화이론으로 연극영화학 박사학위를 받았다. 상업영화 『7급 공무원』 조감독 등 상업영화 제작에도 참여했다. 단편, 실험영화, 공연과 영상의 결합 등 새로운 영상 활용과 제작에 참여 중이며, 인지주의이론을 영화학에 적용하는 연구를 진행 중이고, 영화제작 및 영화이론을 부산대, 순천대 등에서 강의 중이다.

■ 이영의

고려대학교 철학과를 졸업하고 미국 뉴욕주립대학교에서 과학철학으로 박사학위를 받았다. 강원대학교 인문과학연구소 HK교수이며, 인지과학철학, 체화된 마음, 인문치료를 연구하고 있다. 저서로는 『베이즈주의: 합리성으로부터 객관성에로의 여정』 『과학철학: 흐름과 쟁점, 그리고 확장』(공저), 논문으로 "A More Philosophical Model of Counseling" 「확장된 마음 이론의 쟁점들」 「의식의 어려운 문제와 신경현상학」 등이 있다.

■ 이향준

전남대학교 철학과와 동 대학원을 졸업하고 한국철학으로 철학박사학위를 받았다. 현재는 전남대학교 철학과 BK21플러스 연구교수다. 저서로 『조선의 유학자들 켄타우로스를 상상하며 리와 기를 논하다』가 있다. 역서로 『주자대전』(공역)이 있다.

■ 정혜윤

서울대학교 음악대학에서 음악이론을, 서울대학교 대학원에서 미학을 전공한 후 미국 미시건대학교(University of Michigan, Ann Arbor)에서 음악이론으로 박사학위를 받았다. 현재 명지대학교 음악학부 조교수로 재직 중이며 논문에는 「음악과 정서, 그리고 몸: 신경미학적 접근」 「음악의 은유적 패러다임에 대한 연구: '수사(修辭)로서의 음악'」 「음악적 의미의 패러독스」 「청자의 상상함과 음악적 이해: 형식주의적 분석과 해석학적 분석의 경계를 넘어서」 등이 있다.

전남대 철학연구교육센터 서양철학총서 1

몸과 인지

인쇄 2015년 8월 20일
발행 2015년 8월 28일

편저자 전남대학교 철학과 BK21플러스 횡단형철학전문인력양성사업단
노양진·김동환·이영의·이향준·강태경·강신익·박병기·정혜윤·이상욱
발행인 지병문
발행처 전남대학교출판부

등록 1981. 5. 21. 제53호
주소 61186 광주광역시 북구 용봉로 77
전화 (062) 530-0571~2 **마케팅** 530-0573
팩스 (062) 530-0579
홈페이지 http://www.cnup.co.kr
이메일 cnup0571@hanmail.net

값 15,000원

ISBN 978-89-6849-241-9 (93100)

이 도서의 국립중앙도서관 출판예정도서목록(CIP)은
서지정보유통지원시스템 홈페이지(http://seoji.nl.go.kr)와
국가자료공동목록시스템(http://www.nl.go.kr/kolisnet)에서 이용하실 수 있습니다.
(CIP제어번호 : CIP2015025234)